Jürgen Sprenzinger, geboren 1949, wurde schon mit vier Jahren von seiner Mutter zum Kinderarzt geschleppt, weil sie dachte, der Bub spinnt. Der Doktor diagnostizierte »eine unwahrscheinliche Phantasie« und operierte ihm die Mandeln und die Nasenpolypen raus. Was das miteinander zu tun hatte, ist ihm bis heute nicht klar. Die Schule mußte er wegen einer unheilbaren Lehrerallergie vorzeitig verlassen. Statt dessen wurde er Gitarrist und Sänger einer Band und gehorchte seiner Mutter, als sie sagte, er solle Radio-Fernsehtechniker werden. Mit dem Vorsatz, reich zu werden, gründete er sein eigenes Geschäft, machte aber schnell pleite, weil er Umsatz mit Gewinn verwechselte. Es schloß sich eine Karriere als Außendienstler einer Schraubenfirma an, weil er schon als Kind lieber geschraubt hat als genagelt. Und so schraubte er sich nach relativ kurzer Zeit in eine höhere Position. Nach mehreren Zwischenspielen auf der Bühne eines Augsburger Theatervereins entdeckte ihn der Film. In dem Kultstreifen *Xaver und sein außerirdischer Freund* gab er sein Debüt als begnadeter Schauspieler in einer Zwei-Minuten-Rolle. Nur knapp entging er einer Oscar-Nominierung für die beste Nebenrolle, vor der ihn nur rettete, daß die Leute in Hollywood den sinnigen Inhalt des Films wohl nie begriffen haben. Ersatzweise schreibt er »blöde Briefe« aus Augsburg an alle Welt.

Kurt Klamert, geboren 1956, zeichnete schon als Kind leidenschaftlich gern, folgte aber der Empfehlung der Berufsberatung, Biologie und Chemie mit dem Ziel Lehramt für Gymnasien zu studieren (»Wir brauchen dringend mehr Lehrer in diesen Fächern«). Während des Studiums verschlechterten sich die Einstellungschancen für Lehrer jedoch zusehends (»Wir haben zu viele Lehrer in diesen Fächern«), so daß er sich 1983 zum Pharmareferenten ausbilden ließ – zum Entsetzen seiner Kommilitonen (»Muß man da nicht im Anzug rumlaufen?«). Zehn Jahre lang übte er diesen Beruf aus und traf einige seiner Studienkollegen in der gleichen Tätigkeit wieder (»Wieso? Anzug ist doch keine Schande.«). Während anfangs Kenntnisse aus der Chemie (»Was ist das für ein Zeug?«) und Biologie (»Wie wirkt das Zeug?«) noch gefragt waren, änderten sich die Verhältnisse nach der Gesundheitsreform schlagartig. Jetzt waren nur noch präziseste Sachkenntnisse gefragt (»Was kostet das Zeug?«), und da es ihm in seinem fortgeschrittenen Alter schwerfiel, mit dieser rasanten Entwicklung Schritt zu halten (die Pharmapreise ändern sich heute fast täglich), machte er sich 1994 selbständig. Dennoch ist ihm die Liebe zu den Naturwissenschaften als Hobby neben Bumerangwerfen – und eben Zeichnen – bis heute erhalten geblieben. Für dieses Buch hat Kurt Klamert die merkwürdigsten Briefe seines Freundes Jürgen Sprenzinger wieder mit spitzer Feder illustriert.

Originalausgabe Mai 1998
© 1998 Droemersche Verlagsanstalt Th. Knaur Nachf., München
Das Werk einschließlich aller seiner Teile ist urheberrechtlich geschützt.
Jede Verwertung außerhalb der engen Grenzen des Urheberrechtsgesetzes
ist ohne Zustimmung des Verlages unzulässig und strafbar.
Das gilt insbesondere für Vervielfältigungen, Übersetzungen, Mikroverfilmungen
und die Einspeicherung und Verarbeitung in elektronischen Systemen.
Umschlaggestaltung: Andrea Schmidt, München
Verwendung des Mr.-Proper-Logos mit freundlicher Genehmigung
von Procter & Gamble.
Satz: Ventura Publisher im Verlag
Reproduktion: Franzis Druck, München
Druck und Bindung: Clausen & Bosse, Leck
Printed in Germany
ISBN 3-426-73070-7

2 4 5 3 1

Jürgen Sprenzinger

Lieber Meister Proper!

Mit Illustrationen
von Kurt Klamert

Ein halblanges Vorwort

Sie! Sie Leser, Sie!

Ja Sie, genau Sie! Und Sie und Sie und Sie auch! Genau – und Sie erst recht! Schuld daran ist niemand anderer als Sie! Dieses Buch entstand nämlich nicht zufällig. Denn Sie wollten ja unbedingt eine Fortsetzung von »Sehr geehrter Herr Maggi«. Jetzt haben Sie eine.
Sie haben mir eine Flut von Briefen ins Haus geschickt, Sie haben mich spät abends mit spontanen Anrufen bombardiert, und Sie haben mich mit Weihnachtskarten eingedeckt. Dafür vielen Dank – aber jetzt ist die Zeit der Abrechnung gekommen. Ich wünsche Ihnen jede Menge Zwerchfellkrämpfe und Lachanfälle. Rache ist süß ...
Doch nun mal im Ernst: Es ist mir wirklich ein Bedürfnis, Ihnen, liebe Leser, ein herzliches »Dankeschön« zu sagen für die unzähligen Briefe, die mich erreichten. Die wenigsten konnte ich beantworten – auch mein Tag hat nur 24 Stunden. Aber ich versichere Ihnen: Ich habe jeden Ihrer Briefe gelesen und mich sehr über die positive Resonanz gefreut, denn ganz ehrlich: Es macht mich persönlich sehr glücklich, wenn ich Menschen zum Lachen bringen kann. Und genau aus diesem Grund lohnt es sich auch, bis spät in die Nacht am Computer zu sitzen und zu schreiben ...
Das vorliegende Buch ist wiederum für Sie geschrieben worden. Und es ist ebenfalls – genau wie sein Vorgänger – kein eigentliches Buch, sondern abermals eine Sammlung von Briefen, die nur dazu dienen soll, Ihr Zwerchfell zu erschüttern, Lachkrämpfe auszulösen, Sie zum Schmunzeln zu bringen oder Sie in traurigen Stunden wenigstens etwas aufzuheitern, gemäß dem Motto: Lachen ist die beste Medizin. Eines sollten Sie jedoch nicht tun: Suchen Sie in keinem der Briefe einen tieferen Sinn – Sie werden vermutlich trotz aller Anstrengung keinen finden ...
Was wollte ich noch sagen? Ach ja: Mein Freund Kurt Klamert hat es sich auch diesmal nicht nehmen lassen, seine zeichnerischen Ideen mit in dieses Buch einzubringen. Dafür schleicht ihm mein Dank noch heute nach.
Und abschließend: Es war gar nicht so einfach, ein zweites Buch in der Art des »Sehr geehrten Herrn Maggi« zu machen – viele Firmen kennen mich nun, was in diesem Fall eher nachteilig ist, denn es geht unter Umständen die Spontaneität verloren. Doch ich denke, ich habe noch ein paar Firmen und Institutionen gefunden, die mich nicht kannten. Und nun wünsche ich Ihnen viel Spaß beim Lesen. Ihnen und Ihnen und Ihnen ...
Genau – und Ihnen erst recht!

Herzlichst
Ihr

Jürgen Sprenzinger
Friedenstraße 7a
86179 Augsburg

An die
Phisikalisch-Technische Bundesanstalt
Labor – z. H. Herrn Oberphisiker
Bundesallee 100

38116 Braunschweig

14. Dezember 1996

Sehr geehrte Herren Phisiker!

Hiermit möchte ich Ihnen mitteilen, daß ich sehr viel Spezi trinke. Spezi ist mein Leib- und Magengetränk, das könnt ich den ganzen Tag trinken. Es gibt allerdings auch Tage, wo ich kein Spezi trink, weil es mir da vielleicht schlecht ist. Dann trinke ist meistens eine Milch. Aber am nächsten Tag trink ich dann bereits wieder mein Spezi. Jetzt hoffe ich, daß Sie wissen, was ein Spezi ist, falls nicht, dann sag ichs Ihnen. Es ist eine Mischung aus gelber Limo und Cola. Das Verhältnis beträgt meistens 50 zu 50, vorausgesetzt, es ist ein gut gemachtes Spezi. Obendrauf schwimmt meistens eine halbe Scheibe Zitrone.

Jetzt hab ich aber ein Problem. Vielleicht können Sie mir dabei helfen. Es ist nämlich so, daß immer wenn ich in mein Stammlokal geh, ich mir ein Spezi bestell. Und meistens tut mir der Wirt dann eine halbe Scheibe Zitrone da rein. Seit einiger Zeit hab ich festgestellt, daß immer dann, wenn ich trinken will, die Zitronenscheibe so in dem Spezi daherschwimmt, daß sie auf der falschen Seite ist. Ich meine damit, daß mich die Zitronenscheibe am Trinken hindert und die Zitronenscheibe den Spezifluß behindert. Selbst wenn ich das Glas dreh, schwimmt diese blöde Zitrone immer wieder auf die Seite, wo mein Mund ist.

Mein Kumpel, der Elmar, hat mir gesagt, das sei ein phisikalisches Problem. Das käme nämlich durch die Fliegkraft im Glas. Aber das ist doch ein Quatsch, weil in dem Glas ist doch nur Spezi drin ist und keine Fliegkraft nicht. Ich wüßt auch garnicht, wie die da rein käme. Mein Wirt hat ja nur Cola, Limo, Bier, Pilz und Weizen. Ich hab auch noch nie gehört, daß ein Wirt Fliegkraft ausschenkt.

Jedenfalls ist der Elmar ein Depp, ein saudummer. Deshalb hab ich mir gedenkt, ich frag jetzt mal jemanden, der komppettent ist und eine phisikalische Ahnung hat, wieso das mit der Zitronenscheibe so ist, daß sie immer auf der falschen Seite vom Glas schwimmt. Und ein anderer Kumpel hat mir gesagt, ich soll Sie da fragen, weil Sie hätten das Phenomen bestimmt schon erforscht.

Vielleicht können Sie mir freundlichst mitteilen, wieso das so ist, weil dann könnt ich nämlich dem Elmar, dem Depp, das Gegenteil beweißen und ihm moralisch eins auf die Hörner hauen.

Ich verbleibe hochachtungsvoll und wünsche Ihnen zudem auch gleich ein frohes Weihnachtsfest.

Mit freundlichen Grüßen

Jürgen Sprenzinger

Physikalisch-Technische Bundesanstalt
Braunschweig und Berlin

Physikalisch-Technische Bundesanstalt Postfach 33 45 38023 Braunschweig

Herrn
Jürgen S p r e n z i n g e r
Friedenstraße 7 a

86179 Augsburg

Ihr Zeichen, Ihre Nachricht vom	Unser Zeichen, unsere Nachricht vom	Telefon	Datum
14. Dezember 1996	PSt	1009	03.02.1997

Sehr geehrter Herr Sprenzinger,

Ihre Schwierigkeiten mit importierten Südfrüchten in gemischter Limonade bedauern wir sehr.

Das trinkunfreundliche Verhalten Ihrer Zitronen hat zu tun mit einem Anfangsimpuls bei gering geneigter Oberfläche, der Schwimmfähigkeit der Scheibe und dem Prinzip der (Massen)-Trägheit.

Sie erinnern sich gewiß: Ein Körper verharrt im Zustand der Ruhe oder der gleichförmigen Bewegung, wenn keine äußere (hier horizontale) Kraft auf ihn wirkt.

I. Newtonisches Axiom. Sorry: "naturam expellas turcum; tamen usque recurret" (die Natur magst Du mit Gewalt nicht verdrängen; sie kehrt noch stets zurück), Pythagoras zugeschriebenes Zitat.

Damit Sie auch in Zukunft mit Ihrem Freund Elmar, den wir hiermit herzlich grüßen möchten, Ihr Spezi genießen können, finden Sie anliegend einige Strohhalme aus unserer hauseigenen Kantine, die Ihnen helfen werden, dieses naturwissenschaftliche Phänomen zu umgehen.

Im Auftrag
Mit freundlichen Grüßen

Dr. B. Güttler

Jürgen Sprenzinger
Friedenstraße 7a
86179 Augsburg

An die
Deutsche Lufthansa
Zentrale-Flughafen

85356 München

                                                                                                                            18. Dezember 1996

Sehr geehrter Herr Lufthansa,

wieder einmal ist ein Winter ins Land gekommen und es ist saukalt. Und weil es gar so saukalt ist, hat meine Frau gesagt, sie möchte nach Tenerifa fliegen, weil es da immer gleichmäßig warm ist. Ich weiß zwar nicht, woher sie das weiß, aber meine Frau weiß viel, was ich nicht weiß. Das weiß ich.

Jedenfalls hab ich zu ihr gesagt, daß ich nicht nach Tenerifa flieg, weil ich Angst hab vor dem fliegen. Ich bin noch nie geflogen. Ich bin aber schon einmal mit der Achterbahn gefahren und da ist es mir so schwindlig geworden, daß ich danach gespieben habe wie ein Reiher. Ich kann mir lebhaft vorstellen, daß das mit dem fliegen genauso ist. Ich habe da eine saumäßige Angst davor.

Ich will Ihnen jetzt keine Angst einjagen, aber so ausgereift kann das mit dem fliegen noch gar nicht sein. Ich weiß nicht, ob Sie nicht schon mal was von der Schwerkraft gehört haben. Aber die Schwerkraft zieht alles nach unten an den Boden hin. Und deswegen ist ja auch schon ein ganzer Haufen Flugzeuge abgestürzt. Und anschließend am Boden zerschellt. Wenn ein Flugzeug über dem Meer abstürzt, zerschellt es natürlich auf dem Wasser. Aber zerschellen tut es auf jeden Fall, weil die Schwerkraft alles herunter zieht, auch die Flugzeuge. Neulich hat mir die Schwerkraft einen vollen Aschenbecher heruntergezogen. Das war eine mords Sauerei danach. Aber das ist immer noch besser, als wenn der Aschenbecher nach oben an die Decke fallen tät. Dann hätte man alle Zigarettenstummel an der Decke herumhängen. Da täte man sich mit dem Saubermachen viel schwerer. Ein Boden kehrt sich da schon viel einfacher. Aber es ist ja auch widerum ganz gut, daß es eine Schwerkraft gibt, weil sonst die Aschenbecher und die ganzen Flugzeuge nie mehr herunterkommen könnten und spurlos im Weltraum verschwinden würden und kein Mensch auf Erden könnte die jemals wieder einfangen.

Ich weiß, daß Flugzeuge fliegen, auch wenn es riesige Eumel sind. Da hab ich mich natürlich schon immer gewundert, weil so ein Flugzeug ja viel schwerer ist als die Luft. Aber ich würde mich so einem Aparat nie anvertrauen, weil man halt nie genau weiß, wie lange so ein Flugzeug da oben bleibt. Wenn man sich vorstellt, daß man gerade ein Meer überquert und plötzlich geht der Benzin aus und danach der Motor. Das ist eine Horrorfision. Oder der Vergaser verreckt über dem Meer. Oder es bricht ein Flügel ab. Auch über dem Meer. Und dann geht es steil nach unten. Dann kommt der Zerschellungsvorgang. Wenn man den zufällig überlebt, wird man wahrscheinlich naß und holt sich vielleicht eine Lungenentzündung und schwimmt damit vielleicht mutterseelenallein im Meer. Und dann ist kein Arzt da, aber vielleicht kommt ein Haifisch daher. Ich will das garnicht ganz ausmalen, mir ist jetzt schon wieder schlecht.

Das wollte ich Ihnen aber alles garnicht schreiben, weil meine Frau nämlich trotz allem nach Tenerifa will, auch auf die Gefahr hin, daß sie sich im Meer eine Lungenentzündung holt und damit vielleicht von einem Hai gefressen wird. Und Lungenentzündung ist vermutlich ansteckend. Und ein Hai mit Lungenentzündung hätt im Überlebenskampf wahrscheinlich überhaupts keine Chance nicht. Um den tät es mir leid.

Ich hab zu meiner Frau gesagt, ich fliege nur dann mit, wenn wir mit der Lufthansa fliegen, was eine deutsche Flugfirma ist, weil die viel genauer fliegen als die türkischen oder die dominikanischen. Und dann hab ich weiterhin zu meiner Frau gesagt, daß ich zweitens nur dann mitflieg, wenn Sie mir versichern, daß das Flugzeug nicht abstürzt, mit dem wir fliegen. Aus Sicherheitsgründen sollten mindestens zwei Piloten dabei sein, damit der andere weiterfliegen kann, falls einem schlecht wird und der umkippt. Wenn Sie mir das versichern können, dann flieg ich im Januar nach Tenerifa, anders aber nicht, das können Sie sich aber ganz sicher sein!

Ein Bekannter von mir, ein ganz Siebengescheiter, dem ich das erzählt hab, hat gesagt, ich soll mich nicht so blöd anstellen, weil fliegen viel sicherer sei als autofahren. Aber der glaubt wahrscheinlich, ich glaub alles und bin auf der Brennsuppe dahergeschwommen. Vielleicht können Sie mir sagen, wie das mit dem fliegen ist, das sollte aber bald sein, weil im Januar will es meine Frau ja schon packen mit Tenerifa.

Hochachtungsvoll mit vorweihnachtlichen Grüßen

Jürgen Brenzinger

Deutsche Lufthansa Aktiengesellschaft
Flughafen-Bereich West, D-60546 Frankfurt/M.

Herrn
Jürgen Sprenzinger
Friedensstraße 7a

86179 Augsburg

Ihre Zeichen / Your Ref.

Unsere Zeichen/Datum / Our Ref./Date
FRA CI/P
10.02.1997

Telefon/Telefax / Telephone/Telefax
(069)
696-3669

Sehr geehrter Herr Sprenzinger,

haben Sie vielen Dank für Ihr Schreiben, in dem Sie uns Ihre Bedenken gegenüber dem Fliegen schildern. Hätte nicht eine unserer Kolleginnen spontan zum Telefonhörer gegriffen und das Gespräch mit Ihnen gesucht - vielleicht wären wir Ihrem eloquenten Stil aufgesessen und hätten Ihnen den Besuch eines unserer Seminare für entspanntes Fliegen nahegelegt. Dort hätten Sie dann unter Anleitung eines Flugkapitäns und eines Psychologen lernen können, Ihre Flugangst zu bewältigen.

Zu Ihrem Bedauern und unserer Erleichterung haben wir jedoch in unserem Telefongespräch bereits erfahren, was der Hintergrund Ihrer Anfrage ist.

So wissen wir, daß Sie nicht wirklich von Flugangst geplagt sind und wünschen Ihnen angenehme Flüge mit Lufthansa sowie für Ihr Buchprojekt viel Erfolg!

Mit freundlichen Grüßen

Sigrid Bäumer
Presse- und Öffentlichkeitsarbeit

Wie sich die nächsten
Bonner Beschlüsse auf
Juergen Sprenzinger
auf Augsburg 21
und auf die
Friedenstr. 7 A
auswirken werden.
Mit allen Vorteilen und
allen Nachteilen. Details innen.

Verlag N. Rentrop, Theodor-Heuss-Str. 4, 53177 Bonn

510028137/RBR 162   *001645*
Herrn
Juergen Sprenzinger
Friedenstr. 7 A

86179 Augsburg 21

Sehr geehrter Herr Sprenzinger,

immer wieder bin ich als größter Bonner Buch- und Zeitschriften-Verleger von Freunden und Bekannten gefragt worden: "Norman, Du sitzt doch direkt an der Quelle und hast langjährige enge Kontakte zu den Ministerien und Diplomaten.

Was wird denn demnächst an neuen bedeutenden Veränderungen aus Bonn alles kommen?

Und was bedeutet das für mich, für mein Geld und für mein Unternehmen?"

Guten Freunden habe ich dann in den vergangenen Jahren immer diskrete Tips geben können:

"Wie kann ich die Nachteile der neuen Dienstwagen-Besteuerung für mich in einen handfesten Vorteil verwandeln?"

fragte mich erst kürzlich ein befreundeter Verlags-Inhaber. Bislang hatte er sich ein repräsentatives Fahrzeug äußerst preisgünstig zulegen können. Denn er entschied sich jeweils für einen gepflegten 6- oder 8- Zylinder und nur 1 bis 2 Jahre gelaufen. Seit dem 1. Januar dieses Jahres ist das für ihn aber plötzlich steuerlich von großem Nachteil. Dank meines direkten Drahtes zum Bundesfinanz-Ministerium, konnte ich ihm noch rechtzeitig einen wertvollen Fingerzeig geben.

Diesen Informations-Vorsprung wußte er zu seinem persönlichen Vorteil zu nutzen und spart so persönlich Jahr für Jahr rund 17.000 DM.

"Mit welchen Ausgaben-Steigerungen für die Pflege-, Renten- und Kranken-Versicherung werde ich 1997 rechnen müssen?"

sprach mich neulich der Geschäftsführer einer Frankfurter Werbeagentur an. Er wollte wissen, ob er bei den stark wachsenden Sozial-Ausgaben kurzfristig Mitarbeiter freisetzen sollte. Denn Kosten-Steigerungen können oft nicht mehr auf die

Jürgen Sprenzinger
Friedenstraße 7a
86179 Augsburg

Verlag
N. Rentrop
zu Händen von Herrn Rentrop
Theodor-Heuss-Str.4

53177 Bonn

15.08.96

Sehr geehrter Herr Rentrop,

Gestern hat mir der Postbote einen Brief von Ihnen gebracht, wo Sie schreiben, daß Sie wüßten, wie sich die nächsten Bonner Beschlüsse auf Juergen Sprenzinger, auf Augsburg 21 und auf die Friedenstraße 7a auswirken werden. Und zwar mit allen Vorteilen und allen Nachteilen. Mit Details von innen.

Sie sind ja ein wirklich toller Hecht, daß Sie das alles wissen, aber ich glaub, in meinem Fall irren Sie sich. Und ich sag Ihnen auch, warum. Erstens gibt es Augsburg 21 nicht mehr, weil seit die Post nämlich die Postleitzahlen umgestellt hat, ist die Zahl 21 weggefallen und wir haben hier die Postleitzahl 86179. Deswegen können die Bonner Beschlüsse gar keinen Einfluß nicht auf Augsburg 21 haben, weil es das eigentlich gar nicht mehr gibt.

Wenn Sie schreiben, daß sich die Bonner Beschlüsse auf die Friedenstr. 7a auswirken, dann möcht ich natürlich auch wissen, wie sich diese Beschlüsse auf die Gärtnerstraße 5, auf die Konrad-Adenauer-Allee 36 und auf die Bürgermeister-Fischer-Str. 62 auswirken. Das tät mich nämlich gewaltig interessieren, weil ich da jeden Morgen vorbeilaufe. Meistens in der Früh zwischen 9 Uhr und halb zehn Uhr.

Und auf mich können sich die Beschlüsse vielleicht auswirken, aber das ist mir eigentlich relativ wurscht, was die in Bonn beschließen, weil so lang bin ich garnicht mehr in Deutschland, weil ich nämlich auswandern will und da sind Beschlüsse aus Bonn für meine Person überhaupts garnicht wichtig und zutreffend, sondern die in Bonn können mir mal den Schuh aufblasen.

Ich hoffe, Ihnen hiermit gedient zu haben und verbleibe

mit freundlichen Grüßen

Jürgen Sprenzinger

Dr. Erhard Liemen
-Chefredakteur-

Der Rentrop-Brief

Theodor-Heuss-Str. 4
53177 Bonn
Tel. 0180/ 5 21 25 08
Fax. 0228/ 35 97 10

Herrn
Jürgen Sprenzinger
Friedenstraße 7a

86179 Augsburg

NR/LI/ma   23. August 1996

Sehr geehrter Herr Sprenzinger,

Kopie Ihres Briefes an Herrn Rentrop in Sachen Werbung ging an mich. Herzerfrischend und gelungen, wie Sie die Sache aufspießen.

Als für den beworbenen Dienst verantwortlicher Redakteur danke ich für eine darin enthaltene thematische Anregung: Auswanderung aus der Bundesrepublik. Nur: Wohin? Man könnte ihm „dort den Schuh noch dicker aufblasen" als bei uns. Geben Sie mir in ein paar Jahren doch mal Nachricht, wie es Ihnen ergangen ist.

Mit freundlichen Grüßen

Dr. Erhard Liemen
Verlag Norman Rentrop

Jürgen Sprenzinger
Friedenstraße 7a
86179 Augsburg

2. Kongregation für Glaubenslehre
Seine Emminenz
Herrn Präfekt Josef Kardinal Ratzinger
Stato Dell Cittá Del Vaticano
Rom

Italien

29. Dezember 1996

Ehrenwerte Emminenz,

entschuldigt bitte, wenn ich als sündiges Schaf einer so hochgestellten Persönlichkeit wie Euch jetzt da so einfach schreib, aber ich hab ein Problem, bei dem Euer Gnaden mir vielleicht helfen könntet. Ich bin seit meiner Taufe katolisch, war sogar eine zeitlang im Kirchenchor und habe meistens so gut als möglich die zehn Gebote befolgt. Sicher gebe ich zu, daß ich auch ab und zu gesündigt hab, früher mehr wie heute, aber wenn man älter wird, dann geht es nicht mehr so einfach mit dem sündigen, weil man dann viel mehr nachdenkt und manche Sünde nicht mehr so interesant ist als wie wenn man jung ist.

Aber das wollt ich Euch garnicht schreiben, weil Ihr bestimmt viel zu tun habt da unten in Rom. Hoffentlich ist das Wetter bei Euch in Rom schöner als bei uns. Wir haben momentan eine Saukälte. Deswegen komm ich gleich zu meinem Problem und das ist so: am sechsten Januar ist der Dreikönigstag. Das ist nächstes Jahr ein Montag. Neulich hab ich mich mit dem Kurt, was mein Freund ist, unterhalten. Und da kamen wir auf die heiligen drei Könige. Und weil der Kurt evangelisch ist, hab ich ihn gefragt, ob er auch die heiligen drei Könige kennt. Klar kennt er die, hat er gesagt, die heißen Kaspar, Melchior und Baltasar. Aber er kennt nur die Vornamen, hat er gesagt. Wie die drei mit Nachnamen heißen, weiß er auch nicht. Aber Sie dürfen mir glauben, der Kurt ist ein ordentlicher, anständiger Mensch, auch wenn er evangelisch ist.

Ich muß ehrlich sein, ich weiß auch nicht, wie die drei mit Nachnamen heißen. Aber ich wollt das wissen, weil wenn man das als Katolik nicht weiß, dann ist das ja ein Trauerspiel. Da hab ich einen Bekannten, der ein Lehrer ist, gefragt. Weil ich geglaubt hab, daß ein Lehrer ein gebildeter Mensch ist. Aber der hat auch nicht gewußt, wie die drei mit Nachnamen heißen. Heute hab ich nach der Kirche unseren Pfarrer gefragt. Aber der konnte mir auch nicht sagen, wie die drei mit Nachnamen heißen. Er hat mich nur angeguckt, als hätte ich nicht alle Tassen im Schrank.

Heute nachmittag war wieder der Kurt bei mir. Und der hat mir gesagt, ich soll doch nach Rom schreiben, wenn mich das so brennend interessiert, wie Kaspar, Melchior und Baltasar mit Nachnamen geheißen haben, die in Rom müßten das doch wissen. Und nachdem Ihr ein deutscher Kardinal seid, sozusagen quasi ein Landsmann, um nicht zu sagen ein Deutscher, habe ich meinen ganzen Mut zusammen genommen und schreib Euch. Eure Adresse hab ich von meinem Schwager, was der Mann von meiner Schwester ist, bekommen. Ich weiß allerdings auch nicht, woher der die hat und ob sie richtig ist. Ich hoffe aber, daß Ihr diesen Brief trotzdem bekommt und mir vielleicht helfen können wollet. Dafür wäre ich Euch sehr dankbar.

Ich wünsche Eurer Gnaden einen guten Rutsch in das neue Jahr und bleibt gesund.

Hochachtungsvollst untertänigst mit freundlichen Grüßen

Jürgen Sprenzinger

Nachtrag

Seine Eminenz, Kardinal Ratzinger, hat mir leider nicht geschrieben. Ich habe das aber gleich geahnt. Vielleicht hätte ich direkt an den Papst schreiben sollen, dann wäre die Sache wahrscheinlich schon längst erledigt. Man könnte nun annehmen, der Vatikan weiß selbst nicht, wie die Heiligen Drei Könige mit Nachnamen heißen. Ich habe es nach schweißtreibenden, äußerst zeitaufwendigen Recherchen endlich herausbekommen. Die vollen Namen lauten:

Kaspar Gold
Melchior Myrrhe
Balthasar Weihrauch

WAGO-CURADATA Steuerberatungs-Systeme GmbH ■ Postfach 63 ■ 61123 Nidderau

Herrn
Jürgen Sprenzinger
Friedenstraße 7a

86179 Augsburg

Hausanschrift	Siemensstraße 20
	61130 Nidderau
Telefon	0 61 87 / 9 26 - 0
Telefax	0 61 87 / 9 26 - 1 99
Unser Zeichen	ZKS/SE
Datum	06.01.1997

Ihr Schreiben von 1996

Sehr geehrter Herr Sprenzinger,

wir nehmen Bezug auf Ihr an uns gerichtetes Schreiben aus dem Jahre 1996.

Zunächst entschuldigen wir uns, daß die Beantwortung Ihres Schreibens diesen langen Zeitraum in Anspruch genommen hat.

Der Grund für die Nichtbeantwortung liegt ausschließlich bei uns. Unglücklicherweise gelangte letztes Jahr Flüssigkeit in den Postkorb unseres Sachbearbeiters für den Kundendienst, so daß wir weder Inhalt noch Absender Ihrem Brief entnehmen konnten.

Erst nach aufwendiger Behandlung des Papieres, ist es uns jetzt gelungen Ihre Adresse herauszufinden.

Wir möchten auf diesem Wege unser Bedauern für das vorbezeichnete Mißgeschick ausdrücken und bitten Sie, nochmals die Kopie Ihres Briefes an zu senden.

Die sofortige Bearbeitung ist nunmehr selbstverständlich.

Sollten sich weitere Fragen ergeben, stehe ich Ihnen selbstverständlich gerne persönlich zur Verfügung.

Mit freundlichen Grüßen

WAGO-CURADATA
Steuerberatungs-Systeme GmbH

i.V. Sven Ehinger
Assistent der Geschäftsleitung
(Zentraler-Kunden-Service)

Jürgen Sprenzinger
Friedenstraße 7a
86179 Augsburg

Firma
Wago Curadata
z. H. Herrn Ehinger
Siemensstraße 20

61130 Nidderau

9. Januar 1997

Sehr geehrter Herr Ehinger,

gestern hab ich einen Brief von Ihnen gekriegt, in dem Sie geschrieben haben, daß Sie einen Brief von mir gekriegt hätten, den ich im Jahre 1996 geschrieben hätt und der im Postkorb eines Sachbearbeiters für den Kundendienst einer Flüssigkeit zum Opfer anheim gefallen wär.

Leider kann ich mich aber überhaupts gar nicht mehr an diesen Brief erinnern. Weil ich nämlich mit einer Steuerberatungs-Systeme GmbH gar nie nicht was am Hut gehabt hab. Ich hab nur ein Heizungs-System, das sich in meinem Keller befindet, aber das steuert sich allein, weil da nämlich ein automatischer Thermostat dort ist, der sich von alleine ein- oder ausschaltet. Ich mein, ausschalten tut er sich natürlich nur dann, wenn er vorher eingeschaltet war, weil nur das, was ausgeschaltet ist, man auch einschalten kann. Ich hab noch nie gehört, daß jemand etwas einschaltet, wenn es schon eingeschaltet ist, weil dann würde man ja zweimal einschalten und das ist ein riesiger Schwachsinn. Es kann natürlich schon sein, daß es Leute gibt, die etwas zweimal einschalten, aber die befinden sich dann meistens in einer geschlossenen Anstalt. Da gibt es nämlich auch Leute, die etwas zweimal hintereinander ausschalten, dann gleicht sich das wieder aus.

Sie schreiben, daß Sie mir Ihr Bedauern für dieses Mißgeschick ausdrücken wollen. Das ist ja recht nett von Ihnen, aber das hätt es gar nicht gebraucht, weil es ist ja kein Todesfall, wenn ein Brief von einer Flüssigkeit vernichtet wird. Höchstens eine Briefvernichtung durch Flüssigkeit. Bestrafen müßte man eigentlich die Flüssigkeit. Weil Sie in den Postkorb von Ihrem Sachbearbeiter hineingelaufen ist, obwohl sie bestimmt auch woanders hätte hinlaufen können. Interessant wär es jetzt, wenn ich wissen tät, was das für eine Flüssigkeit war. Dann könnte ich von der Flüssigkeit auf die Fließrichtung derselbigen schließen. So aber nehme ich an, daß die mir unbekannte Flüssigkeit in nördlicher Richtung geflossen ist, weil da der Nordpol liegt und selbige Flüssigkeit vom Nordpol magnetisch angezogen worden ist. Und wahrscheinlich steht der Postkorb von Ihrem Sachbearbeiter vom Kundendienst in nördlicher Richtung. Deswegen ist die Flüssigkeit

Seite 2 von diesem Brief

in den Postkorb gelangt und hat meinen Brief vernichtet, den Sie dann nicht beantworten haben können, weil Sie meine Adresse nicht gehabt haben und erst nach aufwendiger Behandlung des Papieres herausgefunden haben.

Eine Kopie des Briefes hab ich nicht. Ich weiß auch nicht mehr, was ich Ihnen geschrieben hab.
Was Gescheites kann es jedenfalls nicht gewesen sein, sonst wüßt ich es.

Weitere Fragen hab ich nicht und somit brauchen Sie mir auch nicht zur Verfügung stehen. Setzen Sie sich ruhig, sonst kriegen Sie vielleicht Krampfadern.

Ich hoffe, Ihnen hiermit gedient zu haben und verbleibe mit einem freundlichen Gruße

Jürgen Sprenzinger

Jürgen Sprenzinger
Friedenstraße 7a
86179 Augsburg

An das
Bischöfliche Ordinariat
Hoher Weg

86152 Augsburg

9. Januar 1997

Sehr geehrte Herren Geistliche,

hiermit wollt ich Ihnen allerhöflichst mitteilen, daß ich ein guter Christ bin. Obwohl ich schon auch ab und zu ein Sünder war. Kurz zu meiner Person: ich bin katholisch getauft und habe eine katholische Volksschule besucht. In der dritten Klasse bin ich dann ordnungsgemäß zur heiligen Kommunion gekommen, ein Jahr danach zur Firmung. Dazwischen habe ich immer regelmäßig gebeichtet. Ich kenn den Katechismus und die Bibel. Die Bibel kenn ich fast auswendig. Ich halt sehr viel von der Bibel, weil das ein wirklich tolles Buch ist. Es heißt ja nicht umsonst, die Bibel sei das Buch der Bücher. Ich kenn überhaupt gar kein Buch, das jemals eine so große Auflage gehabt hat. Was ich noch vergessen hab, ist, daß ich auch katholisch geheiratet hab. Ich hab damals zu meiner Frau gesagt, daß für mich ein so ein gschlampiges Verhältnis gar nie in Frage kommt und wenn Sie mich zum Mann haben will, dann nur mit einer kirchlichen Hochzeit. Zuerst hat sie sich geweigert und gesagt, daß man auch im Stillen Gutes tun könnt, aber damit war ich nicht einverstanden. Darauf hin haben wir uns kirchlich trauen lassen.

Meine Frau hat ein altes Bauernhaus mit in die Ehe gebracht, weil sie vom Land ist. Und das ist mein Problem. Weil nämlich das Haus schon uralt ist. Kennen Sie das Lied vom alten Haus von Rocky Docky? Jedenfalls so alt ist das Haus mindestens auch schon. Wenn man die Tür aufmacht, dann knarrt das ganze Haus. Im Dorf wird bereits gemunkelt, daß das Haus verhext ist. Und deswegen hab ich beschlossen, daß ich es abreißen laß. Aber wie ich im Baugeschäft nachgefragt hab, was das kosten tät, hat der Chef von dem Baugeschäft gesagt, daß das 60 000 Mark kosten tät. Das find ich, ist ein Wucher. Weil schon in der Bibel steht, daß man von seinem Bruder keinen Zins nicht nehmen soll. Ich geb zu, daß der Chef von dem Baugeschäft nicht mein Bruder ist. Aber so teuer braucht er auch nicht sein. Das hab ich ihm gesagt und er hat gemeint, ich könnt es ja selber einreißen, von ihm aus auch umblasen. Ich hab ihn gefragt, ob er spinnt. Nein, hat er gesagt, früher in Jericho hätten die auch ganze Mauern mit Trompeten umgeblasen. Das hat mir eingeleuchtet, weil die Geschichte hab ich auch schon im Religionsunterricht gehört.

Ich selber kann überhaupts nicht Trompete blasen. Nur Mundharmonika spielen. Deswegen hab ich den Erwin und den Sigi gefragt, ob sie das Haus umblasen könnten. Weil die spielen in einer Blaskapelle. Der Erwin spielt Trompete und der Sigi eine Tuba oder einen Kontrabass oder so was ähnliches, jedenfalls irgendwas, was ganz arg scheppert.

Der Sigi und der Erwin haben sich dann vor das Haus hingestellt und geblasen, aber es ist nix passiert, nur der Fensterladen ein ein bisserl gewackelt. Nach einer halben Stunde haben sie aufgegeben. Schon deswegen, weil die Nachbarn geschimpft haben. Aber die wollten wir eigentlich garnicht umblasen. Jedenfalls hat das nicht funktioniert. Da hat der Erwin gemeint, daß man da wahrscheinlich eine bestimmte Melodie spielen müßt, eine, die recht grausig klingt. Ja, hat der Sigi gesagt, man müßt einfach nur wissen, welche Melodie die damals in Jericho gespielt haben, dann wärs wahrscheinlich ganz einfach.

Draufhin hab ich unseren Pfarrer gefragt, ob er vielleicht wüßt, was man damals in Jericho für eine Melodie gespielt hat, beim Mauern einblasen. Aber der hat bloß den Kopf geschüttelt und auch nix gewußt.

In meiner Not schreib ich jetzt an Sie, weil Sie ja das Bischöfliche Ordinariat sind und vielleicht mehr darüber wissen. Vielleicht haben Sie sogar noch irgendwo ein Notenblatt herumliegen. Vielleicht können Sie mir helfen. Ich spend dann auch was für die Diaspora oder für Biafra oder die dritte Welt, egal, wo es halt grad brennt. Das kommt mir immer noch billiger wie die 60 000 Mark, die dieser Hanswurscht vom Baugeschäft haben will und ich tu auch noch ein gutes Werk.

Ich entbiete Ihnen einen herzlichen Gruß

Hochachtungsvollst

Jürgen Sprenzinger

Augsburg, den 16.01.97

Herrn
Jürgen Sprenzinger
Friedenstr. 7a

86179 Augsburg

Sehr geehrter Herr Sprenzinger,

Ihr Brief vom 09. Januar dieses Jahres hat für einige Heiterkeit gesorgt, dafür möchte ich im Namen aller Beteiligten danken. Sie schreiben allgemein an „sehr geehrten Herren Geistliche". Dazu gehöre ich zwar nicht, möchte Ihnen aber trotzdem antworten.

Wir , d.h. einige im Bischofshaus, überlegten woran es nun liegen könnte, daß die Blasmusik von Erwin und Sigi in diesem Falle keine Wirkung zeigte, abgesehen von der Ihrer Nachbarn.

Wir haben verschiedene Antworten gefunden:
- Vielleicht waren die Lieder zu modern. Sie sollten es mit „Der mächtigste König im Luftrevier" oder „Wir lieben die Stürme" probieren.

- Vielleicht war die Zeit zu kurz (1/2 Stunde). Vor Jericho waren es sieben Tage (vgl. Josua 6,4b), außerdem mußte man dabei siebenmal um die Stadt - in Ihrem Fall um den Grundbesitz - herumziehen.

- Vielleicht aber fehlte auch den Beteiligten der Glaube. Vor Jericho war es ein Akt des Glaubens, nämlich an das Wort Gottes (vgl. Jos 6,2)

- Und außerdem **zwei** Bläser. Ich möchte den beiden ja nicht die Stärke absprechen, aber es sind halt keine **sieben Priester**.

Sie sollten die Sache im Hinblick auf diese Ausführungen nochmal überdenken. Eine Möglichkeit wäre, einen Kostenvoranschlag für die priesterliche Blaskapelle einzuholen und mit dem der Abbruchfirma zu vergleichen. Sollten Sie sich für die Blaskapelle entscheiden, sorgen die Nachbarn für die Lösung des Problems.

Eine andere Möglichkeit: Die Steine bemalen - da käme vielleicht der Kindergarten zu Hilfe - und sie dann gewinnbringend an die Touristen verkaufen.

Hinweise: Der Fasching steht vor der Türe. Sie sollten den nächsten Faschingsclub oder Faschingsverein ansprechen, die hätten vielleicht noch einige Vorschläge auf Lager.

Sie hätten Ihrem Schreiben noch die Aussicht auf eine Prämierung der besten Vorschläge beifügen sollen.

Gebrauchen sie keine „unmenschliche Gewalt" wie Feuer oder Granaten, damit kommen Sie nämlich mit dem Gesetz in Konflikt.

In der Hoffnung, Ihnen mit diesen Ausführungen gedient zu haben grüßt Sie

(M. Ernestine Walter)

Jürgen Sprenzinger
Friedenstraße 7a
86179 Augsburg

An die
Schule des Schreibens
in der Axel Andersson Akademie
Neumann-Reichardt-Strasse 27–33

22041 Hamburg, Abt. HD 423

19. Januar 1997

Sehr geehrte Schreiblehrer!

Neulich hab ich eine Anzeige von Ihnen gelesen, wo Sie schreiben, daß jeder das Schreiben lernen kann. Das hat mich sofort begeistert, weil ich immer schon gern geschrieben hätt, es aber nie geschafft hab. Das Schreiben hab ich natürlich schon gelernt, weil sonst könnt ich Ihnen ja jetzt keinen Brief nicht schreiben. Ich will aber schreiben lernen wie ein Künstler. Wie ein Musiker, der virtituos auf seiner Geige spielt.

Schon in der Schule hat mein Lehrer immer gesagt, daß bei mir Hopfen und Malz verloren wär. Obwohl ich nie Hopfen und Malz gehabt hab, das hat der mir bloß angedichtet. Ist ja wurscht, ich bin ja kein Bierbrauer nicht.

Jedenfalls hat mir Ihre Anzeige schon imponiert, weil Sie da sagen, daß jeder das Schreiben so lernen könnt, als wie wenn er ein Buchautor wär. Buchautor würd ich schon gern werden wollen, allerdings weiß ich nicht, ob mein Hirn dazu ausreichen täte. Vielleicht können Sie mir mal so ein Gratisangebot schicken, damit ich seh, wie groß meine Schansen sind.

Ich bin nämlich momentan arbeitslos. Aber so den ganzen Tag daheim sitzen und schreiben, daß täte mir einen wahnsinnigen Spaß machen. Und ich hab gehört, als Buchautor verdient man ja eine ganz tolle Kohle und kann sich sogar einen Mercedes leisten und kommt auf der ganzen Welt rum und die Frauen liegen einem zu Füßen und überall wo man hinkommt, grüßen einen die Leute recht ehrerbietig. Das täte mir gefallen. Deshalb wär ich Ihnen für ein Gratisangebot sehr dankbar, vorausgesetzt, es ist auch wirklich ein Gratisangebot und keine Bauernfängerei nicht.

Ich hoffe, Ihnen hiermit gedient zu haben und verbleibe als werdender Schriftsteller

mit herzlichen Grüßen

Jürgen Sprenzinger

Nachtrag

Die Schuhle des Schraibens hat mir tatsechlich ain Angebod fir eine Kurs geschiggt. Aber der wahr mir fihl, fihl zu täuer. Tesswegen hab ich kainen Kurs nicht mitmachen kenen. Ich glaub aber, dass ich auch gar keine Kurs nicht brauchen tu, weil ich nemlich schon gans gud schraiben kann und gans selden eine Veler mach!

Jürgen Sprenzinger
Friedenstraße 7a
86179 Augsburg

Firma
Steinhart GmbH
Kerzenherstellung
86381 Krumbach

Buchstraße 20

19. Januar 1997

Sehr geehrte Damen und Herren,

momentan haben wir ja Winter. Ich nehm an, daß es auch bei Ihnen Winter ist. Aber bis spätestens März kommt der Frühling. Und da kann man abends dann wieder draußen sitzen. Und die Insekten fliegen und krabbeln dann auch wieder überall.

Ich schreib Ihnen dieses, weil ich ein Insektenforscher bin. Am 3. Advent hat meine Frau eine Duftkerze angezündet, weil es bei uns im Zimmer so gestunken hat. Und im Winter kann man ja kein Fenster aufmachen, weil die meistens alle zugefroren sind. Und wenn mal eins aufgeht, dann wirds gleich grausam kalt.

Jedenfalls war die Duftkerze von Ihnen. Und da ist mir eine Idee gekommen, wie man im Frühjahr die Insekten anlocken könnte, wenn man abends im Garten sitzt. Weil bisher bin ich immer den Käfern und Fliegen nachgesprungen. Aber ich bin nicht mehr der jüngste. Und so hab ich mir überlegt, daß wenn man was hätte, was aasähnlich riecht, dann kämen die Fliegen, Käfer und Motten von selber. Und da ist mir eingefallen, daß man nicht ja nicht nur Duftkerzen machen könnte, sondern auch Kerzen mit Kadavergeruch. Dadurch würden die Insekten angelockt und man könnte sie besser fangen. Das wär sehr praktisch.

Jetzt wollt ich einfach mal anfragen, ob es nicht vielleicht möglich wär, daß Sie mir ein paar Kerzen mit Kadavergeruch anfertigen könnten. Es könnte auch Mumienduft sein, weil sich Kadavergeruch und Mumiengeruch nicht großartig unterscheiden. Ich weiß das, weil ich schon in Ägypten war und ein Mumiengrab besucht hab. Und da ist auch ein Haufen Fliegen rumgeschwirrt.

Für eine kurze Mitteilung wäre ich Ihnen sehr dankbar und verbleibe

mit freundlichen Grüßen

Jürgen Sprenzinger

Nachtrag

Leider … Firma Steinhart hat mein Schreiben nicht beantwortet. Als findiger Mensch ist mir natürlich sofort was eingefallen: Ich verhandle gerade mit dem Ötzi-Museum in Bozen. Die könnten mir ihr Prunkstück doch den Sommer über ausleihen. Wer so alt ist wie Ötzi, zieht vermutlich eine Menge Fliegen an!

Jürgen Sprenzinger
Friedenstraße 7a
86179 Augsburg

Herrn
Dr. Michael Mastaller
Meeresbiologe
Tournely-Str. 16

86391 Leitershofen

                                                                                                        02. Februar 1997

Sehr geehrter Herr Doktor Mastaller,

in der Zeitung hab ich gelesen, daß Sie ein weltbekannter Meeresbiologe sind. Ich habe Meeresbiologen immer schon bewundert, weil die meistens gut schwimmen können und recht lang die Luft anhalten. Nun hab ich ein Problem und deswegen wollte ich Sie was fragen, weil Sie sich doch mit Fischen auskennen und einen großen Teil Ihres Lebens unter Wasser zugebracht haben und mit denselbigen geschwommen sind.

Ich habe mit meinem Goldfisch nur noch Schwierigkeiten. Er ist seit einer Woche unwahrscheinlich aggresiv. Früher ist er ganz brav in seinem Aquarium herumgeschwommen und hat mich immer ganz freundlich angeschaut. Jetzt ist aber folgendes passiert: meine Frau hat ein Rindergulasch gekocht. Leider hat sie dieses Rindergulasch so scharf gemacht, daß wir es überhaupt nicht essen konnten, so scharf war das. Wir haben es daraufhin ins Klo geschüttet. Aber ein Stück von dem Rindergulasch war noch im Topf und das hab ich dem Hubert, so heißt mein Goldfisch, in das Aquarium geschmissen, weil ich mir gedacht hab, der frißt das schon. Bis zum nächsten Tag hat er es auch tatsächlich gefressen.

Aber er ist seitdem charakterlich total verändert. Er glotzt mich nur noch böse an, meistens mit dem linken Auge, und zuckt aggresiv mit dem Schwanz und sobald man zu seinem Aquarium hingeht, rennt er gegen das Glas. Wenn das kein Glas nicht wär, sondern Gitterstäbe, dann wär ich sicher, er hätt die schon längst durchgebissen. Er führt sich auf, als wär er ein Piranja. Neulich, wie ich Ihn wieder füttern wollt, hat er mich in den Finger gebissen. Jetzt hab einen Verdacht, wo ich Sie fragen wollte, ob sowas möglich ist: bei dem Gulasch hat es sich ja um ein Rindergulasch gehandelt. Und man hört ja immer wieder von diesem Rinderwahnsinn. Und ich hab den Fisch ja mit diesem Rindergulasch gefüttert und könnt mir vorstellen, daß der Hubert, was mein Goldfisch ist, jetzt einen Rinderwahnsinn hat. Oder in seinem Fall einen Fischwahnsinn. Weil der sich gar so blöd aufführt. Normalerweise war er immer lieb und man hat ihn sogar streicheln können und unter der Brustflosse kraulen.

Wenn der tatsächlich einen Fischwahnsinn hat, dann tut mir das leid. Wenn ich das gewußt hätt, dann hätt ich das Gulasch lieber selber gegessen, weil bei mir wär das ja wurscht gewesen. Ich bin ja kein Fisch und kann auch keinen Fischwahnsinn kriegen. Nun wollt ich Sie fragen, was man dagegen machen kann, weil Sie doch mit jedem Fisch auf du und du sind. Vielleicht können Sie mir einen Rat diesbezüglich geben.

Was ich Ihnen übrigens noch schreiben wollt: ich hab in der Zeitung auch gelesen, daß Sie im Wald Nistkästen für Fledermäuse aufgehängt haben. Das hat mich schon sehr verwundert, weil ich nicht gewußt hab, daß ein Meeresbiologe auch an Land arbeiten kann. Aber die Idee hat mich schon sehr inspirirt und ich hab in meinem Garten auch einen solchigen Kasten aufgehängt. Doch alle Fledermäuse sind nur kurz vorbeigefledert, aber keine hat genistet. Schließlich wurde der Nistkasten von einem Starenpaar bezogen. Die haben aber nicht lange darin genistet, weil ich nämlich ein Batman-Zeichen draufgemalt hab und da haben die gemerkt, daß sie in einem Fledermaus-Nistkasten sind und sind kurz darauf ausgezogen. Jetzt wohnen tatsächlich Fledermäuse drin. Deswegen möcht ich Ihnen einen Vorschlag machen: Sie sollten auf jeden Ihrer Fledermaus-Nistkästen ein Batman-Zeichen malen, damit die Fledermäuse wissen, daß diese Nistkästen Fledermaus-Nistkästen sind. Bei mir hat das funktioniert. Und schließlich muß alles seine Ordnung haben.

Ich wäre Ihnen sehr dankbar, wenn Sie mir bei der Sache mit meinem Hubert helfen täten. Da wäre ich Ihnen sehr zu Dank verplichtet.

Im voraus vielen Dank.

Mit freundlichem Gruße

Jürgen Frenzinger

Dr. Michael Mastaller
Fischereiberatungsstelle Leitershofen
Tournelystr. 16
86391 Stadtbergen

5.Feb.1997

Herrn
Jürgen Sprenzinger   **Per E-Mail**
Friedenstraße 7a
86179 Augsburg

Sehr verehrter Herr Sprenzinger,

Es freut mich immer wieder, wenn interessierte Laien die Probleme ihres Alltags an die Fachwelt herantragen und um kundigen Rat anfragen. Auch wenn Sie ein paar Dinge bezüglich meiner bisherigen Berufspraxis vermengt haben (warum denn soll sich ein Meeresbiologe nicht in bayrischen Wäldern um Fledermäuse kümmern?), so will ich doch versuchen, Ihnen mit gutem Rat zur mißratenen Kochkunst Ihrer Frau und dem aus dem Ruder geratenen Goldfisch zu helfen.

Zunächst zu Hubert und Ihrer Angst, nach einem Biß Ihres Aquarienlieblings wahnsinnig zu werden. Seien Sie versichert, verehrter Herr Sprenzinger, daß Sie nach meinem Dafürhalten nahezu immun sind gegen Rinderwahnsinn. Wer solche Probleme wälzt wie Sie, kann gar nicht vom Wahnsinn bedroht sein. Und falls das an den Fisch verfütterte Gulasch britisch infiziertes Rindfleisch war, das Ihre Frau zubereitet hatte, so kann ich Sie auch beruhigen: Der Erreger wurde mit großer Wahrscheinlichkeit im Gulasch Ihrer Frau Gemahlin zerkocht oder von einer Überdosis Cayennepfeffer umgebracht.

Viel beunruhigender ist die Gefährdung, die Sie dem armen Fisch antaten, als Sie ihm den ungewohnten Fraß vorwarfen. Als Aquarianer hätten Sie das Fleisch wenigstens als kleine Wurstportiönchen durch den Fleischwolf drehen sollen. Das Tier hätte ersticken können – ganz abgesehen davon, daß es sich beim Heraufwürgen der offensichtlich ungenießbaren Brocken zu Tode kotzen hätte können.

Nach Ihrer Schilderung leidet Ihr Hubert eher an einer chronischen Taumelkrankheit, die wahrscheinlich sowohl auf Ihre absonderlichen Fütterungspraktiken zurückzuführen ist wie auch auf die offensichtlich ungeordneten Familienverhältnisse und Tischsitten, denen er täglich ausgesetzt ist. Es geht nicht an, daß man seinem Goldfisch seine Essensreste vorwirft, ihn am Bauch krault und ihn dem Dauerstreß aussetzt, tagtäglich seine Peiniger vor dem Aquariumgehäuse patrouillieren zu sehen. Ihr Goldfisch braucht Abwechslung, von Ihnen, Ihrer Kost und Ihrer Umgebung!

Affekthandlungen, zu denen Sie offensichtlich neigen, hält kein Goldfisch nicht aus, er muß sich zwangsläufig komprimiert fühlen. Typische Erscheinungsbilder bei derart gestreßten Fischen sind nicht auszuschließen. Es werden ihm Schuppen von den Augen fallen, die Analflosse wird dauergespreizt bleiben und Tränensackerweiterungen können zu bleibenden Glotzaugen führen. Es wäre vom Fachmann zu prüfen, ob bei Hubert gewisse Verhaltensstörungen, wie ich vermute, personen-spezifisch ausgelöst werden. Das Foto, das Sie freundlicherweise Ihrem Schreiben beigelegt haben, ist sehr aufschlußreich. Wie Sie da so in das Aquarium hineinstarren, und dann diese irritierende Glatze – da wird der friedlichste Fisch zum Piranha. Kein Wunder, wenn Hubert zu Schwanzzucken und Glasbeißen neigt.

Ich schlage folgende Heilverfahren an Hubert vor: Bestellen Sie beim Otto-Versand /Zweigstelle Hongkong einen jener modischen Damenschuhneuheiten, Größe ihrer Frau passend, bei denen der Absatz als kleines Goldfischaquarium ausgearbeitet ist. Verfrachten sie den Fisch sodann regelmäßig in dieses Ausgeh-Aquarium und schicken Sie Ihre Frau samt Goldfisch für 1-2 Stunden täglich Gassi. Frische Luft und eine Umgebung ohne den Streß mit Ihnen vor der Scheibe wird dem Tier gut tun. Zum Ausgleich für die Stunden allein zuhause ohne Hubert können Sie sich entweder in einen Schönheitssalon setzen, oder einen Kochkurs besuchen. Letzteres würde vermutlich auch andere Probleme im Zusammenleben mit Ihrer Frau Gemahlin verbessern. Sie können ihr aber auch ein Kochbuch kaufen, in dem die Gewürzmengen für ungarisches Gulasch genau erklärt sind. Auch empfehle ich Ihnen meine Veröffentlichung über Fischpsychologie und das Durchlesen des Packzettels von Fischfutter, welches Sie sich bitte in der Fischfachhandlung besorgen wollen.

Was Sie und die Verbesserung Ihrer Akzeptanz beim Goldfisch betrifft, verehrter Herr Sprenzinger, so sind Ihrer Fantasie keine Grenzen gesetzt, wie Sie attraktiver werden könnten. Aber angesichts Ihres Fotos sollten Sie doch froh sein, daß Sie eine gute Frau haben, auch wenn's mit dem Gulaschwürzen bisweilen hapert. In Erwartung der Befolgung meiner Ratschläge und einen Zustandsbericht über die meines Erachtens notwendigen Hilfsmaßnahmen für Hubert

verbleibe ich verbindlich, Ihr

Dr. M. Mastaller

Jürgen Sprenzinger
Friedenstraße 7a
86179 Augsburg

An den
Bundesrechnungshof
Berliner Straße 51

60284 Frankfurt am Main

9. Februar 1997

Sehr geehrte Bundesrechner!

Weil man an Weihnachten ja was essen muß und anschließend die Weihnachtsfeiertage kommen, mache ich jedes Jahr meinen Vorweihnachtseinkauf. Und zwar immer am 21. Dezember, weil da Winteranfang ist. Ich habe meinen Einkaufstag auf den Winteranfang gelegt, weil ich damit zwei Fliegen mit einer Klappe schlag: erstens vergeß ich nicht, daß Winteranfang ist und zweitens vergeß ich nicht, daß ich einkaufen geh. Weil es nämlich Winteranfang ist und am Winteranfang geh ich immer einkaufen.

Aber ich schreib Ihnen, weil ich diesmal am 21. Dezember ein Problem gehabt hab, das mir das ganze Weihnachten versaut hat. Ich mach meinen Einkauf immer beim Aldi. Weil ich nur ein einfacher Arbeiter bin und nicht soviel Kohle verdien. Am 21. Dezember 1996, also genau am Winteranfang, war ich wieder beim Einkaufen, weil das auch zufällig mein Einkaufstag ist.

Ich hab dann eingekauft. Zuerst ein Klopapier, dann einen Tunfisch, dann Butter, Salatöl, Leberwurscht, Schinken, Kräuterkäse, Käse ohne Kräuter, einen Romadur, Mehl, Zucker, Schokolade, Keks, Sekt, Wein, Hundefutter, Schampu, Seife, Zahnpasta, Zahnbürstchen, weil meine alte schon so zerbürstelt war, eine Milch, Dosenmilch, Suppengewürz, einen Rasierschaum, weil meine alte Dose schon fast leer war, einen Bierschinken, Birnen in Dosen, Aprikosen in Dosen, Sauerkirschen, Tomatenhering, Butterkekse, Spekulatius, Lebkucken und Glühwein.

Eigentlich hab ich noch viel mehr gekauft, aber ich wollt Ihnen ja keinen Einkaufszettel nicht schreiben, sondern einen Klagebrief. Es ist nämlich so, daß ich nach dem, daß ich eingekauft hab, an die Kasse gegangen bin. Das machen alle, die beim Aldi einkaufen. Ich auch, weil ich nicht aus der Reihe tanzen will. Und dann bin ich drangekommen. Die Kassiererin hat getippt und danach kassiert. Aber das Tippen hat viel länger gedauert als das kassieren. Ich hab 154 Mark und 83 Pfennig gezahlt. Gegeben hab ich ihr 155 Mark und sie hat mir 17 Pfennig rausgegeben. Danach hat sie mir einen langen Kassenzettel gegeben.

Normalerweise rechne ich meinen Kassenzettel daheim nach, weil ich ein ordentlicher Mensch bin. Aber das ist mein Problem. Bei der vorjährigen Kassenzettelprüfung vom 21. Dezember 1996 bin ich nicht auf das gleiche Ergebnis gekommen wie der Aldi. Zuerst bin ich auf 148 Mark 52 gekommen. Ich war ganz entsetzt und konnte das garnicht glauben. Dann hab ich nochmal gerechnet. Und ich bin auf 149 Mark und 78 gekommen. Sowas ist mir noch nie passiert. Jetzt hab ich drei verschiedene Ergebnisse und weiß nicht ein noch aus. In meiner Verzweiflung bitte ich Sie untertänigst um Ihren werten Beistand, weil Sie ja der Bundesrechnungshof sind und quasi die oberste Instanz. Vielleicht können Sie das mal nachrechnen, weil Sie ja bestimmt besser rechnen können als ich kleiner Grattler. Sollte das Ergebnis vom Aldi nicht stimmen, sondern meine Ergebnisse, dann hab ich beim Aldi nämlich ein Guthaben und haue der Kassiererin eins aufs Horn, weil sie mich dann beschissen hat.

Wenn Sie aber so nett wären, und mir meinen Kassenzettel wieder zurückschicken täten, wäre ich Ihnen sehr dankbar, weil ich den für meine Unterlagen brauchen täte. Ich leg Ihnen eine Briefmarke zu einer Mark mit in das Kuwer hinein, damit Sie keine Unkosten nicht haben.

Mit untertänigstem Gruß

Jürgen Frenzinger

```
     ALDI
DER BETRAG ENTHÄLT
MINDESTENS 7% MWST

FL: 45      21/12/96

             1.99
             0.89
             0.89
             0.89
             0.99
             3.98
             2.29
             1.79
             1.79
             1.79
             2.29
             0.59
             0.59
             1.59
             3.98
             1.59
             2.59
             1.99
             2.98
             3.59
             6.98
             1.39
             3.29
             0.99
```

```
             1.29
             1.29
             0.69
             0.69
             1.29
             1.59
             1.69
             1.99
             9.98
             3.59
             1.59
             1.59
             0.49
             1.59
             0.79
             0.79
             2.59
             0.99
             0.99
             0.99
             0.59
             1.79
             0.99
             0.59
             0.59
             0.79
             0.99
             0.59
             1.29
             1.59
             1.59
             0.99
             0.79
             6.98
```

```
             2.98
             2.29
             2.29
             1.79
             1.29
             0.59
             0.79
             0.49
             0.49
             0.59
             0.49
             1.99
             0.99
             1.59
             0.79
             1.59
             1.79
             4.98
             4.98
             0.79
             0.79
             0.79
             0.49
             1.99
             2.98
             1.69
             1.69
STORNO
            -1.69
             1.59
             1.29
SUMME    154.83
8302 003 14:40 004
```

148,52
149,78

 **Bundesrechnungshof**
- Pressestelle -

60284 Frankfurt, 14.02.1997

✉ Bundesrechnungshof · 60284 Frankfurt

Herrn
Jürgen Sprenzinger
Friedenstraße 7 a

86179 Augsburg

Sehr geehrter Herr Sprenzinger,

wir bedanken uns für Ihr Schreiben vom 09.02.1997, das uns vor eine anspruchsvolle Aufgabe stellte, obwohl solche Rechenarbeiten nicht zu unserem Aufgabengebiet als „Bundesrechner" zählen. Wir haben dennoch sofort engagiert und intensiv nachgerechnet. Das Ergebnis des Bundestaschenrechners zeigt: die Summe der Einzelpositionen auf dem Kassenzettel ergibt 154,83 DM - nicht mehr, nicht weniger.

Es bleibt zu hoffen, daß wir Ihnen bei diesem schwierigen Rechenproblem schnell helfen konnten und wir Sie damit in die Lage versetzt haben, Ihre lange andauernde und tiefe Verzweiflung überwinden zu können. Sollte dies nicht der Fall sein, bleibt es Ihnen selbstverständlich überlassen, einen Oberrechner einer anderen Stelle um gutachtliche Überprüfung zu bitten. Damit dürften jedoch erhebliche Honorarforderungen verbunden sein. Wir können nicht beurteilen, ob solche Honorarzahlungen den Rahmen Ihrer finanziellen Möglichkeiten übersteigen. Sie müßten dann ggf. auf Großeinkäufe - in der Art und in dem Umfang, wie sie uns durch Ihr Schreiben bekannt geworden sind, - verzichten. Damit entfiele für Sie künftig auch die aufwendige und nervenaufreibende Überprüfung langer Kassenzettel.

Mit freundlichen Grüßen

(Graf)

Anlage: 1 Kassenzettel

Postadresse:	Hausadresse:	Telefon	Telefax
60284 Frankfurt	Berliner Straße 51 60311 Frankfurt	(0 69) 21 76-0 oder (0 69) 21 76-10 10/10 12	(0 69) 21 76-10 15

Jürgen Sprenzinger
Friedenstraße 7a
86179 Augsburg

Kamm & Schere GmbH
Marktplatz 3

86441 Zusmarshausen

31. März 1997

Sehr geehrte Frisöre und Frisörinnen,

seit Jahren habe ich Kopfweh. Eigentlich ist es gar kein Kopfweh nicht, sondern eher ein Haarweh. Aber nur außen herum, nicht in der Mitte vom Kopf, weil ich da nämlich gar keine Haare mehr hab. Die sind mir bereits ausgefallen. Das hat so ungefähr anno 1979 angefangen und bis heute nicht mehr aufgehört. Das wäre mir auch wurscht, weil ich mich schon an den Haarausfall gewöhnt hab. Aber seit ungefähr sechs Wochen hab ich starke Schmerzen. Und meistens beim Frisör.

Es ist nämlich so, daß ich ja wiegesagt, einen Haarausfall hab. Aber keinen normalen nicht. Bei mir ist das anderst als bei einem normalen Menschen. Bei einem normalen Menschen fällt das Haar aus und peng, ist es weg und fällt herunter und der selbige Mensch ist von dem Haar befreit. Bei mir ist das zwar auch so, aber äußerst unangenehm. Ich spüre nämlich jedes einzelne Haar. Wenn mir nämlich ein Haar ausfällt, dann kündigt sich das so ungefähr 3 Tage vorher an. Zuerst spüre ich ein leichtes Ziehen in diesem Haar. Dann weiß ich bereits drei Tage vorher, daß es mir ausfallen wird. Daran kann keine Macht auf Erden was ändern. Ich auch nicht.

Am nächsten Tag wird die Sache meistens noch schlimmer. Ich kriege um die Kopfhautstelle, wo das Haar ist, einen Schweißausbruch, der an dieser Kopfstelle meistens mit Fieber einhergeht. Zugleich wird das Haar empfindlich gegen Berührungen. Wenn ich in einen Wind komm und derselbige mir an dieses Haar hinbläst, werde ich fast wahnsinnig vor Schmerzen.

Am dritten Tag fängt das Haar dann an, zu wackeln. Es hängt dann an mir dran, als tät es überhaupt nicht zu mir gehören. Und dann gegen Abend, meistens nach dem Abendessen, tut es einen Knacks und das Haar fällt aus. Damit ist das Drama dann aber noch nicht beendet, weil dieses Haar nämlich meistens mit der gesamten Wurzel, der sogenannten Haarwurzel ausfällt. Und das hinterläßt in der Regel bei mir immer eine tiefe Wunde, die meistens erst nach 2, manchmal auch erst nach 4 Tagen verheilt. Bei mir dauert es überhaupts recht lang, bis sich so eine Pore wieder schließt.

Aber das ist nicht mal mein Hauptproblem, weil ich gelernt hab, damit zu leben. Mein Hauptproblem geht eigentlich dann los, wenn ich zum Frisör gehe, was ich ab und zu muß, weil sonst sehe ich aus wie ein Waggus, hat meine Mutter immer gesagt. Ich weiß zwar nicht, was ein Waggus ist, aber das muß scheinbar war minderwertiges sein. Das letzte Mal, wie ich beim Frisör war, wurde ich beim Haarschneiden ohnmächtig und lag fast 3 Tage im Koma. Das kommt vielleicht daher, weil bei mir das Gehirn direkt haargenau unter den Haaren ist.

Jetzt hab ich gehört, daß Sie die Haare unter Vollnarkose zu schneiden. Das wäre mir schon sehr recht, damit mir das nicht gar so weh tut. Oder vielleicht haben Sie einen Haarchirurgen, der mir zumindest eine Spritze geben könnt, damit die Kopfhaut pelzig wird und ich das Haarschneiden schmerzlos über mich ergehen lassen kann. Weil das Haarschneiden nämlich bei mir im normalen Zustand ein Drama ist.

Immer wenn mir ein Haar abgeschnitten wird, dann ist das so als wie wenn man Ihnen einen Finger abschneiden tät. So weh tut das. Und nach dem Haarschneiden sind meine ganzen Haare wund. Besonders an der Schnittstelle. Es dauert mindestens eine Woche, bis sich die Schnittstelle verschorft hat und die Haare wieder zugewachsen sind.

Es wäre nett, wenn Sie mir schnellstmöglichst, soweit es Ihre Umstände erlauben, Bescheid geben täten, ob Sie mir die Haare auch unter Vollnarkose schneiden, das wäre mir ab liebsten, weil ich dann einschlafen tät und wenn ich wieder aufwach, sind meine Haare geschnitten.

Für Ihre Hilfe danke ich Ihnen herzlich im voraus und verbleibe hochachtungsvollst

mit freundlichen Grüßen

Jürgen Sprenzinger

»Kamm & Schere« GmbH

DAMEN- und HERRENSALON
Telefon 0 82 91 / 95 13

Kamm & Schere GmbH · Marktplatz 3 · 86441 Zusmarshausen

Herrn
Jürgen Sprenzinger
Friedenstr. 7 a

86179 Augsburg

13. Mai 1997

Sehr geehrter Herr Sprenzinger,

mit Anteilnahme haben wir Ihren Brief gelesen und uns mit der Tragik Ihres Lebens beschäftigt.

Ihr Problem haben wir mit einschlägigen Firmen und kompetenten Fachleuten besprochen und folgende Auskünfte erhalten:

Haare sollten, da sind wir uns einig, von Zeit zu Zeit geschnitten werden und wenn die Frisur auch noch dem Typ des Kunden entspricht, baut dies das Selbstbewußtsein enorm auf.

Vorweg eine Frage: Haben Sie schon Ihren Hausarzt, Internisten oder Psychotherapeuten konsultiert? Es könnte sich möglicherweise um eine Erbkrankheit handeln. Sie sollten sich also der Mühe unterziehen, Ihren Stammbaum genauestens zu überprüfen. Ein Ahnenforscher könnte zu Rate gezogen werden. Haben Sie, falls obiges zutrifft, an die unter Umständen mögliche Weitervererbung an Ihre Kinder und Enkel gedacht?

Bankverbindung:
Raiffeisen-Volksbank Augsburg
(BLZ 720 601 00) Kto.-Nr. 1 820 788

Amtsgericht Augsburg HRB Nr. 9406
Geschäftsführerin: Brigitte Nabbe

Filiale Dinkelscherben:
Marktstraße 18 · 86424 Dinkelscherben
Telefon 0 82 92 / 21 25

In verschiedenen wissenschaftlichen Veröffentlichungen ist nachzulesen, daß für fast jede Krankheit/Leiden ein psyhisches Problem der Auslöser ist.

Bei der Schwester der angeheirateten Tante einer früheren Mitarbeiterin von Kamm & Schere tauchte plötzlich das von Ihnen beschriebene Phänomen auf. Wie Sie sehen, stehen Sie mit Ihrem Problem nicht allein auf der Welt. Bei der Schwester der Tante einer früheren Mitarbeiterin hat sich dann herausgestellt, daß die Schmerzen beim Haareschneiden darauf zurückzuführen waren, daß sie als Kind dem Bruder die Haare verschnitten hatte und dafür eine fuchtbare Strafe von ihren Eltern aufgebrummt erhalten hat. Diese Strafe hatte sie offensichtlich psychisch noch nicht verarbeitet.

Eine Konsultation der eben erwähnen Ärzte wäre also dringend erforderlich.

Es gibt aber noch eine andere Möglichkeit, die von uns befragte Experten für möglich halten, nämlich die, die Haare zu bestimmten Mondphasenzeiten zu schneiden. Dazu ist es natürlich erforderlich, daß Sie sich mit dem Mondkalender (Mondphasen) beschäftigen. Sollte Ihnen ein solcher Kalender nicht vorliegen, wäre es ratsam, sich einen solchen bei einer gut sortierten Buchhandlung zu besorgen. In diesem Kalender ist ausführlich beschrieben, daß das Haareschneiden zu ganz bestimmten Mondphasen weitestgehend ohne Schmerzen möglich ist. Der Mondkalender ist natürlich auch für andere Lebensbereiche anwendbar, z.B. Zeitpunkt für Wäschewaschen, Fensterputzen, Wagenwaschen, Zähneputzen usw.

Die zwischenzeitlich bei uns ausgeschiedene Mitarbeiterin (Sie erinnern sich, Verwandte der Schwester der angeheirateten Tante) hat sich intensiv mit dem Studium des Mondkalenders befaßt und bekleidet nunmehr einen Lehrstuhl für die Erforschung der Hintergründe des Mondkalenders bei der Uni in Hong Kong. Sollte es erforderlich sein, können wir diese Dame auch einfliegen lassen, was jetzt dank der Augsburger Airways möglich ist, damit sie uns mit Rat und Tat zur Seite steht.

Es würde uns freuen, wenn Sie nun auf Grund dieses Schreibens zu uns soviel Vertrauen gefaßt hätten, daß Sie sich bezüglich des Haareschneidens in unsere Händen begeben würden. Bitte achten Sie bei der Terminsvereinbarung darauf, daß sich der Mondkalender sehr großer Beliebtheit erfreut und Friseurtermine in den günstigen Mondphasen für das Haareschneiden sehr begehrt sind. Auch sollte speziell in Ihrem Fall (falls eine Erbkrankheit oder ein psyhischer Hintergrund nicht in Frage kommt) der früheren Mitarbeiterin (Uni in Hong Kong) soviel Zeit für die Anreise nach Augsburg gelassen werden, wenn diese auch zu Vorbesprechungen mit Ihnen und uns in Deutschland sein soll. Die Terminskoordination würden wir selbstverständlich übernehmen.

Also nicht verzagen, das Team von Kamm & Schere fragen.

Mit freundlichen Grüßen

B. Nolte
(Geschäftsführerin)

J. Sprenzinger
Friedenstraße 7a
86179 Augsburg

An das
Goldene Blatt
Herrn Doktor Berg
Postfach 20 01 60

51431 Bergisch Gladbach

13. April 1997

Sehr geehrter Herr Doktor Berg,

seit meiner Jugend bin ich ein sogenannter Trekkie, ein Enterprise-Fan. Ich kenne alle Folgen von Enterprise und habe auch alle auf Video. Besonders hat mich aber immer dieser Mr. Spock fasziniert, weil der immer faszinierend gesagt hat und immer so logisch war. Ich hab zwar nicht immer alles verstanden, was der gesagt hat, aber er ist trotzdem mein Vorbild geworden. Ich wollte immer so sein wie Mr. Spock.

Seit meiner Kindheit habe ich große Ohren. Ich bin schon damit auf die Welt gekommen. In der Schule haben immer alle Klassenkammeraden gesagt, daß ich zu den Segelfliegern gehen soll. Ich bin aber nie zu den Segelfliegern gegangen. Als ich zwanzig war, kam ich auf die Idee, mich so anzuziehen, wie es Mr. Spock getan hat. Ich hab mir damals ein paar solcher Uniformen machen lassen. Irgendwann bin ich dann auf die Idee gekommen, mir die Ohren operieren zu lassen, weil sie so groß sind. Ich hab mir meine Ohren spitz zuschneiden lassen, genauso wie Mr. Spock. Das war im Jahr 1972. Seitdem bin ich wie Mr. Spock und alle meine Kumpels haben mich seitdem Spocki genannt.

Jetzt ist mir was ganz blödes passiert. Ich habe mich hoffnungslos verliebt, weil ich momentan mein Pon Farr habe. Das passierte mir bisher alle 7 Jahre. Und dieses Mal hab ich es nicht geschafft, rechtzeitig auf den Vulkan zu kommen. Ich habe nie geglaubt, daß ich mich jemals so verlieben könnt, weil ich ja zur Hälfte ein Vulkanier bin. Und Vulkanier haben ihre Gefühle immer total im Griff. Und ich hab meine Gefühle auch immer total im Griff gehabt, aber das mit dem Pon Farr ist schon grauenhaft. Alle 7 Jahre gehen die Gefühle mit mir durch. Ich geb zwar zu, daß ich zwischendurch schon mal ab und zu bei einem Erden-Mädchen die Gehirnströme abgegriffen hab, aber mehr war da nie. Logisch.

Jedenfalls hab ich mich jetzt verliebt und die Menschenfrau, in die ich mich verliebt hab, hat gesagt, daß ich ein netter Mensch sei, aber diese Ohren findet sie furchtbar. Zuerst war ich beleidigt, weil sie mich einen Mensch geheißen hat, wo ich ja zur Hälfte ein Vulkanier bin. Ich hab sie daraufhin mit meinen Phaser bedroht, aber sie hat sich nicht beeindrucken lassen und gesagt, die Ohren müssen wieder normal werden, sonst geht da gar nichts. Ich hab sogar versucht, sie dazu zu überreden, sich auch die Ohren anspitzen zu lassen. Sie wäre dann eine echte Frau Spock. Aber das wollte sie überhaupts nicht, sie hat total auf stur geschaltet. Verstehe ich nicht, es gibt ja sogar Leute, die sich einen Totenkopf auf den Hintern tätowieren lassen oder eine Sicherheitsnadel durch die Brustwarzen machen lassen. Total unlogisch sowas, aber absolut faszinierend.

Mein Problem ist jetzt, daß mein Leben als Spock beendet ist, weil ich mir die Ohren wieder rund machen lassen muß. Diese menschliche Frau ist mir das auch wert. Und nun such ich eine gute Spezialklinik, wo ich mir die Ohren wieder rund machen lassen kann. Also ich mein, die Spitzen müssen weg und dann müssen die Ecken an den Ohren sauber abgerundet werden.

Ich hätte jetzt eine Bitte an Sie: vielleicht können Sie mir eine gute Spezialklinik empfehlen, die mir die Ohren wieder abrundet und wieder normal macht, so als wäre ich nie Mr. Spock gewesen. Und vielleicht können die mir dann auch gleich eine Invusion machen, damit mein Vulkanierblut weniger wird.

Für eine schnelle Nachricht wäre ich Ihnen sehr dankbar, weil das schnell gehen muß, weil ich annehme, daß meine Angebetete nicht länger warten will. Wäre ja unlogisch. Vielen Dank.

Gesundheit und ein langes Leben

J. Sprenzinger-Spock

1. Brief Sprenzinger

Herzlichen Dank für Ihren lustigen Brief, der mich echt zum Schmunzeln gebracht hat. Sie sind ja wohl tatsächlich ein ganz hundert-prozentiger Enterprise-Fan, hoffentlich hat die Menschenfrau tatsächlich ein bischen Verständnis für Ihre Leidenschaft und kann Ihre Bereitschaft honorieren, sich von Ihrem Markenzeichen, den Spock-Ohren, zu trennen.

Dies ist natürlich ein kosmetischer Eingriff und dürfte deswegen von den Krankenkassen kostenmäßig nicht übernommen werden, so daß hier normalerweise ein Betrag von ca. 1o ooo Dm auf Sie zukommen würde. Wenn Sie sich aber an einen kosmetischen Chirurgen wenden.

Ich würde Ihnen aber raten, sich an einen HNO-Arzt in Augsburg zu wenden und mit diesem offen Ihr Problem zu besprechen.

Man kann dann bei der Kasse einen Antrag einreichen und die damalige Operation als eine Jugendsünde darstellen, unter der Sie heute psychisch zu leiden und im Berufs- und Privatleben ~~leiden~~ diskriminiert sind.

Daraufhin wird die Krankenkasse die Kosten übernehmen müssen und Sie können sich dann mit Hilfe Ihres Arztes eine Klinik zur Operation aussuchen, bzw. empfehlen lassen.

Ein besonderes Problem sehe ich darin nicht, da die Ohren, anders als zum Beispiel die Nase, operativ gut formbar und zu rekonstruieren sind.

Ihr Dr. Berg

Jürgen Sprenzinger
Friedenstraße 7a
86179 Augsburg

An das
Bundesministerium für die Umwelt,
Naturschutz und Reaktorsicherheit
z. H. Frau Dr. Merkel
Kennedyallee 5

53175 Bonn

21. April 1997

Sehr geehrte Frau Doktor Merkel,

früher, als ich noch ein Kind war, da hab ich so eine kleine Dampfmaschine gehabt. Die hat mir meine Oma zu Weihnachten geschenkt. Und da mußte man Wasser reintun und dann hat man mit Esbit-Kohlen eingeheizt. Und das hat dann einen Dampf gegeben und die Maschine ist dann gelaufen. Und das war ganz toll und lehrreich, weil ich schon als Kind gewußt hab, wie das so funktioniert mit der Dampfeskraft. Und man hat auch schon als Kind einen tiefen Einblick gekriegt in das Funktionieren von einer solchen Technik.

Als ich dann älter geworden bin, hat mich meine Mutter gefragt, was ich werden will. Ich wollt immer entweder Erfinder oder Pfarrer werden. Aber meine Mutter hat mich nicht gelassen und gesagt, ich soll was ordentliches werden. So bin ich Maschinenschlosser geworden. Aber nebenbei hab ich mich selber zum Erfinder ausgebildet, quasi autotitaktisch.

Zwischenzeitlich hab ich schon einen ganzen Haufen erfunden. Ich möcht Ihnen das hier nicht aufzählen, weil ich das geheim halten muß, wegen dem Plagiat und so. Jedenfalls bin ich zwischenzeitlich selber Vater. Mein Bub ist jetzt ungefähr 6 einhalb. So genau weiß ich das nicht, aber meine Frau weiß das ganz genau, weil die hat den Bengel ja schließlich auf die Welt gebracht. Das war vielleicht ein Theater damals. Fast acht Stunden hat die Geburt gedauert. Das Kind hat fast 8 Pfund gewogen und war ziemlich lang. Zudem hat sich die Nabelschnur um seinen Hals gewickelt gehabt, daß der Kopf ganz blau angelaufen war. Aber wie dann die Nabelschnur weg war, hat sich das Kind normal entwickelt. Und jetzt ist er 6 einhalb ungefähr und nicht mehr blau angelaufen. Da bin ich schon sehr froh deswegen.

Ich hab meinem Buben erzählt, daß ich als Bub eine Dampfmaschine gehabt hab, die mit Dampfeskraft gelaufen ist. Daraufhin wollt er natürlich auch so eine haben. Und da hab ich mir gedenkt, ich kauf ihm keine Dampfmaschine nicht, sondern bastle ihm einen kleinen Atomreaktor, weil eine Dampfmaschine heutzutag ja eigentlich ein alter Hut ist.

An Ostern hab ich den Atomreaktor fertig gehabt, obwohl ich ihn schon an Weihnachten hab fertig machen wollen. Das war eh ein mords Geplärr an Weihnachten, weil der Atomreaktor noch nicht fertig war. Jedenfalls hab ich ihn an Ostern fertig gemacht. Und seitdem steht er da und der Bub plärrt, weil der Atomreaktor nicht läuft. Schon oft hab ich meinem Sohn erklärt, daß der nicht laufen kann, weil der Papa kein Plutonium nicht hat. Dann kauf halt eins, hat mein Sohn gesagt. Der blöde Bub begreift nicht, daß man ein Plutonium nicht einfach so kaufen kann wie einen Aufschnitt im Metzgerladen. Aber jeden Tag hab ich nun das Geschrei wegen dem Atomreaktor und wegen dem Plutonium. Zwischenzeitlich bin ich schon total mit den Nerven herunter. Deswegen wollt ich einmal bei Ihnen anfragen, ob es nicht vielleicht möglich wär, von Ihnen eine Erlaubnis zu kriegen, daß ich vielleicht so ungefähr 250 Gramm Plutonium haben könnt, damit ich endlich diesen blöden Atomreaktor zum laufen krieg, damit mein Bub mit dem Geplärr aufhört. Vielleicht können Sie mir irgendwo in der Nähe ein Atomkraftwerk nennen, wo ich sowas kriegen könnt. Abholen könnten wir das selber, weil mein Nachbar ein Auto hat. Der tät mich dann schon hinfahren. Das Atomkraftwerk in Grundremmingen wär mir am liebsten, weil das am nächsten ist. Wenn das mit der Erlaubnis nicht gehen sollte, vielleicht können Sie mir irgendwas anderes empfehlen. Wahrscheinlich täts ein Uran auch.

Ich danke Ihnen für Ihre Mühe im voraus vielmals und verbleibe untertänigst

Hochachtungsvollst

Jürgen Frenzinger

Nachtrag

Da mir Frau Merkel nicht geantwortet hat, habe ich mich in meiner Verzweiflung an die russische Mafia gewandt. Nun habe ich mein Plutonium – der Reaktor läuft, und der Bub strahlt …

Jürgen Sprenzinger
Friedenstraße 7a
86179 Augsburg

An das
Wasserwirtschaftsamt
Förgstraße 23

86609 Donauwörth

22. April 1997

Sehr geehrte Damen und Herren,

hiermit wollt ich Ihnen mitteilen, daß ich eine schwache Blase habe. Mein Doktor hat gesagt, daß man da nichts machen könnt, weil wenn eine Blase schwach ist, dann ist sie schwach. Ich habe es schon mit Bodybilding probiert, aber es gibt im Fitnesstudio kein Gerät, mit dem man einen Blasenschließmuskel trainieren könnte. Vielleicht erfindet irgend jemand mal so ein Gerät, weil das nämlich ein Segen für die gesamte Menschheit wär. Ich glaub nämlich, daß es viele schwache Blasenschließmuskel auf der Welt gibt.

Jedenfalls tritt das meistens dann auf, wenn ich mit meinem Hund Gassi geh. Ich wohn in Augsburg, in Haunstetten. Und keine fünf Minuten von Haunstetten beginnt der Siebentischwald. Und im Siebentischwald geh ich mit meinem Hund immer Gassi. Und immer dann, wenn ich im Siebentischwald Gassi geh, dann muß ich ganz dringend. Und mir bleibt nichts anderes übrig, als hinter einen Baum zu gehen.

Aber seit einiger Zeit hab ich ein Problem dabei. Mich drückt mein schlechtes Gewissen und deswegen schreib ich Ihnen ja auch, damit ich endlich weiß, wie ich dran bin. Es ist nämlich so, daß sich im Siebentischwald ja auch der Trinkwasserspeicher für ganz Augsburg befindet. Früher hab ich einfach gedankenlos in den Siebentischwald gepinkelt. Aber mein Schwager hat mir gesagt, daß man das auf keinen Fall darf, weil dadurch das Trinkwasser verseucht wird. Und da ist mir schlagartig klar geworden, daß ich ja eigentlich jeden Tag den Augsburgern ins Trinkwasser pinkle. Und mir selbst natürlich auch, weil ich trink ja auch dieses Trinkwasser aus dem Siebentischwald. Ich meine, die anderen Augsburger wissen das ja nicht, daß ich Ihnen ins Trinkwasser pinkle, aber ich weiß es und mir graust es da schon arg. Wenn ich mir vorstell, daß meine Frau dann mit dem Wasser einen Tee oder einen Kaffee kocht, dann schmeckt mir derselbige eigentlich nicht mehr so besonders, auch wenn ich viel Milch und Zucker hinein tu. Aber es geht ja nicht nur um mich. Ich will ja nicht das eigene Nest beschmutzen, weil ich ja auch in Augsburg wohn. Und ich kann Ihnen sagen, es wäre mir nicht recht und ich könnt das mit meinen Gewissen gar nie nicht vereinbaren, wenn die Augsburger Bevölkerung krank werden würd, bloß weil ich eine Blasenschwäche hab, die mich ausgerechnet im Siebentischwald überfällt. Mein Hund muß eigenartigerweise nie im Siebentischwald. Der pinkelt immer schon vorher am Eingang vom Wald.

Jedenfalls hab ich ein schlechtes Gewissen und wollt mich einfach mal bei Ihnen erkundigen, ob das tatsächlich so schlimm ist, wenn ich im Wald mein kleines Geschäft mach. Ich verspreche Ihnen aber hoch und heilig, daß ich niemals ein großes Geschäft im Wald machen tät, weil Durchfall hab ich ganz selten. Außerdem gibts im Wald ja nirgends ein Klopapier, es sei denn, man nimmt sich eins mit. Aber das, glaub ich, wär schon strafbar, weil da handelt man ja vorsätzlich.

Vielleicht können Sie mir mitteilen, ob man einfach so ohne weiteres in den Siebentischwald pinkeln darf und ob dadurch tatsächlich das Trinkwasser verseucht wird. Da wäre ich Ihnen sehr dankbar.

Hochachtungsvoll

Jürgen Sprenzinger

Nachtrag

Ich habe vom Wasserwirtschaftamt nie eine Antwort erhalten. Das Problem war scheinbar zu klein … Ich habe daraufhin im Siebentischwald eine Toilette gebaut. So richtig bayrisch – mit Herzle in der Tür!

Jürgen Sprenzinger
Friedenstraße 7a
86179 Augsburg

An die
Stadtverwaltung Augsburg
Friedhofsverwaltung
Maximilianstraße 4

86150 Augsburg

25. April 1997

Sehr geehrte Damen und Herren,

hiermit wollte ich Ihnen höflichst mitteilen, daß meine Oma ist auf dem Hermannfriedhof beerdigt ist. Sie hat da ein schönes geräumiges Grab, so ungefähr 2 Meter auf 2 Meter. Vor ungefähr 6 Jahren ist sie da beerdigt worden. Es war eine schöne Beerdigung. Der Herr Pfarrer von St. Georg hat wunderbare tröstende Worte gesagt und eine Musik haben wir auch gehabt. Mein Opa liegt auch in diesem Grab. Und meine Schwester auch. Eigentlich steht meine Schwester im Grab. Als Urne. Weil wir damals keinen Stellplatz für die Urne gehabt haben. Da haben wir die Urne gleich mit ins Grab tun lassen. Es ist quasi eine Familiengruft für Mehrfachbestattungen. Ich glaube schon, daß sich da alle wohl fühlen darinnen.

Aber das ist nicht der Grund, weswegen ich Ihnen hiermit schreibe. Ich schreibe Ihnen hiermit deswegen, weil ich eine Frage hab. Sie werden jetzt vielleicht sagen, ich bin blöd, aber ich bin nicht blöd, sondern praktisch veranlagt. Das ist ein Unterschied. Ich bin nämlich auf eine Idee gekommen, weil mein Kumpel gestern besoffen war und dann wird er immer aggresiv und dann sagt er zu mir immer, daß er mir solange eine auf das Geweih hauen tät, bis ich die Radischen von unten anschauen könnt.

Ich hab nämlich schon lange beobachtet, daß auf jedem Grab Blumen hingepflanzt werden. Der eine pflanzt fleißige Liesln hin und er andere Stiefmütterlein. Auch Tujahecken hab ich schon gesehen und Buchsbäume, aber das finde ich, ist ein alter Hut. Wir haben auf unserem Grab bisher immer ein Bärenfellgras gehabt, weil das das ganze Jahr grün ist und nie gemäht werden muß. Ein normales Gras kann man da nicht nehmen, weil man das mähen müßt. Und so ein Rasenmäher macht ja einen mords Lärm. Und das ist auf einem Friedhof ja sofort pietetlos.

Jedenfalls wollt ich Sie fragen, ob man auf so einem Grab nicht mal was anderes hinpflanzen könnt als immer nur Blumen, die keinem was nutzen. Höchstens vielleicht den Bienen. Aber auch nur, wenn sie in den Friedhof hineinfliegen. Aber die meisten Bienen fliegen vermutlich um den Friedhof herum, weil die Friedhofsmauer ja nicht durchsichtig

Fortsetzung von Seite 1

ist und die Bienen wahrscheinlich garnicht wissen, daß da vielleicht Blumen sein könnten. Es sei denn, es sind spezielle Friedhofsbienen, die man dafür züchten tät. Die täten dann einen Friedhofshonig fabrizieren. Aber ich glaub nicht, daß es solche Bienen gibt. Jetzt wollt ich einmal anfragen, ob man nicht mal Radischen aufs Grab pflanzen könnt. Ich hab mir ausgerechnet, daß man bei 2 Meter Grabeslänge so ungefähr 40 Radischen auf eine Reihe kriegen könnt, wenn man alle 5 Zentimeter eines hineinsät. Das macht bei 2 Meter Grabesbreite so ungefähr 40 Reihen. Das gäb dann ungefähr 1600 Radischen, die man da ernten könnt. Aber wahrscheinlich werden es nicht soviele werden, weil zusätzlich möcht ich an alle vier Ecken von dem Grab einen Petersil hintun. Den Weihwasserkessel umgrenzen wir mit einem Schnittlauch. Am Grabstein daselbst täte ich ein paar Bohnenpflanzen hin, die sich dann um Grabstein herumranken täten. Das Ganze könnt man dann vielleicht auch noch mit einem Kopfsalat in der Mitte auflockern. Ich hab ausgerechnet, daß es dann nur ungefähr 1350 Radischen wären. Aber auf ein Radischen mehr oder weniger kommts mir überhaupts nicht an.

Dazu kommt ja auch der Umstand dazu, daß man Blumen schon fertig kaufen muß. Das kostet ein Schweinegeld. Aber für Radischen und Schnittlauch und das ganze Zeug braucht man nur einen Samen, den man für 1 Mark 75 beim Gartenzenter Dehner nachgeschmissen kriegt. Da kann man schon auch mal zwei oder drei auf einmal kaufen.

Ich mein, man muß Erdflächen einfach mehr nutzen. Und deswegen hab ich mal angefragt bei Ihnen, ob das gehen tät. Weil es ja eigentlich total egal ist, was auf so einem Grab wächst. Aber so hätt man wenigstens eine Nutzflächenvergrößerung. Es tät mich jedenfalls interessieren, ob das möglich war. Vielleicht können Sie mir einen Bescheid geben.

Hochachtungsvollst mit einem freundlichen Gruße

Jürgen Sprenzinger

Nachtrag

Wer hätte das gedacht? Keine Antwort auf eine solch ernstgemeinte Anfrage! Auf der Welt hungern Millionen und bei uns in Deutschland liegen ganze Friedhöfe brach und werden ökonomisch nicht genutzt. Eines ist sicher: Die Toten sind da sicher toleranter als die Lebenden ...

Jürgen Sprenzinger
Friedenstraße 7a
86179 Augsburg

An das
Oberforstamt
Fronhof 12

86152 Augsburg

22. April 1997

Sehr geehrter Herr Oberförster!

Mein Freund Kurt hat mir heuer zu Weihnachten zwei Bonsai-Bäume geschenkt. Sie wissen schon, das sind so richtige Bäume, aber in eine Schale hineingepflanzt, damit sie nicht groß werden. Dadurch werden sie künstlich kleingehalten. Das ist so wie mit den Japanerinnen. Die kriegen auch schon als Kinder immer zu kleine Schuhe angezogen, damit die Füße nicht wachsen können und sie somit nicht großfußig werden. Weil die Japsen mögen keine großfußigen Frauen. Und scheinbar auch keine großen Bäume. Bonsais kommen ja angeblich aus Japan.

Aber mir ist das egal. Mein Problem ist viel schwerwiegender.Und dazu hab ich eine Frage. Als ich vor drei Tagen ins Bett gegangen bin, war ich gerade am Einschlafen, als ich im Wohnzimmer ein kratzendes Geräusch hör. Ich bin sofort aufgestanden und hab nachgeschaut. Aber sofort, nachdem ich das Licht angemacht hab, war Ruhe. Ich bin dann wieder ins Bett. Nach ungefähr 12 Minuten ging das wieder los mit dem kratzenden Geräusch. Sofort bin ich wieder aufgestanden und ins Wohnzimmer gegangen. Und zufällig seh ich da an einen von meinen zwei Bonsai einen kleinen Käfer sitzen. Den hab ich sofort gefangen und in eine Steichholzschachtel gesperrt.

Am anderen Tag bin ich dann zu meinem Nachbarn gegangen, der ein Biologe ist. Und hab ihm den Käfer gezeigt. Und der Nachbar hat mir gesagt, daß das ein Borkenkäfer sei und daß meine zwei Bonsai vermutlich vom Borkenkäfer befallen sind.

Jetzt hab ich gehört, man muß Bäume fällen, wenn ein Borkenkäferbefall festgestellt wird. Aber mir tut es natürlich schon leid um meine Bonsai. Deswegen hab ich mir gedacht, ich schreib an Sie und frag Sie höflichst, was man da am besten macht. Ich mein, ich könnt Sie schon fällen, weil ich hab ein kleines Beil und auch eine kleine Säge. Aber vielleicht gibt es einen anderen Ausweg.

Es wäre nett, wenn Sie mir da einen Typ geben könnten. Aber es sollt halt schnell gehen, weil die Käfer fressen ja andauernd immer weiter und die Bonsai gehen dann ein.

Vielen Dank im voraus

Ein herzliches Hallali und Weidmannsdank

FORSTDIREKTION SCHWABEN

Forstdirektion Schwaben, Postfach 111609, 86041 Augsburg

Herrn
Jürgen Sprenzinger
Friedenstraße 7 a

86179 Augsburg

Ihre Zeichen, Ihre Nachricht vom	Bitte bei Antwort angeben: Unser Zeichen	Telefon (0821) 327 -	Zimmer-Nr.	Augsburg,
v. 22.04.1997	FG 511	3052	7	07.05.1997

Borkenkäfer

Zu Ihrem Schreiben vom 22.04.1997

<u>Anlage</u>
1 Merkblatt "Borkenkäfer an Fichte"
1 Broschüre "Überwachung und Bekämpfung von Borkenkäfern der Nadelbaumarten"
1 Broschüre "Wichtige Forstschädlinge erkennen, überwachen und bekämpfen"

Sehr geehrter Herr Sprenzinger,

anliegend erhalten Sie 2 Broschüren sowie 1 Merkblatt zur Borkenkäferbekämpfung bzw. Überwachung.

Wie Sie den Unterlagen entnehmen können, kann eine wirksame Bekämpfung der Borkenkäfer nur dann sichergestellt werden, wenn die befallenen Bäume umgehend gefällt und entrindet werden bzw. die gefällten Bäume mit einem zugelassenen Insektizid behandelt werden. Sofern sich die Käferbrut bereits im sog. "braunen Stadium" befindet, ist ferner eine Behandlung der befallenen Rinde erforderlich. Die einschlägigen Unfallverhütungsvorschriften sowie Auflagen des Pflanzenschutzmittelverzeichnisses sind hierbei strikt zu beachten.

Ob die Überwachungs- und Bekämpfungsmaßnahmen, wie z.B. der Einsatz von Lockstoffallen (Pheromonfallen) jedoch im Wohnzimmer erfolgversprechend sind, entzieht sich leider unserer Kenntnis.

/2

Wir empfehlen Ihnen, im Gartenfachhandel nach zugelassenen Bekämpfungsmitteln nachzufragen.

Mit freundlichen Grüßen
I.A.

Reyinger
Forstoberinspektor

Jürgen Sprenzinger
Friedenstraße 7a
86179 Augsburg

Firma
Celaflor GmbH
Insektenvernichtungsabteilung
Konrad-Adenauer-Straße 30

55218 Ingelheim am Rhein

27. April 1997

Sehr geehrte Damen und Herren!

Ich bin von Beruf aus ein Erfinder, der unwahrscheinlich inovative Ideen hat, weil ich nämlich den ganzen Tag denke. Das fängt in der Früh an und hört abends auf. Manchmal denk ich sogar nachts, aber nur, wenn ich nicht schlafen kann. Ich hab auch schon gute Erfindungen geträumt und immer wenn die Erfindung fertig geträumt ist, dann wach ich auf und schreib mir das sofort auf, was ich wieder erfunden hab.

Ich habe einen Garten. Das ist mir eigentlich egal, weil da kümmere ich mich nicht drum. Meine Frau kümmert sich darum. Sie ist schon total vergartelt und kennt jede Blume mit Vornamen. Das kommt vielleicht auch daher, weil meine Frau nicht groß ist. Sie ist nur 1 Meter 52 und deswegen ist sie wahrscheinlich viel erdverbundener als ich. Ich bin gößer, so 1 Meter 78 rum und habe deswegen nicht so eine Erdnähe wie meine Frau.

Jedenfalls leben in unserem Garten eine Menge Schnecken. Diese Nacktschnecken, diese häßlichen Viecher. Ich weiß nicht genau wieviel, weil ich sie noch nie gezählt hab. Ich bin ja aber auch kein Schneckenzähler, sondern ein Erfinder.

Meine Frau hat die Schnecken immer umgebracht, weil die die ganzen Pflanzen auffressen. Meistens hat sie die Schnecken mit Schneckenkorn gefüttert, aber da müssen die Schnecken ja meistens sehr viel leiden, weil sie innerlich austrocknen und gar nicht so schnell saufen können, wie sie innerlich austrocknen. Stellen Sie sich vor, Sie gehen in ein Bierzelt, haben einen Durst und fühlen sich innerlich ausgetrocknet. Sie bestellen sich eine Maß Bier, trinken sie aus und fühlen sich nachher immer noch ausgetrocknet. Und sie bestellen sich noch eine Maß und noch eine und dann nochmal eine und trocknen trotzdem immer weiter aus. Und plötzlich fallen Sie total verdorrt von der Sitzbank und fühlen sich an wie ein Papier. Das täten Sie überhaupts gar nicht aushalten. Den Schnecken geht das genauso. Ich könnt mir jedenfalls einen angenehmeren Tod vorstellen als einen innerlichen Austrocknungstod.

Ich hab mir deswegen über das langsame Austrocknen der Schnecken Gedanken gemacht und eine Methode erfunden, die die Schnecken ganz schnell in das Jenseits befördert, ohne daß sie viel leiden müssen. Diese Erfindung wollte ich Ihnen anbieten, weil sie ja eine Insektenvernichtungsfirma sind.

Ich beschreibe Ihnen meine Erfindung, damit Sie wissen, um was es da genau geht: Bei dieser Erfindung handelt es sich um eine spezielle Tretmine für Schnecken. Diese Schneckentretmine ist ungefähr so groß wie eine Linse. Oder wie eine Erbse. Bloß nicht so rund, sondern flach wie eine Linse. So ungefähr wie der Kopf von einem Reißnagel halt. Die Außenhülle der Schneckentretmine besteht aus zwei Aluminiumteilen, damit die Tretmine nicht so schwer wird. Beide Teile kann man wie eine kleine Dose verschrauben. Im Innern des unteren Tretminenteils ist außen in Ringform eine Sprengladung mit TNT angebracht. In der Mitte des Gehäuses befindet sich sich der elektronische Zündmechanismus mit einem Prozessor, den man programmieren kann. Auf alle zwei Seiten der Schneckentretmine sind Sensoren angebracht, die ein Signal an den Zündmechanismus übermitteln. Der Prozessor, der da drin ist, überprüft dann sofort, ob es sich tatsächlich um eine Schnecke handelt oder bloß um einen Wurm, einen Marienkäfer, eine Blattlaus oder um eine Ameise. Die Sensoren sprechen eigentlich nur auf Schneckenschleim an. Man kann so einen Prozessor natürlich auch auf Marienkäfer programmieren, aber das wär ja ein Quatsch, weil Marienkäfer nützlich sind. Sogar auf auf Menschen könnt man so eine Schneckentretmine programmieren, aber das ist gefährlich, weil da reißt es einem bestimmt den Zehennagel vom Zehen, vorausgesetzt man tritt natürlich mit einem Zehen drauf. Beim kleinen Zehen könnt es passieren, daß der ganz weg wär. Ich hab da aber noch nicht probiert, deswegen kann ich nichts genaues drüber sagen.

Um die Schnecken wirksam zu beseitigen, braucht man allerdings mehrere Schneckentretminen, die man im Kreis um die zu schützende Pflanze auslegt. Und jetzt passiert folgendes: die Schnecke kommt nachts daher und hat einen Bärenhunger. Sie sieht die Pflanze und denkt sich, daß die vielleicht nicht schlecht schmecken tät und macht sich langsam auf den Weg in Richtung Pflanze. Sie weiß aber nicht, daß um die Pflanze herum lauter Tretminen liegen. Das ist nämlich der Witz an der Sache. Die Schnecke kriecht also langsam weiter, berührt langsam den ersten Sensor, merkt immer noch nichts, kriecht langsam weiter und berührt langsam den zweiten Sensor und die Schneckentretmine müßt jetzt eigentlich explodieren. Tut sie aber nicht, sondern sie gibt nur einen Pfeifton von sich, der die Schnecke warnen soll und ihr mitteilt, daß die Schneckentretmine jetzt scharf ist.

Weil ich nämlich eine Verzögerung von 45 Sekunden eingebaut hab. Die Schnecke hat jetzt noch eine Bedenkzeit von 45 Sekunden und kann sich überlegen, ob sie nicht doch lieber umkehren will. Wenn Sie in dieser Zeit von der Tretmine herunterkriecht, entschärft sich die Tretmine wieder nach 30 Sekunden. Tut sie das aber nicht, zündet der Zünder die TNT-Ringladung und die Schneckentretmine explodiert und reißt die

Schnecke in tausend Fetzen. Und das geht wahnsinnig schnell und die Schnecke empfindet überhaupts keinen Schmerz. Durch den lauten Knall werden zugleich die anderen Schnecken gewarnt, gehen in Deckung und schlottern vor Angst. Die überlegen sich dann zweimal, ob sie das gleiche Schicksal wählen wie ihre Artgenossin. Auf diese Art und Weise gewinnt man den Krieg gegen die Schnecken ganz human.

Wenn Sie an der Erfindung interessiert sind, dann geben Sie mir bitte Bescheid. Ich kann Ihnen auch einen Konstruktionsplan zuschicken.

Es täte mich freuen, wenn ich was von Ihnen hören tät.

Hochachtungsvoll

Jürgen Sprenzinger

 **CELAFLOR GmbH**

 GRUPPE RHÔNE-POULENC

CELAFLOR GmbH · Konrad-Adenauer-Str. 30 · D-55218 Ingelheim

Konrad-Adenauer-Str. 30
D-55218 Ingelheim

Telefon (06132) 78 03-0
Telex 4187130 sha d
Telefax (06132) 20 67
Telefax (06132) 78 03-360

Herrn
Jürgen Sprenzinger
Friedenstraße 7a

86 179 Augsburg

Ihre Zeichen	Ihr Schreiben vom	Telefon-Durchwahl	Unsere Zeichen	Datum
		-203	MO	03.06.97

Schneckentretmine

Sehr geehrter Herr Sprenzinger,

Sie müssen bei der jetzigen Wetterlage und der dadurch herrschenden Schädlings- und Krankheitenplage im Garten ja schlaflose Nächte haben. Denn so viele Probleme, die Ihre Frau in Ihrem Garten jetzt hat, rufen nach Problemlösungen, die Ihnen im Schlaf sicherlich zahlreich einfallen. Ihre nächtlichen Ideen und Gedanken haben mit Sicherheit freien Lauf. Ihrem Erfindungsreichtum, der auch die Leidverringerung einschließt, sind dabei ganz sicher keine Grenzen gesetzt.

Auch wir wünschen den Schnecken einen möglichst schnellen und schmerzfreien Tod. Schnecken lieben nun 'mal die gehegten Pflanzen im Garten. Ihre Lieblingsspeise ist der Salat. Aber ist er aufgefressen, so ärgert sich ein jeder Gartenliebhaber und sucht nach Lösungen seines Problems. Die Lösung muß wirksam und bequem sein. Dieser Herausforderung haben wir uns seit langem gestellt und führen Schneckenkorn, das von den Gartenliebhabern als Schneckenvernichterlösung akzeptiert ist, im Sortiment.

Der Tod durch den Fraß des Schneckenkorns ist sicher. Wie aber muß sich eine Schnecke fühlen, die vom Pfeifton erschreckt und irritiert von der Tretmine schleicht, nichts geschehen ist und sie sich fragt, was war das eigentlich. Da sie keinen Pfeifton kennt, erklimmt sie wieder mit voller Anstrengung die Tretmine und wieder ertönt der Pfeifton und wieder ergreift sie die Flucht. Aber der Salat durftet so lecker, so daß sie von einer anderen Seite versucht, am Salat zu knabbern. Doch auch dort ertönt ein Pfeifton und die Schnecke verendet letztendlich elend an Überanstrengung und Hunger und Durst. Dies, denken wir, ist ein noch schlimmerer und längerer Tod für die Schnecke.

Wir bedanken uns jedoch ganz herzlich für Ihr Schreiben und Ihr Vertrauen, uns Ihre geträumte Erfindung angeboten zu haben.

Mit freundlichen Grüßen
CELAFLOR GmbH

i.V.
Volker Barth

i.V.
Stefanie Hennings

Ganz einfach zu öffnen!
Ziehen Sie hier jetzt vorsichtig die Lasche ab! Sie ist mit einem leicht löslichen und rückstandsfreien Mittel verklebt.

24934 Flensburg

WICHTIGE TERMINSACHE FÜR SIE

Entgelt bezahlt
24937 FLENSBURG
Freimachung (DV) im Fenster
DEUTSCHE POST AG

Verschenken Sie nichts!
Herr Sprenzinger!

422/265952/23   04.97   0,45
302.551.63

Herrn
Jürgen Sprenzinger
Friedenstr. 7a

86179 Augsburg

Heute geht es um Ihre Chancen!

250.000,00 DM
SONDER-VERLOSUNG
BITTE GLEICH ÖFFNEN!

Beate Uhse
VERLAG
24934 Flensburg

Beate Uhse

Flensburg, den 21.04.97

Zwei Schritte auf dem Weg zum großen Glück sind schon getan,

sehr geehrter Herr Sprenzinger!

Schritt 1: Im völlig unbestechlichen Auswahlverfahren per Computer ist glücklicherweise **Ihr Name** gezogen worden. Damit sind Sie eine von nur 38 Personen, die im Kreis Augsburg zur Teilnahme an der großen 250.000 DM Sonder-Verlosung berechtigt sind!

Herzlichen Glückwunsch, Herr Sprenzinger!

Alle Gewinn-Nummern sind vorab gezogen worden und beim Rechtsanwalt sicher hinterlegt. Das Geld für die Gewinne liegt auf einem Konto der Stadtsparkasse Flensburg zu Ihrer Verwendung bereit! Und Sie können schon jetzt bis zu 6 Preise gewonnen haben! Ihre persönliche **Super-Glücks-Nummer** für den gigantischen Haupt-Gewinn lautet:

33.753.608

Schritt 2: Achten Sie in den nächsten Tagen besonders auf Ihre Post! Ihre persönlichen Unterlagen für die 250.000 DM Sonder-Verlosung mit allen **6 Glücks-Nummern** treffen in Kürze bei Ihnen in Augsburg ein. Dann kommt es nur noch auf eines an:

Machen Sie den 3. Schritt zum großen Gewinn, Herr Sprenzinger!
Schicken Sie Ihre Unterlagen am besten **gleich** nach Erhalt wieder zurück! Sie sichern sich damit zusätzlich eine große Chance auf den **Extra-Gewinn**, einen Gold-Schatz! Viel Glück!

Ihre

Beate Uhse

Beate Uhse

PS. **Gratis für Sie:** ein attraktives Geschenk habe ich Ihnen bereits reserviert! Schauen Sie bitte täglich in Ihren Briefkasten!

Versand-Bescheinigung   NR. 265.951

Hiermit wird bescheinigt, daß das Teilnahme-Dokument für die 250.000,00 DM Sonder-Verlosung, ausgestellt auf die unten genannte Person, sofort ausgesendet wird. Werden die Unterlagen den Anweisungen entsprechend zurückgeschickt, nimmt unten angegebene Person garantiert an der Sonder-Verlosung teil.

Manfred Stör
Manfred Stör
Abt. Postversand

(Stempel: Beate Uhse Verlag — April '97)

EMPFÄNGER:
Herrn
Jürgen Sprenzinger
Friedenstr. 7a
86179 Augsburg

Jürgen Sprenzinger
Friedenstraße 7a
86179 Augsburg

Verlag
Beate Uhse
24934 Flensburg

28. April 1997

Sehr geehrte Frau Uhse!

Heute habe ich von Ihnen Post bekommen. Vielen Dank. Und da schreiben Sie, daß ich schon zwei Schritte auf dem Weg zum großen Glück getan hab. Das können Sie aber garnicht wissen, wieviel Schritte ich schon getan hab, weil Sie mich überhaupts nicht kennen und mich noch nie haben laufen sehen.

Das find ich natürlich schon toll, daß Sie ausgerechnet meinen Namen gezogen haben, obwohl ich garnicht weiß, woher Sie den haben. Das ist mir völlig schleierhaft. Sie schreiben desweiters, daß Sie noch weitere 37 Namen im Kreis Augsburg gezogen haben. Aber Sie schreiben nicht, wer das alles ist. Das tät mich nämlich schon gewaltig interessieren, weil ich speziell in Augsburg einen Haufen Leute kenne, vielleicht wär jemand dabei, den ich kenn. Den tät ich dann anrufen. Das wär eine Gaudi! Vielleicht wär da sogar ein alter Schulkamerad dabei, den ich schon 30 Jahre nicht mehr gesehen hab. Das gäb ein Halloo! Leider ist Ihnen da aber ein dicker Hund passiert. Und deswegen schreib ich Ihnen nämlich jetzt. Sie glauben nämlich, daß meine persönliche Glücksnummer die Super-Glücks-Nummer für einen Hauptgewinn die Nummer

33.753.608

ist. Das stimmt ja überhaupts nicht. Meine Super-Glücks-Nummer lautet nämlich

13.131.313

Das wäre die richtige Nummer gewesen. Sie haben total daneben getippt. Die Nummer 33.753.608, die Sie da herausgesucht haben, die kenn ich schon. Diese Nummer hab ich immer in der süddeutschen Klassenlotterie gespielt, aber nie was damit gewonnen, sondern immer nur Pech gehabt. Und Sie täten mir ausgerechnet diese Nummer als Super-Glücks-Nummer unterjubeln wollen! Aber Sie können sich ja auch mal irren, das seh ich schon ein und das versteh ich ja noch.

Was ich aber nicht versteh, ist der Umstand, daß Sie schreiben, ich soll in den nächsten Tagen besonders auf meine Post achten. Sie, ich sag Ihnen was: ich achte immer besonders auf meine Post, weil es könnt ja mal was dabei sein, was wichtig ist. Da hätten Sie mich nicht extra drauf aufmerksam machen müssen. Schon als Kind hat mir meine Mutter eingebleut, daß man auf seine Post achten muß. Ein Mensch, der nicht auf seine Post achtet, ist ein Schlamper. Wenn einer nicht auf seine Post achtet, dann achtet er auch nicht seinen Postboten, er achtet seine Eltern nicht und im schlimmsten Fall verachtet er die gesamte Menschheit. Das sag ich Ihnen aus Erfahrung. Ich kenn nämlich so einen. Das ist der Mitzel Karl.

Übrigens brauch ich keine sechs Glücksnummern, weil mir eine völlig langt. Das ist die zweite Nummer von oben, das hab ich ja schon geschrieben. Sechs Glücksnummern machen mich ja ganz konfus.

Und dann schreiben sie im nächsten Satz, ich soll die Unterlagen, die Sie mir schicken, sofort wieder zu Ihnen zurückschicken. Das ist aber doch ein Krampf. Wieso schicken Sie mir da was, wenn ich Ihnen das gleich wieder zurückschicken soll? Das sollten Sie mal denen in Bonn vorschlagen, weil wenn Sie jedem was schicken, was er dann sofort wieder zurückschicken soll, und Sie machen das bei 10 Millionen Leuten, dann hätten wir das Arbeitslosenproblem gleich gelöst, weil die Post dann mindestens 4,5 Millionen neue Mitarbeiter brauchen tät. Ich hab das ausgerechnet. Der Blüm wär Ihnen da sehr dankbar und würd sich die Hände reiben. Der Theo Weigel vermutlich aber auch.

Und dann sagen Sie ganz unten von Ihrem Brief wieder, ich soll täglich in meinen Briefkasten schauen. Derweil hab ich gar keinen. Ich hab nur einen Schlitz. Einen sogenannten Briefkastenschlitz. In der Haustüre. Da kann ich aber garnicht hineinschauen, sondern nur durch. Aber ich bin ja nicht doof und schau durch den Briefkastenschlitz. Da seh ich ja alles nur rechteckig. Außerdem ist das sogar gefährlich. Weil stellen Sie sich vor, ich schau grad durch den Briefkastenschlitz und der Postbote kommt. Und ich merk das nicht rechtzeitig. Und der Postbote merkt nicht, daß ich grad durch den Briefkastenschlitz schau. Und er schiebt einen Brief durch den Briefkastenschlitz. Der schiebt mir ja den Brief direkt ins Auge. Dann hab ich einen Brief im Auge. Und ein Mensch mit einem Brief im Auge ist vermutlich kein schöner Anblick nicht. Das sieht wahrscheinlich saublöd aus. Ich lese zwar Briefe ganz gern, aber so nah am Auge mag ichs auch wieder nicht.
Dieses wollt ich Ihnen der Richtigkeit halber mitgeteilt haben.

Mit freundlichen Grüßen

Jürgen Frenzinger

Jürgen Sprenzinger
Friedenstraße 7a
86179 Augsburg

Firma
Drugofa GmbH
Insektensprayabteilung für fliegende Insekten
Welserstraße 5–7

51149 Köln

28. April 1997

Sehr geehrte Damen und Herren,

hiermit muß ich Ihnen leider mitteilen, daß ich immer sehr viel Fliegen im Zimmer gehabt hab. Manchmal auch Motten, Bremsen, Mücken und Wespen. Deswegen benutze ich schon seit dem Jahre 1991 ihr Insektenmittel Baygon, weil das vorzüglich gegen Fliegen, Motten, Bremsen, Mücken und Wespen geholfen hat.

Seit 1991 sprühe ich jeden Tag damit zweimal täglich das Zimmer aus. Obwohl ich gar keine Fliegen, Motten, Bremsen, Mücken und Wespen mehr im Zimmer habe. Ich bin nämlich umgezogen. Und die Fliegen, Motten, Bremsen, Mücken und Wespen wissen nicht, wo ich hingezogen bin. Deswegen finden sie mich jetzt auch nicht mehr.

Aber wie unter Zwang muß ich immer noch zweimal täglich das Zimmer aussprühen. Meine Tante Erika, die mich alle 14 Tage besucht, hat deswegen zu mir gesagt, ich spinne. Und ich soll mal zu einem Psichiater gehen. Das hab ich dann auch gemacht, weil meine Tante Erika hat es mit mir immer gut gemeint.

Dem Psichiater, dem ich das erzählt hat, hat gesagt, das sei nur zum Teil psichisch bedingt, zum Teil aber auch phisisch und ich soll mal zu einem normalen Arzt gehen. Das hab ich dann auch noch gemacht. Und der allgemeine Arzt hat mir dann gesagt, daß ich durch das Mittel süchtig geworden bin und ich sofort damit aufhören muß, damit herumzusprühen. Ich hab dann 3 Tage nicht mehr gesprüht. Aber bereits am nächsten Tag hab ich Krämpfe bekommen, mich hat es gefroren wie einen nackten Neger am Nordpol.
5 Minuten später hab ich dann wieder geschwitzt wie ein Eskimo in Afrika. Und das ist 2 Tage so gegangen. Plötzlich hab ich eine Wespe im Zimmer gesehen. Und natürlich sofort die Spraydose mit dem Baygon geholt und gesprüht. Die Wespe war nach ungefähr 3 Minuten tot. Aber mir ist es sofort besser gegangen und nach 10 Minuten waren alle meine Beschwerden weg.

Seite 2 von diesem Brief

Seitdem sprühe ich wieder, auch wenn keine Wespe da ist.
Und da hab ich festgestellt, daß ich Ihr Insektenspray brauche wie die tägliche Luft zum Atmen. Jetzt wollt ich Sie fragen, was das kosten tät, wenn ich Ihnen so ungefähr 100 Dosen auf einmal abnehm. Weil ich von der Sucht sowieso nicht mehr loskomm. Jetzt hab ich auf der Dose gelesen, daß da 1 % Piperonylbutoxide, 0,04 % Cyluthrin und 0,2 % Tetramethrin drin sind. Vielleicht können Sie mir aber auch jeweils 50 Liter von jedem schicken, dann misch ich mir das selber und brauch keine Dosen mehr. Wenn Sie mir mitteilen würden, was das kosten tät, wär ich Ihnen sehr dankbar. Das Geld ist mir nicht wichtig, weil ich einen Haufen Geld gespart hab. Ich rauch nämlich nicht und trinke auch keinen Alkohol nicht. Ich hab außer Ihrem Insektenmittel überhaupts keine Laster. Ich kann Menschen, die rauchen und saufen, sowieso nicht verstehen.

Es wäre nett, wenn Sie mir Bescheid geben täten, ob Sie mir da helfen könnten.

Mit freundlichen Grüßen

Jürgen Sprenzinger

Bayer Vital GmbH & Co. KG
Geschäftsbereich Consumer Care
Wissenschaft

Welserstraße 5-7
D-51149 Köln

Herrn
Jürgen Sprenzinger
Friedenstr. 7a

86179 Augsburg

Ulrike Mangel
Telefon: 02203/568-340
Telefax: 02203/568-373

Köln, 21.05.97

Sehr geehrter Herr Sprenzinger,

zunächst möchte ich um Ihr Verständnis bitten, daß Sie erst heute eine Antwort auf Ihr Schreiben vom 28. April bekommen. Dies liegt daran, daß wir Ihr Problem in unserem Hause zunächst ausführlich diskutiert haben. Den letzten Ausschlag für diese Antwort gab dann eine umfangreiche Recherche in meiner Buchhandlung.

So verlockend die Aussicht auf den riesigen Zusatzumsatz auch ist - als wirtschaftlich denkendes Unternehmen dürfen wir dies natürlich nie aus den Augen verlieren - muß ich Ihnen Ihre Bitte aber dennoch abschlagen. Zu Ihrer eigenen Sicherheit werden wir Ihnen keine 100 Dosen Baygon oder gar je 50 Liter Wirkstoffe zum „Selbermischen" verkaufen, denn Ihre Tante Erika, der Psychiater und der allgemeine Arzt haben vollkommen recht: Die Sprüherei muß aufhören.

Und damit Sie zukünftig gar nicht mehr in Versuchung kommen, erhalten Sie beiliegend eine Fliegen-Motten-Bremsen-Mücken-Wespen-Klatsche - viel Erfolg damit!

Mit freundlichen Grüßen, auch an Herrn Maggi

Bayer Vital GmbH & Co. KG
Insektensprayabteilung für fliegende Insekten

i.V. U. Mangel

Ulrike Mangel
Referat Med. und Wiss. Information

Jürgen Sprenzinger
Friedenstraße 7a
86179 Augsburg

An das
Staatsministerium des Innern
Odeonsplatz 3

80539 München

29. April 1997

Sehr geehrte Damen und Herren,

seit ungefähr einem halben Jahr hab ich ein Problem, das ich mit mir rumtrag und ich weiß nicht mehr ein und aus. Das Problem befindet sich in meinem Innern. Ich fühle mich saumäßig und bin meistens grantig. Mein Inneres ist nicht mehr in Ordnung. Und deswegen schreib ich Ihnen.

Das ist eigentlich ganz schleichend losgegangen. Zuerst hab ich garnichts gemerkt, bis ein Kumpel von mir gesagt hat, mit mir sei was nicht in Ordnung. Aber er konnte mir nicht genau sagen, was. Weil sehen konnte er es ja nicht. Es war ja in meinem Innern, also tief in mir drin. Von außen war das garnicht sichtbar. Aber mit jedem Tag bin ich grantiger geworden. Und mutloser. Mein Doktor hat gesagt, daß das Depresionen sind, die von innen kommen, obwohl meine äußeren Lebensumstände einigermaßen in Ordnung seien.

In meiner Verzweiflung schreibe ich an Sie, weil mein Schwager gesagt hat, daß Sie für innere Angelegenheiten zuständig wären. Und da hab ich gedacht, ich klage Ihnen mein Leid, da dieses Leid ja von innen kommt und Sie vielleicht genau drüber Bescheid wüßten. Ich versuch jetzt mal, Ihnen zu beschreiben, wie es in meinem Innern aussieht.

Also zuerst mal wahrscheinlich ganz schwarz, weil ich fühle mich innerlich ausgebrannt, wie eine Pfeife ohne Tabak, wie ein Ofen, der kein Brennholz und keinen Brikett mehr hat. Nur ein schwarzes Loch. Da ist kein Hoffnungsschimmer nicht, nicht der kleinste Funken, der mein Inneres erleuchten tät. Und deswegen find ich mich in meinem Innern auch nicht mehr zurecht. Ich tappe da völlig im Dunkeln. Und manchmal fürcht ich mich vor mir selber. Besonders in der Nacht. Da huschen dunkle Schatten durch mein Inneres und alles ist schwarz wie die Nacht. Und dann träum ich meistens, daß mich die Schatten auffressen. Ich wach danach immer schweißgebadet auf und horche in mich hinein. Aber das einzige, was ich hör, ist mein Herz und vielleicht noch ein paar Verdauungsgeräusche. Ansonsten ist alles ruhig. Meistens leg ich mich dann wieder hin und schlaf weiter. Sobald ich aber wieder eingeschlafen bin, sind die schwarzen Schatten in meinem Innern sofort wieder da und wollen mich auffressen. Das geht jetzt schon seit einem halben Jahr so und ich bin bereits halb wahnsinnig deswegen. Mein Bruder hat schon zu mir gesagt, ich soll nicht alles in mich hineinfressen, sondern auch mal meine Meinung sagen, wenn mir was stinkt. Aber das ist es nicht. Ich fresse zwar schon viel in mich hinein, fühle mich aber trotzdem innerlich hohl. Wie eine Hohlkugel, nur nicht so rund. Nein, wenn ichs genau überleg, eigentlich mehr wie eine Schachtel, in der nichts drin ist.

Entschuldigen Sie bitte, wenn ich Sie damit belästigt habe. Aber ich kann mir nicht mehr helfen. Vielleicht können Sie mir einen Rat geben.

Hochachtungsvollst

Jürgen Frenzinger

BAYERISCHES
STAATSMINISTERIUM DES INNERN

Bayer. Staatsministerium des Innern · 80524 München

Herrn
Jürgen Sprenzinger
Friedenstraße 7a

86179 Augsburg

Ihre Zeichen, Ihre Nachricht vom	Bitte bei Antwort angeben Unser Zeichen	Telefon (089) 2192-	Zimmer-Nr.	München,
29.04.97	IZ7-0037.2	2861	268	14.05.97

"Innere Angelegenheiten"

Sehr geehrter Herr Sprenzinger,

mit Bedauern haben wir von Ihren gesundheitlichen Problemen Kenntnis genommen. Wie Ihr Schwager richtig festgestellt hat, sind wir als Staatsministerium des Innern zwar für "innere Angelegenheiten" (des Staates) zuständig. Das bezieht sich aber nicht auf das persönliche Befinden des einzelnen Staatsbürgers. Eher wäre an eine Zuständigkeit des Bayer. Staatsministeriums für Arbeit und Sozialordnung, Familie, Frauen und Gesundheit (80792 München) zu denken, in dessen Geschäftsbereich z. B. die Gesundheitsvor- und -fürsorge fallen. Dabei kann es aber - insbesondere in einer Zeit der nachdrücklichen Privatisierung von Staatsaufgaben - kaum um gesundheitliche Beschwerden des einzelnen Staatsbürgers als vielmehr nur um grundsätzliche gesundheitspolitische Angelegenheiten gehen.

Um Ihnen - und dem bereits zitierten Arbeitsministerium - unnötigen Aufwand zu ersparen, können wir Ihnen nur den wohlgemeinten Rat geben, sich an Ihren Hausarzt oder einen kompetenten Facharzt zu wenden.

Mit freundlichen Grüßen
I. A.

Ganßer
Ministerialrat

Jürgen Sprenzinger
Friedenstraße 7a
86179 Augsburg

An das
Staatsministerium für Umweltfragen
Rosenkavaliersplatz 2

81925 München

1. Mai 1997

Sehr geehrter Herr Umweltminister,

heute hat es endlich mal aufgehört, zu regnen. Deswegen bin ich mit meinem Hund Gassi gegangen. Und weil ja jetzt Mai ist, hab ich auch gleich nach Maikäfer gesucht, aber keinen gefunden.
Ich bin nämlich ein Maikäferspezialist. Ich kenne alle Sorten von Maikäfer und weiß genau, was ein Kaminkehrer, ein Müller oder ein Kaiser ist.

Meine Frau und ich sind hobbymäßig Maikäferjäger. Eigentlich mehr Maikäfersammler. Wir sammeln Maikäfer und setzen sie in ein Einmachglas, tun dazu ein paar Kastanienblätter und Zweige hinein und freuen uns immer, wenn die Maikäfer da drin rumkrabbeln. Das würden wir jedes Jahr so machen, leider sind die Maikäfer aber ziemlich rar geworden. Ich hab jetzt festgestellt, daß es in unserer Gegend schon seit Jahren keine Maikäfer mehr gibt. Da sollten Sie vielleicht mal was unternehmen.

Jetzt hat meine Frau vorige Woche mal Zeitung gelesen. Und da hat sie gelesen, daß an einem Berg, ich glaub der heißt Kaiserstuhl, eine Maikäferplage ausgebrochen ist und die Maikäfer dort überhand nehmen. Das finde ich ungerecht. Dort gibt es einen Haufen Maikäfer, und bei uns gar keine.

Meine Frau hat gesagt, daß man ja dort Maikäfer holen könnte und sie dann bei uns, in unserer Wohngegend, wo wir ja auch einen Wald in der Nähe haben, wieder ansiedeln könnte. Von der Idee war ich sofort ganz begeistert und so haben wir beschlossen, zum Kaiserstuhl zu fahren, um uns da ein paar kräftige Maikäfer zu fangen, die wir dann mitnehmen und hier wieder aussetzen, damit sie sich in der freien Natur paaren und vermehren können. Und dann bräuchten wir zukünftig nicht mehr an den Kaiserstuhl zu fahren, weil das nämlich einen Haufen Benzin kostet.

Allerdings hab ich da schon Bedenken, ob das zulässig ist. Mein Nachbar hat mir gesagt, daß Sie da zuständig wären und ich Sie da um eine Erlaubnis fragen müßt, weil es sich da um einen massiven Eingriff in die Umwelt handeln tät und es sich weiterhin um eine bundeslandüberschreitende Maßnahme handeln würde. Da bräuchte man eine Maikäferüberführungslizenz, hat mein Nachbar gesagt und der muß das wissen, weil der nämlich beim Zoll ist. Und jetzt schreib ich deswegen an Sie. Ich hätte nämlich gerne Ihre Erlaubnis dazu und bitte gleichzeitig um Zusendung einer Maikäfer-Überführungslizenz, vielleicht gleich mit Durchschlag für das Zollamt.

Es wäre nett, wenn Sie mir da helfen täten, weil Maikäfer mein ganzer Lebensinhalt sind.

Hochachtungsvollst

Mit untertänigsten Grüßen

Jürgen Sprenzinger

Nachtrag

Gut – ich sehe es ein: Das Staatsministerium hat sicher andere Probleme als eine Maikäfereinfuhrerlaubnis. Trotzdem ist die Sache immer noch nicht gelöst, denn der nächste Mai kommt bestimmt. Und dann stehe ich abermals vor dem gleichen Problem. Vielleicht findet sich ja ein kompetenter Leser (Zollbeamter, Biologieprofessor, Maikäferexperte o.ä.), der darüber Bescheid weiß?

Vitamin Spezialitäten Vertriebs-GmbH
Schmidtstraße 67 · Postfach 93 02 30 · 60326 Frankfurt · Telefon (0 69) 73 50 34

```
                              *86        *   729B/56/60849266

                              Herrn
                              Hugo Hoess
                              Friedenstr. 7

                              86179 Augsburg



           Ein toller Mann...
           ein kraftvoller Liebhaber...

           Sehr geehrter Herr Hoess,

           ... wer möchte das nicht sein? Welcher Mann träumt nicht
           von erfüllter Liebe und leidenschaftlicher Lust? Aber das
           Leben macht es uns wirklich nicht leicht...
           Immer mehr Männer sind heute müde, abgespannt und lustlos.
           Kein Wunder! Es wird viel zu viel von uns verlangt: Überall
           nur noch Streß und Hektik, im Beruf, beim Autofahren, sogar
           in der Freizeit stehen wir unter Leistungsdruck.

           Auf Dauer geht da auch dem stärksten Mann die Luft aus.
           Sein Körper signalisiert: Ich kann nicht mehr. Und zuerst
           leidet die Liebe... ausgerechnet das Schönste im Leben!

           Geben Sie Ihrem Körper die Kraft zurück, die ihm
           der Alltag nimmt. Ich lade Sie zu einem Test ein:

           Probieren Sie LEBENSKRAFT, den geballten Energiespender
           speziell für den Mann! LEBENSKRAFT wirkt mit dem wertvollen

                                              = bitte wenden -
```

 bitte hier abtrennen

TEST-ANFORDERUNG

Die 15-Tage-Testpackung LEBENSKRAFT ist speziell
reserviert für:

60849266   56F556

Hier
Marke
vom
Antwortkuvert
einkleben

Herrn Hugo Hoess
Friedenstr. 7, 86179 Augsburg

Mit dieser Marke sage ich JA zum vorteilhaften
15-Tage-Test und JA zu mehr männlicher Kraft!

Schicken Sie mir zunächst eine
Testpackung LEBENSKRAFT
mit 30 Kapseln. Ich zahle dafür
nur den günstigen Test-Preis von
DM 14,90.

Wenn ich zufrieden bin, brauche ich nichts weiter zu tun.
Sie senden mir dann jeden Monat, solange ich will, eine
Packung mit 60 Kapseln für nur DM 34,80 zuzüglich DM 4,90
Versandspesen. Wenn ich nicht mehr weitermachen möchte, genügt
ein kurzes STOP per Postkarte – ohne weitere Begründung.

Gleich im beigefügten Kuvert zurücksenden an:
Vitamin Spezialitäten Vertriebs-GmbH, Postfach 93 02 30, 60457 Frankfurt am Main

Fruchtbarkeits-Vitamin E und anerkannten Sexual-Arzneipflanzen gezielt auf männliche Spannkraft, auf Stehvermögen und Ausdauer. Es kann die Potenz deutlich steigern und das Sexualleben intensiv beleben. Als biologische Naturarznei hat LEBENSKRAFT eine langfristige und dauerhafte Wirkung. Egal, wie alt Sie sind:

   Testen Sie LEBENSKRAFT jetzt 15 Tage lang
   zum phantastischen Test-Preis von nur DM 14,90!

Erleben Sie einfach selbst, wieviel Energie Ihnen dieses konzentrierte Naturmittel schenken kann. Antworten Sie mir schnell! Ihre Test-Packung liegt für Sie bereit.

Bis bald! Mit freundschaftlichem Gruß
Ihr

Wolfgang Fischer
Wolfgang Fischer

PS: Kleben Sie nur die "JA"-Marke vom Antwortkuvert auf Ihre Test-Anforderung und dann ab die Post!
Wichtig: Beachten Sie unseren Einsendeschluß für Ihr Extra-Dankeschön.

--- bitte hier abtrennen

GARANTIE

* LEBENSKRAFT ist ein anerkanntes Stärkungsmittel speziell für den Mann und hat sich bereits tausendfach bei der Hebung männlicher Spannkraft bewährt.
* LEBENSKRAFT enthält als biologische Naturarznei das Fruchtbarkeits-Vitamin E und wertvolle exotische Sexual-Arzneipflanzen.
* Sie erhalten stets frische, geprüfte Laborqualität. Alle Inhaltsstoffe unterliegen strenger Kontrolle.
* Die 15-Tage-Testpackung ist speziell für Sie reserviert. Sie kommt umgehend und neutral verpackt per Post direkt ins Haus. Dabei profitieren Sie vom vorteilhaften Test-Preis von nur DM 14,90.
* Wenn Sie nach dem Test zufrieden sind, beziehen Sie LEBENSKRAFT ganz bequem weiter. Für Ihre Stärkungskur erhalten Sie dann regelmäßig jeden Monat eine Packung mit 60 Kapseln für nur DM 34,80. Sie sind berechtigt, die Ware originalverpackt eine Woche nach Erhalt, kostenlos für Sie, an die Vitamin Spezialitäten Vertriebs-GmbH, Schmidtstraße 67, 60326 Frankfurt, zurückzusenden.

Staatlich zugelassenes biologisches Arzneimittel

Vitamin Spezialitäten Vertriebs-GmbH · Schmidtstraße 67 · 60326 Frankfurt · Tel. 0 69 / 73 50 34 · Fax 0 69 / 7 39 10 97

Jürgen Sprenzinger
Friedenstraße 7a
86179 Augsburg

An die
Vitamin-Spezialitäten-Vertriebs-GmbH
Abteilung für geballte Lebenskraft
Schmidtstraße 67
Postfach 93 02 30

60326 Frankfurt

5ter Mai 1997

Sehr geehrter Herr Fischer!

Mein Nachbar Hugo, was auch mein Freund ist, hat von Ihnen ein Schreiben gekriegt, wo Sie schreiben, daß immer mehr Männer müde, abgespannt und lustlos sind. Der Hugo hat mir das Schreiben gegeben und gesagt, daß das eher mich betrifft, weil ich immer so blaß ausseh und ich einen geballten Energiespender für den Mann brauchen tät. Aber Ihre Pillen sind gar nicht geballt, sondern oval.

Ich wollt Ihnen hiermit mitteilen, daß Ihre Pillen ein garnicht funktionieren können. Weil man nämlich eine Lebenskraft garnicht für 34 Mark 80 zuzüglich 4 Mark 90 Versandspesen kaufen kann. Lebenskraft kriegt man dann, wenn man viel Spinat und gelbe Rüben ißt und eine Milch trinkt. Dann ist man auch nicht müde und abgespannt und auch auch nicht lustlos, weil im Spinat soviel Eisen drin ist, daß man stark wird wie Stahl. In den gelben Rüben sind auch viel Nährstoffe drin, besonders für die Augen. Meine Mutter hat immer zu mir gesagt, ich soll gelbe Rüben essen, dann brauch ich nie eine Brille. Ich hab zwar eine Brille, aber nur eine ganz schwache, weil ich immer viel gelbe Rüben gegessen hab. Und eine gelbe Rübe haben Sie bestimmt nicht drin in Ihren Pillen, weil eine gelbe Rübe garnicht in Ihre Pillen hineingeht. Dazu sind Ihre Pillen ja viel zu klein. Und dann muß man halt viel Vollkornbrot essen, weil da viel Ballaststoffe drin sind und der Stuhlgang dann wie geschmiert geht. Da kommt man dann auch nie unter Druck, schon garnicht in der Freizeit. Und unter Leistungsdruck schon gleich garnicht. Wenn Sie einmal am Tag Stuhlgang haben, dann reicht das voll aus. Andernfalls hätten Sie ja einen Durchfall. Man kann aber auch bei einer Prüfung durchfallen. Das kommt dann durch den Leistungsdruck. Aber das kommt gar nie in der Freizeit vor, weil man in der Freizeit nie eine Prüfung nicht macht, es sei denn, man hat anders keine Zeit als in der Freizeit.

Aber wenn Sie schreiben, daß man überall heutzutage überall Hektik und Streß hat, sogar im Beruf, und beim Autofahren, dann stimmt das natürlich schon. Sie, ich muß Ihnen da was erzählen. Neulich fahr ich so mit dem Auto und muß an einer roten Ampel halten.

Und ich fahr immer mit offenem Fenster, weil man sich da besser mit den Fußgängern unterhalten kann. Jedenfalls halt ich da an einer roten Ampel. Und plötzlich ganz unerwartet passierts: die Ampel schaltet auf oransch. Und nach ungefähr 2 Sekunden auf grün. Es war ein fades Hellgrün. Es können auch 2 einhalb Sekunden gewesen sein und ein dunkles Moosgrün. So genau weiß ich das nicht mehr. Und dann bin ich losgefahren. Und ich sag Ihnen, das ist immer ein Mordsstreß, dieses Losfahren. Zuerst muß man kuppeln, dann den Gang einlegen, dann leicht Gas geben und die Kupplung mit Gefühl kommen lassen. Das ist ein Streß und ein ganz enormer Leistungsdruck, weil das ja schnell gehen muß. Und da haben Sie schon recht: wenn man das den ganzen Tag so macht, dann signalisiert der Körper: ich kann nicht mehr. Und wenn ich dann abends nicht kann, dann fragt mich meine Frau immer, ob ich heute wieder recht viel mit dem Auto gefahren bin.

Auch für mein Stehvermögen bräucht ich Ihre Pillen überhaupts nicht. Ich hab ein Stehvermögen, das glaubt kein Mensch, obwohl ich schon 57 bin. Sogar mein Schef sagt immer, ich soll nicht soviel rumstehen. Abends sitz ich aber dann lieber, weil das eigentlich bequemer ist.

Natürlich tät ich jetzt schon gern eine Testpakung von Ihren Pillen haben wollen. Aber das sag ich Ihnen gleich im voraus: dafür bezahl ich keine 14 Mark 90. Aber ich biete Ihnen einen Tausch an: Sie schicken mir eine Testpakung von Ihren Pillen, und ich schick Ihnen dafür zwei Pfund Testspinat, 15 gelbe Testrüben, ein Pfund Testvollkornbrot mit Testballaststoffen und einen Liter Testmilch. Und wenn Sie dann damit zufrieden sind, dann schick ich Ihnen das jeden Monat bequem mit der Post zuzüglich einer Knoblauchzehe als Versandkostenanteil automatisch zu. Dafür krieg ich regelmäßig Ihre Pillen umsonst. Und nach 2 Monaten gucken wir dann mal, wer von uns zwei mehr Lebenskraft hat.

Ich tät mich freuen, wenn Sie da mitmachen täten.

Mit freundlichem Gruße

Jürgen Sprenzinger

HEIMSPORT GMBH · Postfach 93 02 69 · 60457 Frankfurt/Main   SCHMIDTSTRASSE 67 · 60326 FRANKFURT/MAIN

Herrn
Jürgen Sprenzinger
Friedenst. 7a

86179 Augsburg

23. Mai 1997

Sehr geehrter Herr Sprenzinger,

für Ihr Schreiben vom 5. Mai sagen wir Ihnen herzlichen Dank und gratulieren gleichzeitig, denn diese geschickte Form der Verkaufsförderung Ihres Buches haben wir bisher noch nicht kennengelernt.

Die Anregung durch Ihr Schreiben war so überzeugend, daß gleich einige unserer Mitarbeiter und Mitarbeiterinnen in einen Buchladen gestürmt sind, um Ihre gesammelten Werke zu erwerben. Sicherlich werden Sie dieses in Ihrem Umsatzbudget registrieren können.

Also noch einmal herzlichen Glückwunsch zum Verkaufsdirektor in eigener Sache.

Mit freundlichem Gruß
Heimsport GmbH

Rosemarie Malonek
Product Manager

TELEFON: 069/73 04 01   ·   TELEFAX 069/7 39 10 97   ·   HRB 7155 FRANKFURT   ·   GESCHÄFTSFÜHRER: HORST MALONEK
POSTBANK: FRANKFURT NR. 680 83-605 (BLZ 500 100 60) · BANK: DRESDNER BANK AG, FRANKFURT-HÖCHST NR. 7 385 080 (BLZ 500 800 00)

Jürgen Sprenzinger
Friedenstraße 7a
86179 Augsburg

An die Zeitschrift
Neue Welt
Stichwort Träume
Adlerstraße 22

40211 Düsseldorf

8. Mai 1997

Sehr geehrter Herr Teupert,

In Ihrer Zeitschrift, der Neuen Welt, hab ich gelesen, daß Sie Träume deuten täten. Und ich weiß mir nicht mehr zu helfen, weil ich seit ein paar Wochen immer denselben schrecklichen Traum hab. Und den wollt ich Ihnen mal erzählen, weil ich wissen möcht, was Sie davon halten.

Meistens hab ich Obst- und Gemüseträume. Obwohl ich kein Vegetarier nicht bin. In fast allen meinen Träumen kommen entweder ein Apfel oder eine Birne vor, manchmal aber auch eine gelbe Rübe oder ein Sellerie. Ab und zu hab ich aber auch einen total exotischen Traum. Ich träum dann dabei meistens von einer Banane oder einer Ananas. Manchmal träum ich auch von einer Zitrone. Das ist dann aber nicht so schön, weil die stößt mir im Traum meistens sauer auf.

Aber den Traum, den ich Ihnen erzählen möcht, ist ein ganz fürchterlicher. Weil das nämlich ein Traum im Traum ist. Sozusagen ein Doppeltraum. Ich fang also immer so ungefähr 20 Minuten, nachdem ich eingeschlafen bin, mit dem Träumen an. Jedenfalls hab seit Wochen immer denselben Traum. Und der ist so: Ich träum, ich bin ein junger, knackiger Kopfsalat. Ich ich steh da in meinem Beet rum, streck im Boden meine Wurzeln aus und fühl mich eigentlich sauwohl. Ab und zu wippe ich mit einem Blatt. Und den anderen Kollegen um mich herum geht es genauso. Wir haben immer eine mords Gaudi und erzählen uns Witze über die doofen Gurken oder über den arroganten Chinakohl. Ab und zu besucht uns auch ein Käfer oder eine Fliege. Das kitzelt immer so schön, wenn die auf einem rumkrabbeln. Am Abend, wenn es dunkel wird, fängt aber mein Problem an. Wir machen unsere Blätter dicht, sagen uns gute Nacht, ich schlaf ein und fang zu träumen an. In meinen Kopfsalattraum hör ein dann ein leises Pfeifen und weiß: jetzt kommt sie. Und ich weiß es ganz genau, daß sie kommt und kann nicht weglaufen, weil ich ja am Boden angewachsen bin. Und unaufhaltsam kommt sie auf mich zu und ich weiß genau, daß es jetzt gleich passieren wird. Es ist unaufhaltsam, das Grauen. Und plötzlich ist sie bei mir, sie glotzt mich böse und gierig an mit ihren zwei Stielaugen, ihr schleimiger Atem riecht nach Fäulnis und Verderben, langsam kriecht sie mir den Rücken hinauf, sie reißt ihr Maul auf und beißt in mich hinein! Ein Schmerz durchzuckt mich wie ein elektrischer Schlag aus einer Steckdose.

Es ist eine Riesen-Nacktschnecke, so ungefähr 5 Zentimeter lang und schwarz wie der Teufel, müssen Sie wissen. Ich kann gegen das Gefressenwerden überhaupt nichts tun, weil ich ja angewachsen bin. Die Schnecke frißt sich jetzt langsam durch mich hindurch und ich leide Schmerzen, das können Sie sich gar nicht vorstellen, so schlimm ist das. Von diesen Schmerzen wache ich dann meistens auf. Und ich stell erleichtert fest, daß ich noch alle Blätter dran hab und eigentlich immer noch ein junger, knackiger Kopfsalat bin. Und daß doch keine Schnecke da war und eigentlich gar keine kommen kann, da ich ja in einem Gewächshaus leb. Da bin ich dann schon recht froh. Aber meine Nachtruhe ist dahin. Weil ich nämlich danach immer ins Grübeln komm, wie es wohl den armen Freiland-Kopfsalaten gehen mag, die nicht in einem Gewächshaus leben dürfen und draußen im Freien stehen müssen. Und ich male mir in allen Farben aus, wie sie von den gefräßigen, gierigen Schnecken rücklings überfallen werden. Davon wach ich wiederum schweißgebadet auf und stell erleichtert fest, daß ich ja auch kein Kopfsalat nicht bin, sondern ein Mensch. Da bin ich dann erst recht froh, das können Sie mir glauben.

Aber es ist wirklich entsetzlich, was ich da zusammenträum. Das ist ein ganz böser Alptraum. Vielleicht können Sie mir mitteilen, ob das psychische Auswirkungen hat oder ob das vielleicht von einem Jugenderlebnis herkommt. Und was man dagegen machen kann, weil lang halt ich das nicht mehr aus. Ich werde noch wahnsinnig. Dazu kommt, daß ich mich seitdem vor Schnecken fürcht.
Jedesmal wenn ich eine seh, dann flücht ich. Meistens bin ich schneller und gottseidank nicht angewachsen.

Abschließend muß ich Ihnen noch mitteilen, daß ich, seit ich den Traum träum, keinen Kopfsalat nicht mehr gegessen hab, weil ich mich jetzt nämlich viel besser in einen Kopfsalat hineinversetzen kann.

Ich bitte Sie um eine schnelle Hilfe und danke Ihnen im voraus

Mit freundlichem Gruße

Jürgen Frenzinger

Norbert Teupert
Traumtherapeut
Liegnitzer Str. 19
D-95448 Bayreuth
☎: 0921-12956

Bayreuth, 24.7.97

Herrn
Jürgen Sprenzinger
Friedenstraße 7a

86179 Augsburg

Lieber Herr Sprenzinger,

Sie haben vor einiger Zeit einen Traum mit der Bitte um Deutung an die NEUE WELT geschickt. Nun hat die Redaktion der NEUEN WELT beschlossen, die Traum-Rubrik einzustellen und es ist mir leider nicht mehr möglich Ihren Traum im Rahmen der NEUEN WELT kostenlos zu deuten.

Sie haben natürlich die Möglichkeit, sich eine "private" Deutung von mir erstellen zu lassen; meine Angebots- und Honorar-Liste liegt bei. Ich würde mich freuen, auch ohne die NEUE WELT etwas für Sie tun zu können.

Herzliche Grüße

Ihr Norbert Teupert

Nachtrag

Neulich habe ich geträumt, daß mir der Herr Teupert von der Zeitschrift »Neue Welt« meinen Traum gedeutet hat. Völlig umsonst und gratis. Doch dann bin ich aufgewacht und habe gemerkt, daß das nur ein schöner Traum war …

Jürgen Sprenzinger
Friedenstraße 7a
86179 Augsburg

Firma
Mairol GmbH

89547 Gussenstadt

8. Mai 1997

Sehr geehrter Herr Mairol,

meine Frau hat einen ganzen Haufen Töpfe. Mit Pflanzen drin. Die düngt sie immer mit Ihrem Mittel, diesem Mairol. Und die Pflanzen wachsen wie Teufel, sag ich Ihnen. Wir haben schon einen ganzen Urwald daheim. Ich hab mir schon überlegt, ob ich nicht ein Buschmesser kauf, so einen Urwald haben wir daheim.

Jetzt momentan ist meine Frau auf Kur. Seit 4 Wochen. Sie erholt sich dort, weil sie eine Operation gehabt hat. Ihr wurde was entfernt. Was, weiß ich nicht genau, das ist scheinbar ein Geheimnis, jedenfalls ist es was, was man nicht unbedingt zum Leben braucht. Deswegen hat man ihr dieses auch entfernen können. Hätt man ihr das allerdings nicht entfernt, hätt sie ein Problem damit gekriegt. Und irgendwann hätt man es dann doch entfernen müssen, hat der Doktor gesagt. Da haben sie es sofort entfernt. Und jetzt lebt sie ohne dem Entfernten weiter und viel besser, als wenn man es ihr nicht entfernt hätt.

Jetzt jedenfalls ist sie seit 4 Wochen auf Kur. In Bad Kreuznach. Und muß noch ungefähr 4 Wochen dort bleiben. Aber sie hat keinen Kurschatten nicht. Das freut mich. Denn der Doktor hat mir gesagt, daß sie ohne dem Entfernten nicht im Entferntesten einen Kurschatten haben kann, denn ein Kurschatten kann ohne das Entfernte überhaupt nichts anfangen.

Aber das wollt ich Ihnen eigentlich gar nicht schreiben, weil das keinen Menschen was angeht. Also sagen Sie das bitte nicht weiter. Das ist ja auch gar kein Problem für mich. Weil mir haben sie ja nichts entfernt. Ich hab noch alles, was ich brauch.

Mein Problem sind die Topfpflanzen von meiner Frau. Die hat sie nicht mit auf Kur genommen. Das war eigentlich ja auch garnicht nötig, weil die Topfpflanzen könnten sich ja jetzt daheim erholen. Von meiner Frau. Aber sie haben sich nicht erholt, im Gegenteil, sie sind immer magerer geworden und haben auch Blätter verloren. Die haben wahrscheinlich Sehnsucht nach meiner Frau. Das kann ich fast gar nicht glauben, aber anders kann ich mir das nicht vorstellen. Da hab ich mir gedacht, ich gebe denen jeden Tag eine Extra-Portion von Ihrem Mairol. Zum Trost. Und plötzlich haben sie wieder zugenommen und auch keine Blätter mehr verloren. Wahrscheinlich haben die gedacht, sie müßten ohne meine Frau verhungern. Und meine Frau spricht immer mit ihren Topfpflanzen. Das hab ich dann auch gemacht. Ich hab denen alles erzählt, auch die Nachrichten vom Fernsehen, sogar aus der Zeitung hab ich ihnen vorgelesen.

Gestern aber ist mir was passiert. Mir ist das Mairol ausgegangen. Und da hab ich die Topfpflanzen mit normalem Wasser gegossen. Heute, wie ich abends heimkomm, hängen mir alle die Blätter runter und sind ganz lapprig. Nach langem Überlegen bin ich draufgekommen, was da los ist: die Topfpflanzen sind süchtig nach Ihrem Mairol. Und deswegen wollt ich mich bei Ihnen beschweren. Weil wie kann man ein Mittel herstellen, das Pflanzen so süchtig macht, daß sie total abhängig von so einem Dünger werden? Meine Nachbarin, der ich das erzählt hab, hat gesagt, daß das ganz klar sei, weil in Ihrem Mittel Pyhtohormone drin sind und die kommen von Pythonschlangen und täten die Pflanzen süchtig machen. Und da täte nur ein ganz krasser Düngerwechsel helfen. Sie hat mir ein Mittel namens Substral empfohlen.

Bevor ich aber bei den Pflanzen eine Entziehungskur mach und nachher Probleme mit meiner Frau kriege, wollt ich mich bei Ihnen erkundigen, ob es da nicht eine andere Möglichkeit gibt. Vielleicht haben Sie ein Gegenmittel, das da hilft. Schließlich haben Sie mir die Suppe eingebrockt, dann müssen Sie sie aber jetzt auch auslöffeln, weil Sie sonst eine schlechte Firma sind!

Ich bitte Sie um eine schnelle Nachricht, weil meine Pflanzen sonst verrecken. Meine Frau schlägt mich zudem tot, wenn sie zurückkommt und was merkt.

Hochachtungsvollst

Jürgen Sprenzinger

Nachtrag

Nachdem mir die Firma Mairol nie geantwortet hat, sind alle Pflanzen eine Woche später eingegangen. Das hatte für mich allerdings keine Konsequenzen, denn meine Frau wohnt jetzt in Bad Kreuznach bei ihrem Kurschatten. Ich hätte das nie für möglich gehalten …

ÜBERRASCHEND
ANDERS ALS DIE GRAUE MASSE.

RTL2 – Das ist Programm für junge Menschen. Spielfilm-Qualität, Serien-Highlights, erfolgreiche Eigenproduktionen und einzigartige Events machen unseren Sender aus: Hochwertiges Programm, unverwechselbar verpackt und attraktiv präsentiert – das setzt **Trends** rund um die Uhr.

Für unser junges, engagiertes Team suchen wir zum schnellstmöglichen Zeitpunkt eine/n

SPIELFILMREDAKTEUR/IN

Wir bieten Ihnen hohe Entfaltungsmöglichkeit bei Spielfilmauswahl und Programmplanung, hierzu gehören u.a. Screening, die Synchronisationsbetreuung sowie die Recherche von Filminformationen.

Eine interessante Aufgabe, für die wir neben Ihrem Hochschulstudium auch berufliche Erfahrung (Fernsehbranche oder verwandtes Gebiet) voraussetzen. Außerdem bringen Sie technisches und inhaltliches Film-Knowhow sowie fundierte Kenntnisse des Film- und Fernsehmarktes mit. Wenn Sie darüber hinaus den PC (Windows, Word, Excel, FileMaker) ebenso wie die englische Sprache beherrschen und idealerweise über weitere Fremdsprachenkenntnisse verfügen, möchten wir Sie gern kennenlernen.

Wir freuen uns auf Ihre Bewerbung mit Lichtbild und Gehaltswunsch, die Sie bitte an unsere Personalabteilung schicken.

RTL2 Fernsehen GmbH & Co. KG
Bavariafilmplatz 7 • 82031 Grünwald

Jürgen Sprenzinger
Friedenstraße 7a
86179 Augsburg

RTL2 Fernsehen GmbH & Co. KG
Bavariafilmplatz 7

82031 Grünwald

20. Mai 1997

Betreff: Ihre Anzeige in der Süddeutschen vom 17./.18./19. Mai 1997, mittels der Sie einen Spielfilmredakteur suchen.

Sehr geehrte Damen und Herren,

mit äußerst gespanntem Interesse habe ich Ihre Anzeige in der Süddeutschen von 17./18./19. Mai 1997 gelesen, wo Sie schreiben, daß Sie einen Spielfilmredakteur suchen.

Ich suche eine hohe Entfaltungsmöglichkeit und auch eine Programmplanung ist für mich überhaupts kein Problem, weil ich zuhause bei mir auch immer das Programm plane. Wenn meine Frau sagt, sie will das erste Programm sehen, dann plane ich grundsätzlich das zweite oder dritte Programm, ohne Widerrede. Ich habe zwar kein Hochschulstudium nicht, aber Erfahrung mit dem Fernsehen und dem Film hab ich schon. Ich hab sogar schon mal in einem Film mitgespielt. Der hat "Xaver und sein außerirdischer Freund geheißen" und ist dann vom ZDF gesendet worden. Der Film war eine mords Gaudi. Von der Technik her hab ich überhaupts kein Problem, weil ich bin ja ein gelernter Radiomechaniker. Ganz stark bin ich da in der Röhrentechnik. Die beherrscht heutzutage kein Mensch mehr, aber ich schon. Die jungen Leute kennen ja nur noch Transistoren und dieses Siliziumzeugs. Bei uns war das noch ganz anders. Derweil waren Röhren viel besser als Transistoren.

Mit Computer kenn ich mich auch aus. Hab ich jahrelang repariert. Windows, Excel und Word sind auch kein Problem. Mit Word schreib sich selber. Ich schreib tragische Gedichte. Also Gedichte, die immer traurig ausgehen, mein ich. Und die schreib ich mit Word von Microsoft. Weil schreiben kann ich auch ganz gut. Meine Kumpel, der Albert, sagt immer, ich hätt einen urigen Stil. Jedenfalls leg ich Ihnen ein kurzes Gedicht von mir bei, ein tragisches natürlich, weil lustige Gedichte schreib ich ganz selten.

Ich sags Ihnen ehrlich: wenn Sie mich nehmen täten, dann hätten Sie einen Glücksgriff gemacht, das kann ich Ihnen sagen. Ich kann nämlich arbeiten wie ein Waldesel.

Einen Gehaltswunsch hab ich schon, aber ich weiß nicht genau, wieviel ich verlangen sollt. Weil ich da überhaupts keine Erfahrung hab, was man da so also Spielfilmredakteur verdient. Wenn ich so zusammenrechne, dann tät ich halt so ungefähr 2560 Mark im Monat brauchen.

Anbei übersende ich Ihnen ein Zeugnis, das zwar nicht so gut ist, aber mindestens beweist, daß ich eine Schulbildung hab. Auch ein trauriges Gedicht leg ich Ihnen bei, damit Sie ersehen können, daß ich schreiben kann. Es ist ein kurzes Gedicht und heißt "Der Tod einer Fliege". Das Gedicht ist deswegen so kurz, weil eine Fliege meistens ein kurzes Leben hat. Da brauchts auch kein langes Gedicht nicht, sonst wär ja das Gedicht länger als die Fliege lebt. Und das wär ja idiotisch.
Das Gedicht ist nicht so tieftraurig wie meine anderen Gedichte, eher sagen mir mal, mitteltraurig.

Mit freundlichen Grüßen

Jürgen Frenzinger

Lebenslauf

Vorname Nummer 1:	Jürgen
Vorname Nummer 2:	Bruno
Nachname:	Sprenzinger
Geschlecht:	männlich
Geboren am:	13. September 1949
Vater:	Sprenzinger Georg, geboren am 1. Juli 1916
Beruf vom Vater:	Vertreter für Hühnerparasitenvertilgungsmittel
Mutter:	Sprenzinger Else, geboren am 28. November 1916
Beruf der Mutter:	Hausfrau
Geschwister:	eine Schwester
Kinderkrankheiten:	Masern, Mumps, Röteln, Windpocken, Ringelröteln, Keuchhusten

Schulbildung:
    1952–1956 Kinderschule
    1957–1963 Volkschule
    1963–1966 Mittelschule

Lehre:
    1966–1969 Radiomechaniker

Führerschein:
    1969–1971 Verbrennungsmaschine Klasse 3

Berufliche Tätigkeiten:
    1971–1974 Radio-Fernsehmechaniker bei der Firma Holme in Augsburg
    1975–1979 Radio-Fernsehmechaniker bei der Firma Fuchshuber in Aichach
    1979–1984 Vertreter für Schrauben, Nägel und Dübel bei der Firma Goewa in Dortmund
    1985–1992 selbständer Computerreparateur
    1992–1996 selbständiger Computerprogrammierer
    1996–1997 selbständig arbeitslos

Fremdsprachen: Amerikanisch

Hobbys: Bierdeckelsammeln, Schriftführer im Indianer- und Cowboyverein, Radiobasteln, Ostereier färben. Tragische Gedichte schreiben.

Interessen: Afrika, Dinosaurier, Insekten und alles was fliegt, auch Flugzeuge. Computer und Computerprogramme.

Tod einer Fliege

**Eine Fliege flog herum,
Da flog sie an die Wand –
und bumm!**

**Aus ist's mit dem Fliegenspiel –
macht garnix – Fliegen gibt es viel zu viel!**

Nachtrag: die Fliege war übrigens gleich tot und
hat nicht mehr viel leiden müssen.

Personalverwaltung
Tel.: 089 / 641 85-845
Fax: 089 / 641 85-809

Herr
Jürgen Sprenzinger
Friedenstr. 7 a

86179 Augsburg

Grünwald, 23. Mai 1997

Zwischenbescheid

Sehr geehrter Herr Sprenzinger,

vielen Dank für Ihre Bewerbung und das darin gezeigte Interesse an einer Mitarbeit bei RTL2.

Da die Vielzahl der eingegangenen Bewerbungen etwas Zeit in Anspruch nehmen wird, bitten wir Sie hiermit um etwas Geduld.

Wir werden uns dann wieder schriftlich mit Ihnen in Verbindung setzen.

Mit freundlichen Grüßen

RTL2 Fernsehen GmbH & Co. KG

i.A. Szde

Alexandra Selzle

Personalverwaltung
Tel.: 089 / 641 85-845
Fax: 089 / 641 85-809

Herrn
Jürgen Sprenzinger
Friedenstr. 7a

86179 Augsburg

Grünwald, 17. Juni 1997

Ihre Bewerbung

Sehr geehrter Herr Sprenzinger,

wir bedanken uns herzlich für Ihr Interesse an einer Tätigkeit in unserem Unternehmen.

Die Entscheidung zur Besetzung dieser Position ist uns nicht leicht gefallen. Leider müssen wir Ihnen mitteilen, daß wir uns für einen Mitbewerber entschieden haben, der unserem Anforderungsprofil noch näher kommt.

Wir bedauern sehr, Ihnen keine bessere Mitteilung geben zu können und wünschen Ihnen auf diesem Wege für Ihre Zukunft alles Gute.

Ihre Bewerbungsunterlagen, die Sie uns freundlicherweise überlassen haben, senden wir Ihnen anbei zurück.

Mit freundlichen Grüßen
RTL2 Fernsehen GmbH & Co. KG

Alexandra Selzle

Anlage

Jürgen Sprenzinger
Friedenstraße 7a
86179 Augsburg

An das
Rote Kreuz
Blutspendedienst
Sandhofstraße 1

60528 Frankfurt

9ter Juli 1997

Sehr geehrte Damen und Herren,

da Sie gewissermaßen Kollegen von mir sind, schreibe ich Ihnen in meiner Not. Ich habe nämlich ein Problem.

Mit 16 Jahren habe ich meinen ersten Draculafilm gesehen. Und dabei habe ich das erste Mal in meinem Leben einen wohligen Schauder gespürt, der oben beim Kopf angefangen hat und mir dann anschließend den Rücken heruntergelaufen ist bis zum Allerwertesten. Von da ist dieser wohlige Schauer wieder umgekehrt und wieder den Rücken hinauf bis zum Kopf.

Deswegen schreib ich Ihnen aber überhaupt nicht, sondern deswegen, weil seit diesem Zeitpunkt hab ich immer mehr den Drang gespürt, jemanden zu beißen. Zuerst hab ich mich ja noch beherrschen können, aber im Lauf der Zeit ist dieser Drang so stark geworden, daß ich tatsächlich jemand gebissen hab. Es war genau am 14. Dezember 1966 um 23.30 in der Strassenbahnlinie 2 Oberhausen-Göggingen, als ich zum erstenmal zugebissen hab. Es war eine dunkelhaarige Frau mittleren Alters und die Straßenbahn war bereits leer. Ich weiß das deswegen noch so genau, weil es 10 Tage vor Weihnachten war. Die Frau ist jedenfalls sofort ohnmächtig geworden und ich hab sie dann fast ausgezutzelt. Was aus Ihr geworden ist, weiß ich nicht genau. Ich hab nur danach in der Zeitung gelesen, daß sie mit einer akuten Anämie ins Krankenhaus eingeliefert worden ist. Seitdem hab ich immer wieder mal zwischendurch jemanden ausgesaugt. Ich hab mich quasi so durchgebissen. Gottseidank bin ich bis heute nicht erwischt worden.

Aber zwischenzeitlich ist mir das Risiko zu groß. Außerdem bin ich mindestens zwei Nächte pro Woche unterwegs und das ist unwahrscheinlich anstrengend. Ich könnte zwar auch untertags zubeißen, aber das helle Tageslicht macht mich hin und die Sonne muß ich aus gesundheitlichen Gründen meiden.

Jetzt hätte ich eine Frage. Sie zapfen ja jeden Tag irgend jemand Blut ab. Das füllen Sie in Konserven, hab ich gehört. Ich wollt jetzt einfach nur mal anfragen, ob Sie mir ein paar von diesen Konserven verkaufen täten. So für Notzeiten und so. Vielleicht können Sie mir mitteilen, was so eine Blutkonserve kosten tät. Wenn sie nicht zu teuer sind, würde ich Ihnen regelmäßig ein paar abkaufen.

Für Ihre freundliche Unterstützung danke ich Ihnen im voraus und verbleibe dürstend

Hochachtungsvoll

Jürgen Brenzinger

Nachtrag

Keine Antwort vom Roten Kreuz. Scheinbar sind die Blutkonserven ausgegangen oder so. Jetzt bin ich auf Blutwürste umgestiegen. Und zu Ostern und Weihnachten ab und zu mal einen Leser. (Es kann natürlich auch eine Leserin sein). Freiwillige vor!

Jürgen Sprenzinger
Friedenstraße 7a
86179 Augsburg

An das
Bundesministerium der Finanzen
Herrn Dr. Theo Waigel
Graurheindorfer Straße 108

53117 Bonn

10ter Juli 1997

Sehr geehrter Herr Finanzminister!

Normalerweise würd ich mich nie trauen, so einer hochgestellten Persönlichkeit wie Sie eine sind, zu schreiben. Weil ich ja bloß ein kleiner Bürger bin.

Aber ich schreib Ihnen, weil mich der Dirk Aufderheide angehauen hat. Der hat nämlich gesagt, daß wir ein mordsdrum Haushaltsloch hätten und daß wenn wir das nicht alle miteinander stopfen täten, dann tät das einen Abgrund geben, aus dem wir nie mehr rauskommen täten und ganz Deutschland würd dann in diesen Abgrund stürzen und dann wär alles aus. Der Dirk hat weiterhin geschrieben, daß ich doch so gut sein soll und auch was spenden soll für die Staatskasse. Weil der Dirk Aufderheide ein prima Kumpel ist, hab ich mir gedacht, ich spende auch was. Ich hab zwar selber nicht viel, aber 10 Mark drück ich schon für Sie ab. Die 10 Mark ziehe ich halt meiner Frau von ihrem Haushaltsgeld ab, dann paßt das wieder. Und wenn die meint, daß sie deswegen einen Zirkus machen muß, dann werd ich ihr mal was husten. Aber machen Sie sich deswegen keine Sorgen, mit meiner Frau werd ich schon fertig. Das ist nämlich schon eine Kratzbürste, das können Sie mir glauben. Die spart, wo sie kann. Meistens am falschen Fleck. Aber an der Staatskasse spart sie nicht, dafür sorg ich schon. Und wenn ich ihr eins auf die Hörner geben muß. Also die 10 Mark wird sie schon verschmerzen, Sie können die ruhig nehmen.

Allerdings müssen Sie mir versprechen, daß Sie das Geld auch wirklich in die Staatskasse legen und nicht für sich selber ausgeben. Und noch was fällt mir grad ein: seien Sie bitte so gut und sagen nichts dem Blüm, sonst will der vielleicht auch was.

Wenn der Dirk Aufderheide mitmacht, dann gründe ich vielleicht mit ihm einen Verein zur Stopfung des Haushaltsloches e.V. und werde schauen, daß ich noch weitere Lochstopfer an Land zieh. Wir müssen da einfach zusammenhalten und allmählich begreifen, daß es kein Wirtschaftswunder nicht mehr gibt. Es sei denn, wir zetteln einen Krieg an, so daß alles hin ist. Dann könnten wir alles wieder aufbauen und hätten viel weniger Arbeitslose. Aber ich glaub, da wär der Kriegsminister Rühe auch nicht gerade begeistert. Der will eher, glaub ich, seine Ruhe haben.

Hochachtungsvoll verbleibend benutze ich die Gelegenheit, Ihnen alles Gute zu wünschen und versichere Ihnen, daß ich 100 prozentig hinter Ihnen steh, auch wenns knallhart kommt. Wir werden das schon schaffen, Herrgott nochmal.

Jürgen Frenzinger

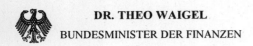

DR. THEO WAIGEL
BUNDESMINISTER DER FINANZEN

53117 Bonn, 0 5. 08. 97

Graurheindorfer Straße 108
Telefon: (02 28) 6 82 - 42 40

Herrn
Jürgen Sprenzinger
Friedenstraße 7 a

86179 Augsburg

Sehr geehrter Herr Sprenzinger,

der Dirk Aufderheide scheint mir ja ein rechter Schlingel zu sein. Erst spricht er von einem „Mordsdrum Haushaltsloch" und will sogar dem „Verein zur Stopfung des Haushaltsloches e.V." beitreten. Doch wenn's ums Bezahlen geht: Nix da. Er hat sich bei mir noch nicht einmal gemeldet. Oder ist er vielleicht nicht verheiratet und kann nicht wie Sie bei Ihrer „Kratzbürste" das Haushaltsgeld kürzen. Also, so geht das nicht; ich will ja mit Ihrer Frau keinen Krach bekommen, wenn sie eh schon dazu neigt „Zirkus zu machen". Allein die Schlagzeile in der Tagespresse „Frau Sprenzinger macht Zirkus in Bonn", läßt nichts Gutes ahnen; denn wir haben in Bonn schon genug Akrobaten und Traumtänzer, die eine wundersame Geldvermehrung erwarten, wenn man nur fest genug daran glaubt. Also, ich will Ihnen ja die Freude machen und werde das kleine Haushaltsgeld in die große Haushaltskasse legen. Doch auf den Anteil Ihrer Frau werde ich lieber verzichten und schicke ein „Fünferl" zurück. So als Dankeschön für Sie und zur Wiedergutmachung an Ihre Frau. Natürlich habe ich dem Blüm auch nichts gesagt; das bleibt alles unter uns.

Herzlichen Dank für Ihren netten Brief vom 10. Juli 1997, der mir beim Lesen viel Freude bereitet hat auch wenn es um einen ernsten Hintergrund geht! Ich wiederhole gerne die Schlußworte Ihres Briefes. Wir werden das schon schaffen, Herrgott nochmal.

Mit freundlichen Grüßen

Theo Waigel

Jürgen Sprenzinger
Friedenstraße 7a
86179 Augsburg

An das
Geoforschungsinstitut Potsdam
Abteilung Gesteinsmechanik und Erdkruste
Telegrafenberg A 17

14473 Potsdam

10ter Juli 1997

Sehr geehrte Damen und Herren Geologiekundige,

momentan haben wir ja Sommer. Dieser Sommer ist zwar ziemlich beschiessen, aber da gebe ich Ihnen überhaupts keine Schuld. Schuld sind ja eigentlich die Meteologen. Trotzdem sind ja immer zwischendurch ein paar schöne Tage, wo es warm ist. Und immer wenn es warm ist, dann stelle ich den Grill auf und grille. Und immer wenn ich grille, ärgere ich mich, weil es so lang dauert, bis der Grill so heiß ist, daß man damit grillen kann. Das dauert jedesmal fast eine halbe Stunde. Schließlich hab ich ja auch noch was anderes zu tun, als zu warten, bis der Grill heiß ist. Und wenn ich nicht so lange warte, dann ist der Grill nicht so heiß, daß man damit grillen kann und meine Kotlett werden dann nichts.

Jedenfalls hab ich gehört, daß es Vulkane gibt. Diese Vulkane sind immer heiß. Ich hab gelesen, daß diese Vulkane eine Verbindung zum Erdinneren haben, wo das Magma ist. Jetzt hab ich mir gedacht, ob es nicht möglich wär, bei mir im Garten einen Vulkan zu machen. Einen kleinen Vulkan natürlich, bloß so zum Grillen. Damit ich nicht immer diesen blödem Grill anheizen muß. Und Sie sind doch geologisch gebildet. Deshalb wollt ich Sie fragen, ob Sie mir einen Vulkan im Garten machen könnten und was das kosten␣ tät. Ich weiß schon, daß man da ziemlich tief runterbohren muß und so ein langer Bohrer kostet natürlich ein Schweinegeld. Ich selber bin nicht in der Lage, so tief runterzubohren, daß ich bis zum Magma komm, weil ich keinen so langen Bohrer nicht hab und auch nicht weiß, woher ich einen so langen Bohrer kriegen könnt. Und wahrscheinlich braucht man da eine besonders starke Bohrmaschine. Die hab ich auch nicht.

Ein Vulkan im Garten tät mir natürlich schon einen Haufen Arbeit sparen. Auch wahnsinnig viel Geld, weil ich dann keine Holzkohlen mehr kaufen müßte. Und selbst dann, wenn meine Kotlett vielleicht etwas nach Magma schmecken täten, wär mir das wurscht. Ich werd mich schon nicht gleich vergiften. Außerdem wärs in der Nacht auch recht schön, wenn so ein Vulkan im dunklen Garten leuchten tät. Ich könnt mir das sehr dekorativ vorstellen.

Seite 2 von diesem Brief

Meiner Frau tät sowas auch gefallen, hat sie gesagt. Außerdem wär das toll, weil die Nachbarn haben sowas nicht und da täten wir natürlich schon einen gewaltigen Eindruck schinden mit so einem Vulkan.

Es wäre sehr nett, wenn Sie mir sagen täten, was sowas kostet und wann Sie das machen könnten.

Hochachtungsvoll verbleibe ich in der Hoffnung, daß Sie mir helfen können.

Mit freundlichem Gruße

Jürgen Frenzinger

Nachtrag

Die Geologen konnten mir anscheinend nicht helfen. Nicht mal versucht haben sie's. Das macht aber nichts. Ich verhandle gerade mit der italienischen Regierung über den Kauf des Ätna. Meinen Garten habe ich bereits entsprechend erweitert und bin jetzt nur noch auf der Suche nach einer kompetenten Transportfirma, die zuverlässig Schwertransporte durchführt. Freiwillige Helfer sind übrigens jederzeit willkommen, auch Kaminkehrer bzw. Schlotfeger!

Jürgen Sprenzinger
Friedenstraße 7a
86179 Augsburg

An das
Bayerische Landeskriminalamt
Abteilung für motorisierte Straftäter
Maillinger Straße 15

80636 München

14. Juli 1997

Sehr geehrte Polizei!

Hiermit möchte ich Ihnen mitteilen, daß ich mich selbst anzeige und Sie bitten möcht, mir gegebenenfalls den Führerschein hinwegzunehmen. Ich habe eine Straftat begangen, die mir noch nie passiert ist. Und immer hab ich zu meiner Frau gesagt, daß wenn mir sowas mal passiert, dann gebe ich den Führerschein ab.

Seit ungefähr 30 Jahren habe ich einen Führerschein für die Verbrennungsmaschine Klasse 3. Ich besitze auch eine selbige, mit der ich meine tägliche Fortbewegung verrichte.

Vorgestern, am 12. Juli 1997 um 8 Uhr 46 Minuten und 21 Sekunden bin ich auf der neuen B17 in Richtung Gersthofen gefahren. Und wenn man von Haunstetten kommt, von da wo ich wohn, und die B17 weiterfährt nach Gersthofen, dann kommt man an einen Teil von der B17, wo ein Schild dortsteht, auf dem Stadtbergen steht. Vor diesem Schild kommt noch ein Schild, auf dem 60 draufsteht. Ich habe in der Fahrschule gelernt, daß wenn ein Schild dasteht, wo 60 draufsteht, dann darf man auch nur 60 fahren. Die Nadel vom Tacho, die welche die Schnelligkeit des Fahrzeuges anzeigt, muß mit der Zahl übereinstimmen, die auf dem Schild steht.

Vorgestern, also am 12. Juli 1997 um 8 Uhr 46 Minuten und 21 Sekunden bin ich auf der neuen B17 gefahren. Und bin an diesem Schild vorbeigefahren, auf dem 60 steht. Dieses Schild hab ich natürlich sofort gesehen und gedacht: aha, ein Schild mit 60. Und da hab ich auf meinen Tacho geguckt. Die Nadel von dem Tacho ist aber auf 72 gestanden. Zuerst bin ich gewaltig erschrocken, daß können Sie sich vorstellen. Ich hab mir im ersten Moment gedacht, mein Auto ist kaputt. Danach hab ich mir sorgfältig überlegt, ob mit meinem Tacho, welchen selbigen mein Auto beinhaltet, was nicht stimmt. Aber das ist mir auch recht unwahrscheinlich vorgekommen.

Nach reiflicher Überlegung und Absprache mit meiner Frau sind wir nun beide gleichzeitig zu dem Schluß gekommen, daß ich zu schnell gefahren bin. Und zwar genau um 12 km zu schnell. Das ist total verantwortungslos. Es hätte ja gerade ein Reh oder eine alte Frau über die Straße laufen können. Obwohl das an dieser Stelle der B17 eigentlich nicht möglich sein kann, weil diese Stelle von der B17 beidseitig von ungefähr 5 Meter hohen Mauern umgrenzt ist. Und ich habe noch nie eine alte Frau über eine 5 Meter hohe Mauer springen sehen. Und ein Reh springt normalerweise auch nicht so hoch. Es sei denn, es wär ein Rentier vom Weihnachtsmann. Aber das ist ja ein Kinderglaube. Den Weihnachtsmann gibts ja garnicht.

Ich weiß, das klingt alles unglaubwürdig und ich kann es Ihnen nicht beweißen. Vom Fernsehen her weiß ich aber, daß die Polizei immer Beweise braucht, wenn sie etwas beweißen muß, weil sonst fehlt ja der Beweis und ohne Beweis ist dann überhaupt nichts zu beweißen. Deswegen möchte ich Ihnen einen Vorschlag machen. Ich fahre am Freitag, den 25. Juli 1997 um 8 Uhr 40 von Haunstetten auf die neue B17 nach Gersthofen. Und genau an der besagten Tatstelle fahre ich wieder zu schnell. Genau 72 km in der Stunde. Vielleicht können Sie dann mit einem Blitzgerät und einem Fotoapparat dastehen und wenn ich vorbeikomm, eine Momentaufnahme machen. Dann hätten Sie einen Beweis und könnten mich bestrafen. Ich bitte Sie eigentlich also nur höflich um eine nachträgliche Fotografierung meiner Straftat, damit vor Gericht dann ein Beweis da ist, mit dem mich der Richter verurteilen kann. Damit ich endlich wieder ruhig schlafen kann.

Ich möchte Ihnen hiermit auch mitteilen, daß ich noch nie zu schnell gefahren bin und noch nie jemanden überfahren hab. Nicht mal einen Radfahrer, obwohl ich Radfahrer überhaupts nicht mag. Ich habe des weiteren auch nie am Steuer einen Alkohol getrunken. Ich habe noch gar nie nie im Leben eine Unfallflucht gemacht. Ich hätt auch garnicht gewußt, wo ich hinflüchten soll. Ich bin allerdings schon öfter mal vor meiner Frau geflüchtet, weil sie manchmal so ein Drachen ist. Aber das ist ja nicht strafbar, weil es sich hier wahrscheinlich um Notwehr handelt.

Ich entschuldige mich jedenfalls bei Ihnen und wenn Sie mir den Führerschein abnehmen wollen, dann haben Sie freie Hand. Ich kann Ihnen meinen Führerschein aber auch mit der Post schicken, wenn Sie keine Zeit haben. Die Kosten zahle natürlich ich. Bitte teilen Sie mir mit, wie Sie es haben wollen.

Mit hochachtungsvollen Gewissensbissen

Jürgen Prenzinger

Nachtrag

Nachdem ich keine Antwort erhalten hatte, was mach ich? Ich gehe extra zum Friseur, laß mir meine restlichen Haare schneiden, mach mich echt schick, ziehe meinen besten Anzug aus dem Schrank, binde mir sogar einen Schlips um und fahre am 25. Juli 1997 um genau 8 Uhr 40 an der besagten Stelle mit 72 km/h vorbei. Und was war? Nichts war! Keine Polizei weit und breit, keine Kamera da – nichts. Sie dürfen mir glauben: Ich war mehr als enttäuscht.

Ich bin anschließend ersatzweise zum Fotografen gefahren ...

Jürgen Sprenzinger
Friedenstraße 7a
86179 Augsburg

Kreutzer Touristik GmbH
Reiseveranstaltungen
Oberste Reiseorganisationsleitung
Herzog-Heinrich-Straße 10

80336 München

14. Juli 1997

Sehr geehrter Herr Kreutzer!

Vor ein paar Wochen war ich mit Ihnen in Spanien. Ich mein nicht mit Ihnen selber, sondern mit Ihrer Firma, die eine Reise nach Spanien, ich glaub das Kaff hat Chipiona oder so ähnlich geheißen, veranstaltet hat. Eigentlich auch nicht mit Ihrer Firma, sondern ich bin nur durch Ihre Firma betreut worden. Dafür hab ich ja auch einen Haufen Geld gezahlt. Obwohl ich eigentlich gar keine Betreuung nicht brauch, weil ich schon erwachsen bin und selber weiß, in welchen Bus ich hineinsteigen muß. Zufällig bin ich in den richtigen Bus hineingestiegen. Deswegen hat mich die Kathrin, was Ihre Reiseleiterin ist, geschimpft und mir einen Minuspunkt gegeben. Aber sonst ist sie recht nett gewesen, die Kathrin, und hat sich liebevoll um mich gekümmert und sich sehr bemüht. Ich hab nur festgestellt, daß Sie zuwenig Reiseleiterinnen haben. Ein paar mehr wären schon recht gewesen, zwecks der Abwechslung.

Leider hat mich ein Ding aber doch sehr enttäuscht. Weil ich nämlich eine Busfahrt nach Sevillia gebucht hab, für ungefähr so 90 Mark rum. Wir sind dann mit dem Bus nach Sevillia gefahren und haben die Katedraale angeschaut und noch so ein paar alte Gemeuer, die zwar schon uralt, aber allerdings noch ganz schön waren. Aber eigentlich bin ich deswegen garnicht dahin gefahren, sondern wegen dem Barbier von Sevillia, der ja weltbekannt sein soll. Sogar eine Oper gibts von dem, die fast drei Stunden dauert. Was mich schon wundert, weil ein Haarschnitt dauert überhaupts nicht so lang und eine Rasur schon gleich garnicht. Wenn ich mich selber rasier, dann geht das meistens in 6einhalb Minuten.

Jedenfalls wollt ich den Barbier von Sevillia sehen, aber die Fremdenführerin hat immer bloß von der Katedraale geredet und und erzählt, daß da das Grab von dem Kolumbus drin sei. Ich hab sie aber dann schon gefragt, wieso sie so ein Theater haben mit dem Kolumbus, die Spanier, weil der Kolumbus ja eigentlich ein Italiener gewesen sein soll. Genau genommen ein Italiener aus Genua. Ich hab übrigens gehört, daß da noch ein Grab von dem in Südamerika sein soll und eins in Italien. Ich vermut da stark, daß der von ei-

Seite 2 (Fortsetzung)

nem Grab ins andere reist und ein mords Geheimnis draus macht, in welchem er grad momentan rumliegt.

Aber sie hat mir nicht sagen können, wo der Barbier von Sevillia wohnt. Als fadenscheinige Ausrede hat sie dann gesagt, daß der Barbier von Sevillia schon tot sei. Sie konnte mir nicht mal sagen, wann und an welcher Krankheit der gestorben ist. Das ist eine ganz schwache Leistung.

Jedenfalls wollt ich mir von dem die Haare schneiden lassen und jetzt hat das nicht funktioniert. Ich habe dann nach dem Urlaub von einem deutschen Friseur die Haare schneiden lassen müssen. Deswegen bin ich eigentlich schon stocksauer und frage Sie jetzt mal ganz höflich an, ob Sie mir nicht wenigstens die Fahrt nach Sevillia ersetzten möchten, weil diese Busfahrt ja eigentlich total für die Katz war, weil ich ja keinen Haarschnitt von dem Barbier von Sevillia gekriegt hab. Und daß der schon tot ist, ist ja auch nicht meine Schuld.

Besser wär es natürlich, Sie täten mir alles ersetzen, weil ja eigentlich diese ganze Spanienreise umsonst war. Da wär ich dann lieber daheim geblieben. Weil ich nämlich extra wegen dem Barbier von Sevillia und dem Haarschneiden nach Spanien geflogen bin und mords Strapazien auf mich genommen hab. Schon deswegen, weil ich eine Sauangst vor dem Fliegen hab.

Es wäre nett von Ihnen, wenn Sie mir den Urlaub ersetzen täten. Zumindest aber die 90 Mark von der Sevilliairrfahrt. Für eine baldigste Nachricht wär ich sehr dankbar.

Mit hochachtungsvollen Grüßen

Jürgen Frenzinger

Touristik GmbH

✉ Postfach 15 10 29 · D-80046 München

Herzog-Heinrich-Straße 10
D-80336 München
Telefon (089) 5 44 94-0
Telefax (089) 5 44 94-695

**Herrn
Jürgen Sprenzinger
Friedensstr. 7a**

86179 Augsburg

München, 22. Juli 1997

Ihr Schreiben vom 14. Juli 1997

Sehr geehrter Herr Sprenzinger,

wir beziehen uns auf Ihr o.g. Schreiben an Herrn Kreutzer. Da Herr Kreutzer bereits vor Monaten aus der aktiven Geschäftsführung ausgeschieden ist und aufgrund seiner etwas spärlichen Haartracht über keinerlei Erfahrungswerte mit spanischen Friseurbesuchen verfügen dürfte, haben wir im Sekretariat der Geschäftsleitung uns nun Ihrem überaus interessanten Fall angenommen.

Zu Punkt 1 Ihres Schreibens, daß einige Reiseleiterinnen mehr Ihnen besser gefallen hätten, möchten wir nur anmerken, daß uns diese alle von Touristen weggeheiratet worden sind und wir uns nun weigern, mehr einzustellen.

Zu Punkt 2, das ominöse Grab des Kolumbus. Wir vermuten (allerdings ohne Beweise dafür zu haben), daß hier von den Nachfahren des Kolumbus ein riesiger Bluff veranstaltet wird, nur um die Touristen auf der Suche nach dem Grab vom einen Ende der Welt ans andere zu locken und ihnen somit Geld abzunehmen. Wo sich der Leichnam tatsächlich aber befindet, konnten wir auch nicht herausfinden.

Tja, und nun zu dem eigentlichen Anliegen Ihres Briefes, der Barbier von Sevilla. Sofort nach Erhalt Ihres Briefes haben wir intensive Nachforschungen vor Ort angestellt, wobei uns dies durch unterschiedlichste Aussagen sehr erschwert wurde, da es hier verschiedene Meinungen über dessen Verbleib zu geben scheint.

Das einzig wirklich sichere ist, daß es eine Oper mit dem Titel „Der Barbier von Sevilla" tatsächlich gibt.

Geschäftsführer: Georg Eisenreich, Dr. Jens Hinrichsen · HR Amtsgericht München B 74 763

Die gängigste Meinung in der Brache ist, daß es den berühmten Barbier von Sevilla gar nicht gibt und nie gegeben hat! Angeblich handelt es sich hier um eine Verschwörung des Fremdenverkehrsamtes von Sevilla mit der dort ansässigen Friseurinnung, um unbedarfte Touristen dazu zu bringen, nach Sevilla zu reisen um sich dort die Haare schneiden zu lassen. Wir werden selbstverständlich der Sache weiter nachgehen, um in Zukunft Touristen vor solchen Machenschaften zu schützen. Aber wie gesagt, man sollte hier keine voreiligen Schlüsse ziehen, da es unterschiedlichste Meinungen gibt.

Wir bedauern wirklich sehr, daß Ihr Urlaub aufgrund der o.g. Tatsachen für Sie nicht zufriedenstellend verlaufen ist. Wir bitten aber auch um Ihr Verständnis, daß diese Gründe alle nicht durch uns zu vertreten sind und müssen Sie deshalb an andere Stellen verweisen.

Ihrem Wunsch nach einer Entschädigung in Höhe von DM 90,- werden wir keinesfalls nachkommen, da wir der Meinung sind, daß Sie für diese 90,- DM immerhin eine Busfahrt mit Kathrin und eine Stadtbesichtigung bekommen haben und wahrscheinlich so oder so mit den spanischen Haarschneidekünsten (kein Vergleich zu deutscher Qualitätsarbeit) nicht zufrieden gewesen wären.

Geben Sie uns doch vor Ihrer nächsten Urlaubsreise einfach vorher Bescheid, dann können wir Ihnen bei der Planung behilflich sein und sparen uns die Beantwortung von Beschwerdebriefen.

Mit freundlichen Grüßen

KREUTZER TOURISTIK GMBH

Susanne Urmann
- Sekretariat der GL -

Jürgen Sprenzinger
Friedenstraße 7a
86179 Augsburg

An die
Deutsche Postbank AG
Grottenau 1

86150 Augsburg

23. Juli 1997

Sehr geehrte Damen und Herren,

ich hab mich immer schon sehr für den Mars interessiert. Schon als kleiner Bub hab ich mir Marsmenschen vorgestellt. Und jetzt hab ich im Radio gehört, daß die da grad Steine untersuchen und der Mars rosten tät. Und daß bis jetzt noch keine Marsmenschen gesichtet worden sind. Deswegen hör ich grad jeden Tag Radio, obs nicht was Neues gibt vom Mars. Ich hör immer Radio Kö. Und zwischendrin kommt immer Werbung.

Heute hab ich eine Werbung von Ihnen gehört. Und über diese Werbung hab ich mich geärgert. Weil Sie nämlich in der Werbung gesagt haben, daß in der Innenstadt von Augsburg ein Verkehrsstau ist, der von Ihnen verursacht worden sei, weil Sie so tolle Zinsen haben. Wenn ich 3000 Mark anleg, dann tät ich 3 Prozent Zinsen kriegen.

Ich find das verantwortungslos, daß Sie deswegen einen Verkehrsstau verursachen, wo doch in der heutigen Zeit jeder froh ist, wenn er einigermaßen schnell durch die Stadt kommt. Und ausgerechnet an der Grottenau veranstalten Sie einen Verkehrsstau wegen lumpiger 3 Prozent Zinsen. Ich bin Kunde bei der Hafner-Bank. Und meine Frau auch. Schon 20 Jahre. Die Hafner-Bank ist am Moritzplatz. Da krieg ich schon auf einem ganz normalen mickrigen Sparkonto 3 Prozent Zinsen. Und das ab der ersten Mark, nicht erst ab 3000 Mark wie bei Ihnen. Und ich hab noch nie gemerkt, daß der Hafner einen Verkehrsstau am Moritzplatz veranstaltet hätt wegen der 3 Prozent Zinsen, obwohl am Moritzplatz ein Verkehrsstau lang nicht so schlimm wär wie an der Grottenau. Die Maximilianstraße, die dort nämlich angrenzt, ist verkehrsberuhigt. Da wäre ein Verkehrsstau ja überhaupts nicht schlimm. Nicht mal ein Volksauflauf tät was ausmachen. Weil die Leute sich nämlich bis zum Ende der Maximilianstraße, also hinauf bis nach Sankt Ulrich stapeln lassen täten. Aber in der Grottenau, wo's es so zugeht, weil da nämlich alles den Leonhardsberg runterfährt und vom Leonhardsberg wieder rauf zum Stadttheater, da ist ein Verkehrsstau wegen 3 Prozent Zinsen ja eine Katastrofe.

Aber das könnt ja auch noch viel schlimmer kommen. Wenn zum Beispiel die Bundesbank die Zinsen plötzlich, sagen wir mal völlig unerwartet, wie der Blitz aus heiterem

Himmel sozusagen, anheben tät, weil der Chef von denen, der Tietmayer, irgendein Erfolgserlebnis gehabt hat, dann müßten Sie ja auch mit Ihren 3 Prozent Zinsen sogar auf 4 oder 4einhalb Prozent gehen. Und Sie sagen das in Ihrer Werbung. Ich könnt mir vorstellen, daß dann aus ganz Deutschland die Leute zu Ihnen kommen. Mit Bussen täten die anreisen. Das gäb erst einen Stau! Die ganze Grottenau verstopft mit stinkenden Bussen, die Grottenau wär total dicht, es gäb kein Vor und Zurück. Bis zum Theodor-Heuss-Platz und zum Hauptbahnhof tät sich der Verkehr stauen, in nördlicher Richtung bis hinunter zur Wertachbrücke. Das gäb einen richtigen Postbankzinsauflauf. Und das wär auch nicht unbedingt gut für die Umwelt. Weil stellen Sie sich vor, die Busse und Autos lassen ja im Stau alle den Motor laufen. Die Leute, die aus dem Postgebäude kommen, fallen sofort um wie die Fliegen und sterben den Gasvergiftungstod, vorausgesetzt sie kommen überhaupts aus dem Gebäude raus. Ich könnt mir nämlich denken, daß da einige Menschen der herauswälzenden Menschenmassen von den Menschen der hereinwälzenden Menschenmassen zerdrückt werden wie die Flundern.

Ich brauch Ihnen nicht zu sagen, wie das aussieht, wenn die Bundesbank die Zinsen noch weiter anheben tät und Sie diese Werbung mit 5, 6 oder gar 7 Prozent machen täten. Ich vermute, Sie täten spätestens bei 7 Prozent den dritten Weltkrieg auslösen.

Bitte bedenken Sie das und überlegen Sie sich, ob Sie mit dieser Werbung nicht vielleicht zuviele Staus verursachen. Sie könnten es ja so machen wie die Hafner-Bank. Nämlich einfach ein Schild ins Fenster stellen und draufschreiben: Bei gesetzlicher Kündigung: 3 Prozent. Punkt.

Weil man kann nämlich auch im Stillen Gutes tun.

Mit freundlichen Grüßen

Jürgen Prenzinger

Nachtrag

Die Postbank hat zwar nie geantwortet – doch ich habe diese tolle Werbung eigenartigerweise auch nie mehr gehört. Ich vermute, die Postbank hat sich auf mein Schreiben hin schlau gemacht, was auf dem Geldmarkt eigentlich los ist und was die Konkurrenz so alles tut …
Drum:

>Willst Du echt Gewinne seh'n
>mußt Du an die Börse geh'n
>Über drei Prozent Zinsen –
>kann man doch nur grinsen!

Jürgen Sprenzinger
Friedenstraße 7a
86179 Augsburg

An
Heinrich Bauer ACHAT KG
Redaktion »Neue Post«
Vera Wagner
Brieffach 2427

20079 Hamburg

                                                                    24ter Juli 1997

Sehr geehrte Frau Wagner,

ich schreib Ihnen deswegen, weil ich mich hinten und vorne in meinem Leben nicht mehr auskenn und total durcheinander bin. Und Sie sind ja Lebensberaterin und vielleicht können Sie mir helfen, weil ich weiß weder ein noch aus.

Das Leben war bis zum vorigen Samstag noch in Ordnung. Samstag ist bei uns immer Badetag. Und meine Freundin (35) und ich (52) baden am Samstag immer zusammen, weil wir da einen Haufen Wasser sparen. Weil wenn Sie bedenken, daß in so eine Wanne ungefähr 100 Liter reingehen, dann ist das schon eine Menge Wasser. 100 Liter mal 2 macht dann schon 200 Liter, und das ist uns zu teuer. Also sind wir vor 2 Jahren auf die Idee gekommen, zusammen zu baden, dann brauchen wir nur eine Wanne volllaufen lassen und dann auch keine 100 Liter, weil unsere beiden Körper ja auch Wasser verdrängen. Ich hab ausgerechnet, daß ich so ungefähr 69 Liter brauch.

Aber das ist nicht mein Problem. Mein Problem ist weit komblizierter. Seit meiner Kindheit hab ich nämlich eine Badeente. Ich hab es mir nie abgewöhnen können, mit Badeenten zu baden. Ich brauch das einfach. Meine Freundin hat das ackzeptiert, weil sie mich liebt und ich ihr klarmachen hab können, daß eine Badeente ja kein Haifisch ist und somit ganz harmlos.

Jedenfalls haben wir am Samstag wieder zusammen gebadet. Meine Freundin, die Badeente und ich. Ich bin auf der Kopfseite von der Wanne gesessen, meine Freundin auf der andern Seite, wo der Ausfluß ist und die Badeente ist zwischen uns geschwommen. Und wir baden da in aller Ruhe, und baden, und baden, zwischendurch hab ich mich natürlich auch gewaschen, dann habe ich wieder gebadet und dann habe ich mir die Haare gewaschen. Mit Shampu. Und stellen Sie sich vor: plötzlich ist die Badeente weg! Ich war total entsetzt, weil das ist mir noch nie passiert, daß meine Badeente einfach weg ist. Sofort habe ich natürlich meine Freundin in Verdacht gehabt, daß sie der Badeente eventuell was angetan haben könnt. Aber meine Freundin hat mir hoch und heilig versichert, daß sie mit der Badeente nichts gemacht hat.

Ich bin dann sogleich getaucht und hab den Grund von der Badewanne abgesucht. Und tatsächlich. Da lag sie. Auf dem Badewannengrund. Von dort hab sie sofort geborgen und ins Trockene gebracht. Die Badeente war innerlich voller Wasser. Zwischenzeitlich weiß ich, daß sie unter dem Flügel ein Loch hat. Ich nehm jetzt an, daß dieses Loch in der Badeente von meiner Freundin stammt, welches sie mutwillig und voller Arglist hinter meinem Rücken der Ente beigebracht hat. Durch selbiges Loch ist meine Ente undicht geworden und unbemerkt abgesoffen. Ich habe nämlich schon lange den Verdacht, daß meine Freundin auf meine Badeente eifersüchtig ist.

Auf alle Fälle, und deswegen schreib ich Ihnen eigentlich, kann ich seitdem nicht mehr schlafen und bin den ganzen Tag unruhig. Und immer wieder drängt sich mir die Frage auf, ob die Beziehung meiner Freundin zu mir noch in Ordnung ist. Der Untergang der Badeente ist vielleicht ein böses Vorzeichen, ein sogenanntes Omen. Denn so frag ich mich immer wieder, kann diese Frau mich noch lieben, wenn Sie meine Badeente durchlöchert? Ist da noch ein Funke Zuneigung in ihr, wenn sie es riskiert, daß meine Badeente unbemerkt absäuft? Wie kann ich einer Frau vertrauen, die hinterrücks meine Badeente meuchelt? Muß ich fürchten, daß ich das nächste Opfer bin? Diese und viele andere Fragen gehen mir durch mein Hirn und ich weiß nicht mehr ein noch aus.

Bitte liebe Frau Wagner, helfen Sie mir, wenns geht, ganz schnell. Ich kann so einfach nicht weiterleben. Sagen Sie mir, was ich tun soll. Ich zahl's Ihnen auch.

Mit freundlichem Gruße

Jürgen Frenzinger

Heinrich Bauer ACHAT KG · Brieffach 2427 · 20079 Hamburg

Herrn
Jürgen Sprenzinger
Friedenstraße 7a

86170 Augsburg

Redaktion

Telefon-Durchwahl
040/30 19

Unser Zeichen wa/ro

Datum 4.8.1997

Lieber Herr Sprenzinger,

ich habe den Eindruck, daß Sie sich völlig unnötige Sorgen machen. Ihre Freundin war damit einverstanden, daß beim Baden Ihre Badeente dabei war. Und sie hat Ihnen versichert, daß sie die Badeente nicht kaputt gemacht hat. Das Spielzeug ist schließlich schon recht lange in Gebrauch, da kann sich schon mal ein Materialfehler einstellen.

Warum glauben Sie plötzlich Ihrer Freundin nicht mehr? Sie können doch nicht im Ernst davon überzeugt sein, daß Ihre Freundin auf die Badeente eifersüchtig ist, lieber Herr Sprenzinger! Machen Sie mit Ihrem unbewiesenen Verdacht nicht Ihre Partnerschaft kaputt. Im Grunde könnte nämlich Ihre Freundin böse sein und sich verletzt fühlen, weil Sie ihren Worten nicht mehr glauben. Wie soll sie dann weiter Vertrauen in Sie haben?

Auch wenn Sie an der Badeente hängen, ist das kein Grund, eine Partnerin zu kränken und zu verdächtigen. Schlagen Sie sich also die Gedanken, die Ihnen plötzlich sogar den Schlaf rauben, aus dem Kopf! Das ist mein Rat, lieber Herr Sprenzinger, und der kostet nichts.

Mit freundlichen Grüßen,
Ihre

Vera Wagner

Jürgen Sprenzinger
Friedenstraße 7a
86179 Augsburg

Firma
Jahn Reisen
Elsenheimerstraße 61

80687 München

11. August 1997

Sehr geehrter Herr Jahn!

Hiermit möchte ich mich beschweren und bitte Sie gleichzeitig um Rückerstattung meiner Reisekosten.

Ich bin vor zwei Wochen mit Ihrer Firma nach Faro in Portugal geflogen. Der Pilot von der LTU ist recht sicher geflogen und hat in Faro auf Anhieb die Landebahn gefunden. Danach hat uns am Flughafen ein Taxi abgeholt und uns zu unserem gebuchten Apartment gefahren. Dieses Apartment war ein sehr schönes Apartment, die Betten waren in Ordnung und auch der Kühlschrank hat funktioniert. Bis auf das Telefon. Das hat nicht funktioniert. Aber ich will im Urlaub sowieso nicht telefonieren. Ich wüßt garnicht, wen ich in Portugal anrufen sollt. Die Umgebung war sehr schön, der Strand war absolute Spitze, das Wasser war warm und der Sand ganz weiß und sauber.
Am anderen Morgen hat uns eine Leihwagenfirma den Wagen gebracht, den ich gebucht hatte, total sauber, frisch gewaschen, vollgetankt und tiptop. Mit diesem Leihwagen bin ich dann genau 2538 km gefahren, das Auto hat das locker mitgemacht. Der Service im Hotel war sehr gut, das Personal unwahrscheinlich freundlich und jederzeit hilfsbereit.

Deswegen beschwere ich mich nicht. Meine Beschwerde hat einen anderen Grund.

Seit meiner frühesten Kindheit esse ich Streichleberwurscht. Wenn ichs genau überlege, bin ich eigentlich streichleberwurschtsüchtig. Und mein erster Gang in Portugal war in einen Supermarkt, wo ich eine Streichleberwurscht kaufen wollt. Ich hab nirgends eine gesehen. Da bin ich ganz nervös geworden und hab eine Verkäuferin nach einer Streichleberwurscht gefragt. Die hat mich aber nicht verstanden und hat mir eine Sardinenpaste verpaßt. Verzweifelt bin ich in den nächsten Supermarkt und hab dort gefragt. Alle Verkäuferinnen haben aber nur den Kopf geschüttelt und mich nicht verstanden, obwohl ich mit beiden Händen Streichbewegungen gemacht hab, als ob ich eine Streichleberwurscht aufs Brot streichen wollt. Am Schluß hat mir eine Verkäuferin ein Stück Seife in die Hand gedrückt. Ich sags Ihnen, wie es ist: in ganz Portugal habe ich keine Streichleberwurscht gekriegt.

Das hatte für mich die Konsequenz, daß ich die ersten vier Tage meines Urlaubs solche Entzugserscheinungen hatte, daß ich das Bett hüten mußte. Streichleberwurschtentzugserscheinungen sind ungefähr das Schlimmste, was man sich vorstellen kann. Ich wünsch das meinem ärgsten Feind nicht. Nach dem 4. Tag gings dann einigermaßen. Ich hab mich ins Auto gesetzt und bin zwecks der Ablenkung jeden Tag recht blöd in Portugal rumgefahren, um mich auf andere Gedanken zu bringen. Es hat aber nicht richtig funktioniert. Kein Tag ist vergangen, an dem ich nicht an eine Streichleberwurscht hab denken müssen. Ehrlich gesagt, ich war zwar in Portugal, aber Urlaub war das keiner. Es war die Hölle. Wenn ich das gewußt hätt, daß es in Portugal keine Streichleberwurscht nicht gibt, wär ich doch nie da hin geflogen! Oder ich hätt mir einen Vorrat aus Deutschland mitgenommen!

Sie als Reiseveranstalter hätten mich als Kunden darauf hinweisen müssen, daß es in Portugal keine Streichleberwurscht nicht gibt. Das ist eine Unterlassung Ihrerseits und Sie haben somit Ihrer Informationspflicht nicht Genüge getan. Deswegen schlage ich Ihnen vor, daß wir die Sache außergerichtlich bereinigen. Es wär mir recht, wenn Sie mir die Reisekosten ersetzen würden. Zuzüglich verlang ich ein Schmerzensgeld von 4866 Mark.

Ich bitte um Ihre geschätzte Mitteilung, ob wir das so machen können. Ich glaub, der unbürokratische Weg wär der beste, weil sonst verdienen bloß wieder die Rechtsanwälte was dran und damit wär uns beiden ja nicht gedient.

Mit hochachtungsvollen Grüßen

Jürgen Frenzinger

JAHN REISEN   Postfach 21 01 64   80671 München

Herrn
Jürgen Sprenzinger
Friedenstr. 7a

86179 Augsburg

ELSENHEIMERSTRASSE 61
80687 MÜNCHEN
TELEFON: 089/57 90-0
TELEFAX: 089/57 90-475
                              -476
T E L E X: 524370
                5 21 83 22 JAHN D

Ihre Zeichen	Ihr Schreiben vom	Unsere Zeichen	Telefon Durchwahl	Fax Durchwahl	Datum
	11.07.1997	7755	0211/9417-705	-714	5.09.1997

Vorgangs-Nummer   : JAHN / 010490436
Destination   : FAO
Reisezeitraum   : 26.07.1997 - 9.08.1997

Sehr geehrte Frau Sprenzinger,
sehr geehrter Herr Sprenzinger,

wir bestätigen Ihnen hiermit den Eingang Ihres Schreibens,
damit Sie wissen, daß Ihr Anliegen geprüft und so schnell
wie möglich erledigt wird.

Allerdings bedarf eine sorgfältige Bearbeitung einer gewissen
Zeit, wofür wir um Ihr Verständnis bitten.

Bis dahin verbleiben wir

   mit freundlichen Grüßen

      Jahn Reisen
      Kundenservice

JAHN REISEN   Postfach 21 01 64   80671 München

Herrn
Jürgen Sprenzinger
Friedenstr. 7a

86179 Augsburg

ELSENHEIMERSTRASSE 61
80687 MÜNCHEN
TELEFON: 089/57 90-0
TELEFAX: 089/57 90-475
               -476
T E L E X: 524370
          521 83 22 JAHN D

Ihre Zeichen	Ihr Schreiben vom	Unsere Zeichen	Telefon Durchwahl	Fax Durchwahl	Datum
	11.07.97	TG	0211/9417-705 0211/9417-714	-732	13.10.97

Bearb.Nr.:   SO97 JAHN 7755
Reiseziel: Algarve vom 26.07.97 bis 09.08.97
Buchungs-Nr.:   JAHN 10490436 - F.D. Golden Club

Sehr geehrter Herr Sprenzinger,

in der oben bezeichneten Angelegenheit kommen wir auf unsere Eingangsbestätigung zurück.

Wir bedauern, daß Ihre Reise nach Portugal nicht zu Ihrer vollen Zufriedenheit ausgefallen ist und danken Ihnen für Ihre Mühe, uns Ihre Eindrücke und Erfahrungen dieser Reise zu schildern. Oft sind wir nur durch solche nützliche Rückmeldungen in der Lage, uns bisher unbekannten Dingen nachzugehen.

Den von Ihnen geschilderten Sachverhalt bezüglich der fehlenden Streichleberwurscht und die damit verbundenen Unannehmlichkeiten bedauern wir außerordentlich.

Erlauben Sie uns jedoch den Hinweis, daß sich die Essenszubereitung in südlichen Ländern in erster Linie auf die Gepflogenheiten der einheimischen Küche und die im Lande erhältlichen Lebensmittel gründet; insofern kann man bei einer Reise in den Süden nicht erwarten, daß zum Frühstück Streichleberwurscht serviert bzw. geboten wird.

Wir sind zudem der Auffassung, daß die geschilderten Entzugserscheinungen absolut nicht in unseren Verantwortungsbereich fallen, zumal Ihnen Ihre Sucht bekannt war. Sicherlich wäre es Ihrerseits möglich gewesen, einen gewissen Vorrat für eine Reisedauer von 14 Tagen Ihrem Reisegepäck bzw. Ihrer Reiseapotheke beizulegen. Hierzu hätten Sie während des Fluges Eisaggregate verwenden können, um einen Verderb der Wurscht zu vermeiden. So hätten Sie ohne die beschriebenen Entzugserscheinungen Ihren Urlaub unbeschwert genießen können. Vielleicht bedenken Sie diesen Vorschlag bei Ihrer nächsten Reiseplanung in den Süden.

Abschließend möchten wir zum Ausdruck bringen, daß wir sicherlich Verständnis für Ihre Situation aufbringen, jedoch eine Erstattung aufgrund unserer Ausführungen nicht vornehmen können.

JAHN REISEN
VERANSTALTER: LTU TOURISTIK GMBH
AMTSGERICHT DÜSSELDORF, HRB 34038
UST.-IDNR.: DE 811 177 889

GESCHÄFTSFÜHRER:
HANS-JOACHIM DRIESSEN
KNUT WEHNER
DR. THOMAS WREDE

BANKVERBINDUNGEN:
BFG BANK AG DÜSSELDORF
KTO.-NR. 1 016 409 500
BLZ 300 101 11

WEST LB DÜSSELDORF
KTO.-NR. 6 746 010
BLZ 300 500 00

Wir bedauern diesen negativen Bescheid, wünschen Ihnen aber für zukünftige Reisen „streichhaltige" Aufenthalte.

Mit freundlichen Grüßen
JAHN Reisen

Tanja Grimison
Kundenservice

Jürgen Sprenzinger
Friedenstraße 7a
86179 Augsburg

Firma
Käfer GmbH
Feinkostrestaurant
Prinzregentenstraße 73

81675 München

15. August 1997

Sehr geehrter Herr Käfer!

Ich werd dann jetzt bald 60. Und da hab ich mir gedacht, ich mach ein Fest, wo ich einen ganzen Haufen von meinen Kumpels einlade. Weil 60 wird man ja nur einmal im Leben. Und manch einer wird überhaupts nie 60, weil er zuviel geraucht und gesoffen hat. Andere wiederum werden nicht mal 40, weil sie vorher einen Herzinfarkt gehabt haben und vorher sterben. Viele Leute erreichen nicht einmal die 20, weil sie vielleicht einen Unfall gehabt haben und unter die Trambahn gekommen sind oder den Drogentod gestorben sind. Ja, ich hab sogar schon gehört, daß 5-jährige Kinder aus dem Fenster gefallen sind, vielleicht sogar absichtlich, weil die Chemie mit ihren Eltern nicht gestimmt hat. Und manche Kinder sind gar nie auf die Welt gekommen, weil sie aus irgend einem Grund noch nicht gezeugt worden sind! Vielleicht deswegen, weil sich die Eltern noch gar nicht kennen. Jedenfalls haben es gerade diese Kinder aber am einfachsten im Leben.

Aber ich wollt Ihnen jetzt nicht meine philosofischen Gedanken mitteilen, sondern nur sagen, daß ich bald 60 werd. Ich hab es nämlich geschafft, weil ich immer solid gelebt hab und viel gearbeitet hab. Und deswegen möcht ich diesen Geburtstag besonders schön feiern. Ein alter Kumpel, der Hascher Fred, hat mir erzählt, daß man bei Ihnen in München besonders gut essen könnt. Und sie hätten auch ganz ausgefallene Sachen, die man nicht in jeder Wirtschaft bekommt.

Der Hascher Fred hat mir nämlich unter dem Mantel der Verschwiegenheit erzählt, daß er noch nie eine Jungfrau gehabt hätt, bis er Ihr Feinschmeckerlokal kennengelernt hat. Er hat dort bei Ihnen nämlich ein Jungfrauenfilet bestellt. Angeblich von einer echten Jungfrau. Möglicherweise wars auch eine Seejungfrau, so genau hat es der Fred nicht mehr gewußt. Er weiß aber sicher, daß das Filet von einer Jungfrau war und daß es als Nachspeise frische Walderdbeeren mit Sahne gegeben hat.

Ich hab auch noch nie eine Jungfrau gegessen und wollte anfragen, ob Sie mir bei einer Feier in Ihren Räumlichkeiten ein Jungfrauenfilet für ungefähr 30 Personen machen könnten. Es kann auch ein Seejungfrauenfilet sein. Mir ist auch wichtig, daß es einen Kartoffelsalat dazu gibt. Kartoffelsalat ist mein Lieblingssalat. Jungfrauenfilet ohne Kartoffelsalat wär für mich unvorstellbar.

Mir ist das zwar wurscht, was das kostet, weil ich hab mein ganzes Leben lang gespart wie ein Blöder, aber es wär trotzdem nicht schlecht, wenn ich wüßt, was da an Kosten so ungefähr auf mich zukommt, damit ich mich drauf einstellen kann.

Mit den besten Grüßen

Jürgen Hrenzinger

Nachtrag

Ich gebe es zu: Ich habe immer noch kein Jungfrauenfilet probiert. Weil Feinkost-Käfer nicht geantwortet hat. Aber angerufen haben sie. Mit der Frage: »Sie sind wohl ein Scherzbold?«

Ich? Nie!!!

Jürgen Sprenzinger
Friedenstraße 7a
86179 Augsburg

Shaddai's Studio
Schule für orientalische Tanzkunst
Sommestraße 50

86156 Augsburg

                                                                                16. August 1997

Sehr geehrte Frau Shaddai,

im Jahre 1991 war ich in Marokko und hab in einem Lokal einen Bauchtanz gesehen. Das hat mir wahnsinnig gut gefallen, weil ich das einfach toll find, wenn eine Frau so mit den Hüften wackeln kann und mit allem anderen auch.

Und von da an wollt ich schon immer Bauchtanzen lernen. Leider hab ich bis jetzt ein Problem damit gehabt, weil ich nämlich nie einen Bauch gehabt hab. Jetzt bin ich fast 50 und hab letzte Woche festgestellt, daß ich einen Bauch gekriegt hab. Und deswegen bin ich auf die Idee gekommen, mal bei Ihnen anzufragen, ob ich als Mann auch das Bauchtanzen lernen könnt, weil jetzt hab ich nämlich den passenden Bauch dazu. Bauchtanz ohne Bauch ist ja ein großer Schwachsinn. Das wär genauso, als wollt man Autofahren ohne Auto oder Fahrradfahren ohne Fahrrad oder Schwimmen ohne Wasser oder Hören ohne Hörgerät. Das wär alles ein absoluter Krampf und ich könnt Ihnen da noch 1236 Beispiele aufzählen. Aber das mach ich nicht, weil sich sonst dieser Brief unendlich qualvoll in die Länge ziehen täte und soviel Papier hab ich garnicht. Außerdem ist es auch ein Quatsch, einen so langen Brief zu schreiben bloß wegen einem Bauch.

Die näheren Umstände sind nun diese: ich bin ja, wie Sie vielleicht wissen, unbeweibt und beabsichtige, bis spätestens 31. Dezember 1997 den Hafen der Ehe anzusteuern. Diese Frist hab ich mir selber gesetzt. Und nachdem jetzt schon August ist, steh ich natürlich unter Druck. Ich hab mir nun überlegt, daß ich wesentlich leichter eine Frau finden tät, wenn ich Bauchtanzen könnt. Weil da eine Frau viel leichter anspringt und es bei einem Mann was ganz besonderes ist, wenn er seinen Bauch nach allen Seiten schmeißen kann. Die meisten Männer tragen ihn nur normal herum.

Ein Kumpel hat mir erzählt, daß es da verschiedene Tänze gibt, zum Beispiel den türkischen Stil und den Tüchertanz oder den Schwertertanz. Und da hab ich mir gedacht, vielleicht könnte ich den Schwertertanz lernen. Mit 5 Schwertern zum Beispiel. Weil die Schwerter hätt ich nämlich schon. Die stammen aus dem Mittelalter und ich hab die von meinem Opa geerbt. Man müßt sie lediglich etwas entrosten, damit die was gleichschauen. Und nachschleifen sollt man sie halt, damit sie wieder scharf sind.

Vielleicht können Sie mir mitteilen, ob ich da als Mann auch teilnehmen könnt. Ich tät auch in einer Gruppe mitmachen, wenns nicht anders ginge. Ich versprech Ihnen in dem Fall ganz ehrlich, daß ich keiner Frau in der Gruppe was tun tät. Notfalls lern ich auch den Tanz der 23 Schleier, damit mich niemand als Mann erkennt.

Auf Ihre baldige in Kürze eintreffende Antwort täte ich mich freuen und verbleibe Hochachtungsvollst

Jürgen Prenzinger

Shaddai

Shows für Veranstaltungen
Schule für orientalische Tanzkunst

Shaddai c/o Iris Winkler • Dresdener Str. 32 • 86157 Augsburg

Iris Winkler
Dresdener Str. 32
86157 Augsburg

An

J. Sprenzinger
Friedenstr. 7 a

86179 Augsburg

Tel. + Fax.: 0821 / 54 40 88
Funk: 0172 / 82 00 349

Augsburg, den 29.10.1997

Sehr geehrter Herr Sprenzinger,

ich kann jetzt erst auf Ihren Brief vom 16.08.97 antworten, da sie diesen in den falschen Breifkasten geschmissen haben und ich den Brief vorher nicht bekommen habe.
Zuerst möchte ich einiges zu dem Inhalt Ihres Briefes schreiben:

1. Einen Bauch hat jeder. Insofern kann auch jeder, egal ob dick ob dünn, orientalisch tanzen.

2. In orientalischen Ländern tanzen Männer ebenso wie Frauen orientalischen Tanz. jedoch unterscheidet sich die Tanzart der Männer von der der Frauen.

3. Das Heiratsdatum 31.12.97 ist in zweierlei Hinsicht knapp gewählt. Zum einen ist es unmöglich, den orientalischen Tanz in so kurzer Zeit zu erlernen (auch nicht, wenn ich den Brief früher bekommen hätte), zum anderen ist der Zeitraum prinzipiell etwas kurz.

4. In Deutschland gibt es einige Tänzer, die zum Teil sogar sehr bekannt sind. So exotisch ist dies gar nicht mehr.

5. Ich habe schon einmal einen Tanzkurs für Männer angeboten, aber es fehlte den Herren an Courage (habe ich danach erfahren).

6. Es wäre für Sie möglich an einem Tanzkurs für Damen teilzunehmen, da müßte ich aber vorher fragen (manche Frauen möchte gerne ohne Männer tanzen).

Wenn Sie noch Interesse an einer Probestunde haben, so schreiben Sei mir doch bitte.

Mit freundlichen Grüßen

Bankverbindung: Stadtsparkasse Augsburg • BLZ 720 500 00 • Konto 246 1200

Jürgen Sprenzinger
Friedenstraße 7a
86179 Augsburg

An die
AOK Augsburg
z.H. Frau Karin Ranke
Prinzregentenplatz 1

86150 Augsburg

21. August 1997

Sehr geehrte Frau Ranke,

ich bin ein alter Schnarcher. Ich schnarche fast jede Nacht und manchmal auch am Tag im Büro. Im Büro ist das nicht so schlimm, weil es die Kollegen nicht besonders stört. Ich bin nämlich Beamter und meine Kollegen auch.

Aber bei der Nacht, da stört es immer meine Frau. Und da hab ich einen Artikel in einer Zeitung gelesen, wo die schreiben, daß man sich Tennisbälle in die Rückseite vom Schlafanzug nähen soll und dann mit diesem Schlafanzug schlafen soll. Das tät angeblich das Schnarchen verhindern. Und dieser Rat käm von der AOK und zwar von Ihnen.

Ich hab das meiner Frau erzählt und die hat gesagt, ich hätte einen Vogel und das wär ein absoluter Quatsch. Trotzdem hab ich darauf bestanden, daß sie mir 4 Tennisbälle in den Schlafanzug näht. Mit diesem Schlafanzug hab ich auch geschlafen. Ich hab sehr schlecht damit geschlafen und laut Aussage meiner Frau immer noch geschnarcht. Zudem habe ich einen furchtbaren Alptraum gehabt. Ich hab von Boris Becker geträumt. Davon bin ich schweißgebadet aufgewacht.

Ich bin dann auf die Idee gekommen, daß ein Tennisball vielleicht nicht ausreicht und hab zwei Fußbälle gekauft und mir die dann von meiner Frau in die Rückseite von meinem Schlafanzug nähen lassen. Wie ich dann nachts damit geschlafen hab, war meine Frau begeistert, weil ich angeblich nicht mehr geschnarcht hab. Und einen wunderschönen Traum hab ich gehabt. Ich hab geträumt, daß ich den Lothar Matthäus geheiratet hätt. Und Berti Vogts war unser Trauzeuge. Ich bin nämlich ein Fußballfan. Aber wie ich dann aufgewacht bin, war ich schon enttäuscht, als ich gemerkt hab, daß meine Frau neben mir liegt und nicht der Lothar Matthäus.

Deswegen schreib ich Ihnen. Ich hab nämlich jetzt ein Problem. Weil ich mich bedingt durch diesen Traum hemmungslos in den Lothar Matthäus verliebt hab. Und schuld daran ist die AOK. Ich schnarche jetzt zwar nicht mehr, aber dafür rufe ich im Schlaf immer nach Lothar.

Also ehrlich gesagt, ich nehm nie mehr einen Rat von der AOK an, weil das mit den eingenähten Bällen ein absoluter Schmarren ist.

Das wollt ich Ihnen mitteilen, damit Sie wissen, was Sie mir an seelischer Pein zugefügt haben!

Mit hochachtungsvollstem Gruße

Jürgen Frenzinger

**AOK Bayern
Die Gesundheitskasse**

Direktion Augsburg
Prinzregentenplatz 1
86150 Augsburg
Telefon (08 21) 3 21-0
Telefax (08 21) 3 21-2 05

Öffnungszeiten:
Montag – Mittwoch
8.00 – 15.00 Uhr
Donnerstag
8.00 – 17.00 Uhr
Freitag 8.00 – 12.30 Uhr
und nach Vereinbarung

AOK · Postfach · 86134 Augsburg

Jürgen Sprenzinger
Friedenstr. 7a
86179 Augsburg

Ihr Zeichen

Ihre Nachricht vom

Unser Zeichen
1.5 Rk

Doku

Bitte verwenden Sie die Anschrift im Adressfenster

Ihr Gesprächspartner
Fr. Ranke

Durchwahl
228

Datum
08.10.1997

Sehr geehrter Herr Sprenzinger,

ich bin BAT-Angestellte und ein Teil meiner Kolleginnen und Kollegen sind keine Beamten, aber so etwas ähnliches. Aber nicht deshalb antworte ich so spät auf Ihren Brief, sondern weil er uns allen so gut gefallen hat und ich zeitweise gar nicht mehr wußte, wer ihn gerade hat. Ich bin dann einfach dem schallenden Gelächter nachgegangen, das in letzter Zeit immer wieder durch unser Haus hallte – auf diesem Wege konnte ich dann sehr schnell den Verbleib feststellen.

Ich bedaure sehr, daß der Rat mit den Tennisbällen bei Ihnen nicht geholfen hat. Bei meinem Freund war der Tip ein durchschlagender Erfolg – er schnarcht nicht mehr. Allerdings leidet der Arme seitdem unter Schlafstörungen und geistert nachts durch die Wohnung – wodurch ich nun wieder nicht mehr schlafen kann. Na ja, vielleicht war der Tip doch nicht so gut – „Mann" muß ja auch seinen Schlafanzug manchmal wechseln und „frau" müßte dann immer wieder neue Tennisbälle in den frischen Pyjama einnähen.

Und nun zu Ihrem Problem mit Lothar Matthäus – trösten Sie sich. Wer kennt nicht die jugendlichen Schwärmereien für irgendwelche unerreichbaren Stars – auch als Erwachsener? Lesen Sie keine Klatschspalten über Ihren neuen Liebling? Er hat wohl gravierende Beziehungsprobleme, so daß ich Ihnen nur den Rat geben kann, wieder von Ihrer Frau zu träumen. Immerhin scheint Sie sehr geduldig zu sein. Wer weiß, ob Lothar ihre Schnarcherei aushalten würde?

Zum Schluß noch ein fundierter Rat als AOK-Ernährungsberaterin zu Ihrem Schnarchproblem. Den sollten Sie getrost beherzigen, denn uns als Gesundheitskasse liegt Ihr Wohlergehen wirklich am Herzen.

Alkohol, fettes Essen und Übergewicht fördern das nächtliche Schnarchen. Wenn Sie ein Ernährungsproblem haben, so rufen Sie mich doch unter der oben aufgeführten Telefonnummer an. Ich werde versuchen, Ihnen weiterzuhelfen.

Anbei schicke ich Ihnen noch unsere Broschüre „Frisch und vielseitig" zu. Viel Spaß bei der Lektüre und bei der Umsetzung der Ernährungsempfehlungen.

Mit freundlichen Grüßen
AOK Ernährungsberatung

Karin Ranke
Dipl. oec. troph.

Jetzt neu:
Kostenlose
Service-Nummer

...wann immer Sie wollen!

0130-85 04 08
Stadtwerke Augsburg
Wir sind da! 24 Stunden täglich.

0130-85 04 08
Stadtwerke Augsburg
Wir sind da! 24 Stunden täglich.
Störungsnummer für Strom: 08 21/324-6600,
für Gas und Wasser: 08 21/324-5500

Ihre Info im Scheckkartenformat –
abtrennen und einstecken!

**Sehr geehrte Kundin,
sehr geehrter Kunde,**

ab sofort erreichen Sie uns rund um die Uhr! Ob am Wochenende oder kurz vor Mitternacht nach einem Konzertbesuch: Ein Griff zum Telefon genügt, um mit uns zu sprechen. Unter der kostenlosen Rufnummer 0130-85 04 08 können Sie unserem neuen 24-Stunden-Dienst alles melden, was mit Ihrer Strom-, Gas- und Wasserversorgung zu tun hat. Zum Beispiel Ihren Umzug. Oder Zählerstände. Oder ein neues Bankkonto, von dem wir künftig Ihre Zahlungen abbuchen sollen.

Bevor Sie anrufen, halten Sie bitte folgende Angaben bereit:

Alte Adresse:

Straße/Hausnummer   Nachmieter
Zählerstände: Strom ⎵⎵⎵⎵⎵   Gas ⎵⎵⎵⎵⎵   Wasser ⎵⎵⎵⎵⎵

Neue Adresse:

Straße/Hausnummer   Vormieter
Zählerstände: Strom ⎵⎵⎵⎵⎵   Gas ⎵⎵⎵⎵⎵   Wasser ⎵⎵⎵⎵⎵

Bankverbindung:

⎵⎵⎵⎵⎵⎵⎵⎵   ⎵⎵⎵⎵⎵⎵
Kontonummer   Bankleitzahl   Kreditinstitut

0130-85 04 08 lautet die gebührenfreie Nummer, unter der Sie die Stadtwerke Augsburg ab sofort rund um die Uhr erreichen können.
Und das klingt so:
„Grüß Gott, Sie sind mit dem Service-Telefon der Stadtwerke Augsburg verbunden. Sie haben die Möglichkeit, uns einen Wohnungsauszug oder -einzug, Zählerstände oder Bankverbindungen zu melden. Sie können uns aber auch nur eine Nachricht wie auf einem Anrufbeantworter hinterlassen...".
Dann geht es ganz einfach für Sie weiter.
Schritt für Schritt werden Ihre Angaben entgegengenommen und bearbeitet.

Unser 24-Stunden-Dienst
ist ab sofort erreichbar. Er macht Sie unabhängig von unseren Öffnungszeiten. 24 Stunden am Tag können Sie uns jetzt Ihre Wünsche und Anregungen mitteilen. Möglich macht dies ein Computer. Unsere Mitarbeiterinnen und Mitarbeiter stehen Ihnen weiter zu den üblichen Öffnungszeiten zur Verfügung. Sie erreichen sie unter der Telefonnummer 324-4141. Sie können uns aber auch ein Fax senden. Dann wählen Sie bitte 324-918.
Falls Sie uns persönlich sprechen möchten, hier unsere Öffnungszeiten im Hohen Weg 1, 86152 Augsburg:
Montag bis Donnerstag 8.00 bis 15.00 Uhr,
Freitag 8.00 bis 11.30 Uhr.

Jürgen Sprenzinger
Friedenstraße 7a
86179 Augsburg

An die
Stadtwerke Augsburg
Hoher Weg

86152 Augsburg

24. August 1997

Sehr geehrte Damen und Herren,

vorige Woche hab ich einen Prospekt von Ihnen erhalten, in dem Sie mir mitteilen, daß Sie da sind. 24 Stunden am Tag. Das find ich prima, weil wenn es einem nachts um halb vier einfällt, daß man Ihnen die neue Kontonummer mitteilen muß, dann kann man das jetzt mitten in der Nacht und braucht sich am Tag nicht mit so einem Pipifatz aufhalten. Das ist eine gute Einrichtung.

Deswegen fühl ich mich verpflichtet, auch Ihnen mitzuteilen, daß ich auch immer für Sie da bin. 24 Stunden lang nehm ich Ihnen nämlich einen Strom ab. Weil man Kühlschrank nämlich 24 Stunden lang läuft. Und manchmal schalt ich auch nachts um 3 das Licht ein. Und auch ich hab einen Anrufbeantworter. Auf den können Sie, wann immer Sie auch wollen, was draufsprechen. Die Ansage klingt dann so:

»Guten Tag, hier spricht der Anrufbeantworter von Jürgen Sprenzinger. Leider bin ich nicht da. Trotzdem aber können Sie meine Stimme hören. Obwohl ich nicht da bin. Dies ist ein gewaltiger technischer Fortschritt, ein Riesenschritt der Telekommunikationstechnik und ein Quantensprung für die Menschheit. Bitte nutzen Sie diese Technik, sprechen Sie nach dem künstlich erzeugten Piepston und legen Sie nicht einfach auf. Im übrigen können Sie mir alles mitteilen, was Sie wollen, ich hab für alles ein offenes Ohr …«

Ich teile Ihnen dieses mit, damit Sie nicht überrascht sind, wenn Sie anrufen. Sie können mir alles melden, was wichtig ist. Zum Beispiel wenn Ihnen der Strom ausgegangen ist. Oder wenn eine Trambahn verunglückt ist. Oder wenn bei Ihnen der Blitz eingeschlagen hat. Sogar dann, wenn Sie beabsichtigen, die Strompreise zu senken. Das sollten Sie mir allerdings schonend beibringen, damit ich nicht ausflippe. Haben Sie keine Scheu, mich anzurufen. Ich nehm jede Meldung entgegen.

Mit vorzüglichen Stromabnehmergrüßen

Jürgen Sprenzinger

Nachtrag

Nach ein paar Tagen rief mich ein Angestellter der Stadtwerke an. Fast beleidigt klärte er mich auf, daß es sich bei dem Service der Stadtwerke nicht nur um einen gewöhnlichen Anrufbeantworter handelt, sondern um ein ganz tolles Computersystem, eine hochmoderne Sprach-Box mit vollautomatischer Stimme und hochtechnischem Frage- und Antwort-System.

Da war ich dann schon tief beeindruckt. Sollte mich meine Frau irgendwann einmal verlassen, dann schaffe ich mir so was auch an!

Jürgen Sprenzinger
Friedenstraße 7a
86179 Augsburg

Bundesamt für Wehrtechnik
und Beschaffung
Postfach 73 60

56057 Koblenz

27. August 1997

Sehr geehrte Damen und Herren,

ich hab einen Luftsack. Eigentlich hab ich zwei. Links und rechts. Auf der Seite, wo ich sitz und einen, wo der Beifahrer sitzt. In meinem Cabrio. Die würden sich dann aufblasen, wenn ich frontal mit einem zusammenstoß. Ob die funktionieren, weiß ich nicht, weil ich das noch nie probiert hab.

Jedenfalls ist mir das nicht sicher genug, weil ich ja nicht sicher bin, ob das im Notfall funktionieren tät. Jetzt bin ich auf die Idee gekommen, noch eine zusätzliche Sicherheitsmasnahme zu ergreifen und zwar hab ich mir gedacht, ich bau mir einen Schleudersitz in mein Cabrio, wo es mich dann im Fall ich einen Unfall haben tät, herauskatapultiert. Das Problem ist, daß ich nicht weiß, wo ich einen Schleudersitz herkrieg. Kein Mensch kann mir das sagen. Ich hab mir schon überlegt, ob ich beim Jagdgeschwader in Landsberg anfrag, ob die nicht einen übrig haben. Aber der Erwin, ein alter Militarist, hat mir den Tip gegeben und mir gesagt, daß ich mal bei Ihnen anzufragen soll, weil so ein Schleudersitz eigentlich was Militärisches ist und daß Sie da der richtige Ansprechpartner sein täten. Ich hab das natürlich zuerst gar nicht glauben wollen, weil bei meinem Cabrio handelt es sich nämlich um ein Zivilfahrzeug, hab ich zum Erwin gesagt. Und das hat doch mit Wehrtechnik überhaupts nichts zu tun. Ich hab nämlich noch nie im Leben gehört, hab ich zum Erwin gesagt, daß die Soldaten mit einem Cabrio in die Schlacht ziehen. Das ist ja auch ein Quatsch, ein Cabrio militärisch einzusetzen, weil sonst glauben die Soldaten am Schluß noch, sie fahren nicht in die Schlacht, sondern in Urlaub.

Trotzdem wollt ich jetzt mal höflich bei Ihnen anfragen, ob ich nicht einen Schleudersitz von Ihnen kaufen könnt. Wenn Sie keinen auf Lager haben, dann können Sie als Beschaffungsamt mir vielleicht einen beschaffen. Möglicherweise haben Sie auch zwei. Dann bau ich anstelle vom Beifahrersitz, der jetzt drin ist, zusätzlich auch noch einen Schleudersitz ein. Wenn Sie allerdings nur einen haben, dann wär das auch nicht so schlimm, dann laß ich den Beifahrersitz halt orginal, da sitzt eh nur meine Frau drauf.

Ich wollt Ihnen abschließend auch mitteilen, daß der Schleudersitz hundertprozentig nur für eine zivile Anwendung gedacht ist. Für mein Cabrio. Nicht daß Sie meinen, ich bau mir heimlich einen Düsenjäger und benutzt mein Cabrio nur als Vorwand. Für einen Düsenjäger ist meine Garasche auch viel zu klein.

Wenn Sie mir helfen könnten, wär ich Ihnen sehr zum Danke verpflichtet.
Hochachtungsvollst

Jürgen Frenzinger

BUNDESAMT FÜR WEHRTECHNIK UND BESCHAFFUNG

Bundesamt für Wehrtechnik und Beschaffung, Postfach 73 60, 56057 Koblenz

Firma

Jürgen Sprenzinger - Datentechnik

Friedenstr. 7a

86179 Augsburg

(Bitte bei Antwort angeben) Geschäftszeichen	Bearbeiter	Durchwahl-Nr 4 00-	Koblenz
LG III 5	Baudirektor Kittler	Telefax 7150 4 00-	04.09.97

Sehr geehrter Herr Sprenzinger,

ich danke für Ihre Anfrage vom 27.08.97 und Ihr darin geäußertes Interesse an der Wehrtechnik, insbesondere den Schleudersitz in Kampfflugzeugen der Bundeswehr. Ihre Idee zum Umbau Ihres Cabrios sollten Sie jedoch zunächst mit dem für Sie zuständigen TÜV für Kraftfahrzeuge abstimmen.

Ausgediente Schleudersitze der Bundeswehr werden über die VEBEG an private Interessenten veräußert. Ich empfehle eine Kontaktaufnahme unter folgender Anschrift:

    VEBEG G.m.b.H
    Günderrodestr.21
    60327 Frankfurt/M
    Tel.: 069-75897-0

Mit freundlichen Grüßen

Im Auftrag

Ab 01.08.1995 neue Anschrift: Ferdinand-Sauerbruch-Straße 1, 56073 Koblenz

Dienstgebäude	Fernsprechanschlüsse	Allgemeines Fernsprechwählnetz d. Bw	Telex	Drahtanschrift
Konrad-Adenauer-Ufer 2 - 6	Öffentliches Fernsprechnetz	Kennzahl 4424-8 (Vermittlung)	8 62 661	bwb kblz
56068 Koblenz	(02 61) 4 00-1 (Vermittlung)	Durchwahl 4424-	Telefax 4 00-76 30	Teletex 261842=BWB

Jürgen Sprenzinger
Friedenstraße 7a
86179 Augsburg

Firma
H. von Gimborn GmbH
Vogelfutterherstellung
Albert-Einstein-Straße 6

46446 Emmerich

29. August 1997

Sehr geehrter Herr Gimborn!

Seit ungefähr 23 Wochen schon möcht ich Ihnen schreiben und mich bei Ihnen bedanken. Dies ist also ein Dankesbrief. Und ich schreib Ihnen auch, warum ich mich bei Ihnen bedanken möcht.

Im Jahre 1949 bin ich auch die Welt gekommen. Als ich 2 Jahre alt war, hab ich zu singen angefangen, mit 3 hab ich bereits fließend Mundharmonika spielen können. Und mit 6 hab ich dann Akkordeon gespielt. Mit 15 hab ich mir meine erste Gitarre gekauft und hab so lange drauf rumgespielt, bis keine Saiten mehr da waren. Und plötzlich, mit 18, hab ich dann gemerkt, daß ich auch ganz gut singen kann.

Darauf hin hat mir ein Freund angeraten, ich soll doch einen Gesangsunterricht nehmen, weil sich das bei mir bestimmt rentieren könnt. Das hab ich auch gemacht. Und wie ich dann so ungefähr 2 Jahre Gesangsunterricht genommen gehabt hab, da bin ich irgendwann auf die Idee gekommen, daß es ja ein Singfutter für Vögel gibt, welches das Singen bei den Vögeln fördert. Ich hab mir gedacht, daß wenn das bei einem Vogel wirkt, dann wirkt das sicher auch bei einem Menschen. Und deswegen hab ich mir seit dem 28. Februar 1990 immer das von Ihnen hergestelle Singfutter mit Lecitin in das Essen gemischt. Und seitdem ist meine Stimme immer lauter und schöner geworden. Mein großes Vorbild ist nämlich dieser Plazenta Domingo, müssen Sie wissen.

Allerdings hab ich festgestellt, daß meine Stimme nur dann schön klingt, wenn ich Ihr Singfutter mit Lecitin esse. Gestern zum Beispiel hab ichs vergessen. Da hab ich gekrächzt wie ein alter, verrosteter Papagei. Normalerweise trilliere ich so herrlich, daß jeder, der an meinen Käfig kommt und mir zuhört, vor Verzückung stehenbleibt. Übrigens hat meine Frau vor 8 Wochen 4 Eier gelegt und ist seitdem am Brüten. Übermorgen sollen die Jungen schlüpfen, meint sie. Wir vertrauen darauf, daß es ohne größere Komplikationen abgeht. Wir werden unseren Nachwuchs mit Ihrem Singfutter füttern und hoffen, daß sie stimmlich mir nachschlagen.

Jetzt muß ich aber ganz schnell schließen und den Abflug machen, weil mein Hund kommt, und wenn mir der erwischt, dann rupft der mich wieder. Er hat mich zum Fressen gern.

Mit einem freundlichen Tschiep

Jürgen Frenzinger

Nachtrag

Jeder Mensch hat seinen Vogel, auch ich …
Übrigens: Die Firma Gimborn hat auf mein Schreiben leider nicht reagiert. Aber unabhängig davon: Die Jungen sind kurz vor Weihnachten geschlüpft!

Jürgen Sprenzinger
Friedenstraße 7a
86179 Augsburg

An die
Französiche Botschaft
An der Marienkapelle 1a

53179 Bonn

29. August 1997

Sehr geehrter Herr Botschafter!

Am 9. Januar des vorigen Jahres hab ich Ihnen einen Brief geschrieben, wo ich Ihnen meinen Garten für Ihre Atomversuche angeboten hab. Leider haben Sie mir nicht geantwortet. Ich hab lang überlegt, warum Sie nicht geantwortet haben und hab jetzt 1 Jahr und fast 9 Monate darüber gegrübelt. Zuerst hab ich mir gedacht, daß Ihnen mein Garten vielleicht zu klein ist. Aber das kann ja wohl nicht der Hauptgrund sein, hab ich mir gedacht. Und dann bin ich draufgekommen, warum Sie nicht zurückgeschrieben haben. Weil damals auf dem Mururoa-Atoll waren das ja Unterwasserversuche. Und ich Trottel hab nicht drangedacht, daß Sie ja ein Wasser dazu brauchen. Deswegen hab ich jetzt im Sommer extra für Sie einen Gartenteich angelegt. 3 Meter 25 tief und grad so groß, daß eine Atombombe reinpaßt. Goldfische sind auch drin, aber nur zur Tarnung, daß die Nachbarn meinen, es ist ein Goldfischteich und nicht vielleicht glauben, daß das ein Atombombenteich ist.

Ich mein, es wär mal wieder Zeit für einen Versuch. Und das Wetter ist auch grad günstig. Deswegen wollt ich Sie herzlich dazu einladen. Vielleicht können wir das am Abend machen, dann schmeiß ich vorher den Grill an und wir könnten nach dem Versuch, vorausgesetzt er war erfolgreich, gleich grillen. Ich besorg uns einen Haufen Sparribbs und ein paar Kotletts. Und wenn der Versuch mißlingen sollt, dann hab ich einen Wein daheim und wir können unseren Kummer anschließend im Alkohol ersäufen.

Sie brauchen mir nur mitzuteilen, wann Sie loslegen wollen. Ich bin bei der Knallerei jederzeit dabei. Ich hab mir schon überlegt, ob wir das nicht auf Sylvester legen sollten, aber da geht nichts, der Teich ist da wahrscheinlich zugefroren.

Mit freundlichen Grüßen

Jürgen Sprenzinger

Jürgen Sprenzinger
Friedenstraße 7a
86179 Augsburg

ESOC-ESA European Space
Operations Centre
Robert-Bosch-Str. 5

64293 Darmstadt

30. August 1997

Sehr geehrte Damen und Herren,

ich schreibe Ihnen deswegen, weil ich in der Zeitung gelesen hab, daß die NASA deutsche Raumfahrer sucht, die die russische Raumstation Mir reparieren. Allerdings sind Sie ja nicht die NASA. Aber die Adresse von der NASA hab ich nicht und so hab ich mir gedacht, ich schreib an Sie und bitte Sie höflich, diesen Brief an die NASA weiterzuleiten, weil Sie sich ja wahrscheinlich alle kennen und auch die Adresse wissen.

Ich möcht mich hiermit als Astronaut bewerben. Weil ich nämlich genau der Richtige bin. Ich bin absolut schwindelfrei. Mir wirds nicht mal übel, wenn ich in der Achterbahn fahr. Also ich glaub, das ist eine ganz ideale Voraussetzung für einen Raumfahrer. Weil schlecht darf es da einem nicht werden, sonst kotzt man in den Raumanzug und versaut sich die Sicht durch die Helmscheibe.

Ich kenn mich auch mit Computer aus. Diesen Brief hab ich gleich auf einem Computer geschrieben, als Beweiß. Ich weiß auch, wie eine Düsenturbine funktioniert. Ein Kumpel von mir, der Wolfgang, ist ein Ingenör. Der sorgt bei der Firma MTU immer dafür, daß alle Turbinen rund laufen. Und der hat mir erklärt, wie so eine Turbine funktioniert. Auch mit dem Funk kenn ich mich aus. Ich habe mal ein CB-Funkgerät gehabt. Damit hab ich immer den Karl angefunkt. Das hat prima funktioniert.

Abschließend möcht ich Ihnen noch mitteilen, daß ich genau weiß, wie es auf so einer Raumstation zugeht. Weil ich früher immer viel Perry Rhodan gelesen hab und außerdem seit Jahren im Fernsehen fast alle Folgen vom Raumschiff Enterpreis angeschaut hab. Etwas Russisch kann ich auch. Kartoski heißt zum Beispiel Kartoffel.

Und Angst hab ich auch keine. Weil mir das egal ist, ob ich im zweiten Stock aus dem Fenster fall oder vom Weltraum auf die Erde. Hin bin ich dann auf alle Fälle. Aber wenn ich zum Einsatz käm, dann wär mit der Schlamperei im Weltall endlich Schuß, das können Sie mir glauben!

2. Seite vom Brief

Ich leg Ihnen ein englisches Schreiben bei, das Sie mir, wenns geht, an die NASA schicken. Vielleicht können Sie mir mitteilen, was Sie an Porto für mich ausgelegt haben. Ich schick Ihnen das Geld sofort. Ich hab das gleich in Englisch geschrieben, weil die Amis wahrscheinlich nicht so gut deutsch können. Ich kann englisch so gut wie deutsch und da sollts keine Probleme nicht geben.

Für Ihre Mühe danke ich Ihnen aufrichtigst.

Jürgen Frenzinger

Anlage zum Brief

Dear Ladys and Gentlemen from the NASA!

I write you because I have seen in the Newspaper, that you are searching for german Astronauts which repair the Russian roomstation Mir. I'm so sorry, but I do not know your address and so I lettered to the ESA. The boys there will surely be so nice and send my letter to you. I think, you all know each other and you are big kumples.

I will get an Astronaut for the NASA. I am exactly the right man on the right place. Because I am absolutely swindelfree. Even I never kotzed in the rollercoaster untill today. I believe, that this is the ideal qualification to be an astronaut. Because you can not get evil in the space, because if you are kotzing in your Spacedress then the Window of your helmet will be dirty and you can not more look out to the space.

I know Computers too. This letter for example I wrote on a Computer as a proof, that I can do it. I know also, how a turbine is functioniering. A kumple of me, the Wolfgang, which is an Ingeneer, who troubles in the MTU, that all turbines run round, explained me, how a turbine is functioniering. I know the Funk too. I had before a few years a CB-Funk-Set. I funked always with Charly. The funking was funking very fine.

Coming to the end I will tell you, that I know exactly, how it goes to on a roomstation. Because as I was a boy, I read all Perry Rhodan-books and since years I am looking for roomship Enterprise on TV. I speak a little Russian too. Kartoski means potatoes for example. This is very important to know, because I heard, that the Russians eat many potatoes every day, year in, year out.

I also do not know fear. Because it does no matter, I fall down from the second floor of a house or out of the space. I am dead in every fall. But if you would take me, the slampiness in the space would soon come to an end.

If you will me, you can have me. And please, think on the following: without us Germans never a rocket would have left the floor of the earth, because Werner of Braun was the real pioneer, and he was a German. Germans are really good astronauts, maybe the best in the whole wide world! And we Germans repair everything, a roomstation Mir is also no problem for us.

With friendly greetings

Jürgen Frenzinger

Nachtrag

Die NASA wollte mich nicht. Ich versteh's nicht. Aber mir ist zwischenzeitlich klar, daß in unserer heutigen Zeit nichts mehr repariert wird. Alles wird nur noch ausgetauscht. Ich habe mir zwischenzeitlich eine eigene Raumstation gebaut. Liegt im Garten herum. Ich habe meine Raumstation »DIR« genannt. (Kommst du nicht zur Mir, dann komm ich halt zu Dir).

Bin jetzt auf der Suche nach einer passenden Trägerrakete. Wer eine übrig hat, sollte sich bei mir melden. Es kann auch eine gute gebrauchte sein …

Jürgen Sprenzinger
Friedenstraße 7a
86179 Augsburg

Technische Universität
Lehrstuhl für Astronomie
Arcisstraße 21

80333 München

                                                                31. August 1997

Sehr geehrte Herren Sternenkundige,

Im August war es ziemlich warm. Da haben wir oft gegrillt. Meistens hat meine Frau Kottletts und Bratwürschte gekauft. Nach dem Grillen haben wir dann immer ein paar Flaschen Wein getrunken und wie wir dann besoffen waren, haben wir hinauf an den Himmel geschaut.

Wie wir eines Nachts wieder besoffen sind und in den Himmel hinaufschauen, schreit meine Frau plötzlich ganz laut Ohhh! Und nach einer Minute schreit sie plötzlich wieder ganz laut Ahhh! Zuerst hab ich gemeint, Ihr Hausfreund wär da, aber der Kurt hat garnicht da sein können, weil er nämlich an dem Abend Nachtschicht gehabt hat. Ich sprech mich mit dem Kurt immer ab, müssen Sie wissen, damit wir uns nicht in die Quere kommen. Wenn er bei meiner Frau ist, dann bin ich immer bei seiner. Aber das weiß der Depp nicht. Aber deswegen schreib ich Ihnen ja garnicht, sondern deswegen, weil ich dann draufgekommen bin, wieso meine Frau immer Ohhh und Ahhh geschrieen hat. Ich hab sie nämlich gefragt, warum sie immer Ohhh und Ahhh schreit. Da hat sie gesagt: ja schau doch, schau doch! Da am Himmel!

Und ich hab auch in den Himmel geschaut, und auch Ohhh und Ahhh geschrieen, obwohl ich zuerst garnichts gesehen hab. Aber ich wollt meine Frau nicht enttäuschen. Sie ist mit mir sowieso nicht mehr so zufrieden wie früher. Aber Ohhh und Ahhh schreien kann ich noch wie ein Junger.

Jedenfalls hab ichs dann gesehen. Eine Sternschnuppe ist da vorbeigedüst. Und wieder hab ich ganz laut Ohhh geschrieen. Diesmal ohne schlechtes Gewissen, weil jetzt hab ich ja gewußt, warum ich Ohhh schrei.

Da ist beim Nachbarn das Fenster aufgegangen. Und er hat auch geschrieen. Er hat geschrieen, daß wenn nachts um halb 2 die Schreierei nicht aufhören tät, dann würd er die Polizei anrufen. Ich hab mich deswegen bei ihm bedankt. Weil zu dem Zeitpunkt nämlich grad meine Uhr kaputt war. Und es ist dann schon praktisch, wenn einem der Nachbar die Zeit ansagt.

Leider muß ich hier noch eine Seite 2 schreiben, weil die erste nicht mehr ausgereicht hat.

Jedenfalls hat mir mein Nachbar gesagt, daß man bei Sternschnuppen nicht schreien braucht, sondern sich was wünschen soll. Ich bin daraufhin sofort ins Bett gegangen, weil ich wunschlos besoffen war. Aber meine Frau ist noch 2 Stunden draußen gesessen und hat mindestens noch 30 Sternschnuppen gesehen und sich laufend was dabei gewünscht. Wie ein Automat. Wie ich sie am anderen Morgen dann gefragt hab, was sie sich gewünscht hat, hat sie mich nur blöd angegrinst.

Jedenfalls hab ich in der letzten Woche gemerkt, daß meine Körperbehaarung stark zunimmt und ich eine arge Vorliebe für Bananen entwickelt hab. Auch hab ich letzte Woche eine Kokosnuß gegessen und das hab ich schon Jahre nicht mehr getan. Und ich kratz mich jetzt auch öfter öffentlich an Körperstellen, wo ich mich früher immer arg scheniert hätt dabei.

Jetzt hätt ich eine Frage an Sie. Wie hoch ist denn eigentlich die Wahrscheinlichkeit, daß diese Wünsche in Erfüllung gehen? Ich mein, die Wahrscheinlichkeit ist doch recht unwahrscheinlich, bloß wegen so ein paar Sternschnuppen! Kann denn das möglich sein, daß meine körperlichen Veränderungen mit den Wünschen von meiner Frau was zu tun haben? Und wenn ja, gibt es da die Möglichkeit eines Gegenwunsches? Ich hab das bisher immer als ein Märchen abgetan, als einen sogenannten Aberglauben.

Ich bitt Sie herzlich, wenn Sie mir helfen können, dann tun Sies bitte, weil der jetzige Zustand immer weiter fortschreitet. Erst gestern bin ich ganz automatisch auf einen Baum geklettert und hab dann nicht mehr gewußt, wie ich hinaufgekommen bin. Das ist auf die Dauer ja kein Zustand nicht.

Für Ihre Hilfe danke ich Ihnen im vornherein.

Hochachtungsvollst

Jürgen Sprenzinger

Nachtrag

Die Sternenkundigen konnten mir da scheinbar auch nicht helfen. Astronomie scheint ein ernstes Fach zu sein, dessen Experten diese Ernsthaftigkeit sicher übernommen haben. Zudem handelt es sich ja auch um eine alte Wissenschaft, der solch ein neuzeitliches Problem wie das meine wahrscheinlich einfach suspekt ist.

Jedenfalls – der Zustand ist schlimmer geworden. Meine Frau bezeichnet mich jetzt manchmal als »albernen Affen, der nie erwachsen wird«.

Das bringt mich immer auf die Palme …

Jürgen Sprenzinger
Friedenstraße 7a
86179 Augsburg

Neckermann Versand AG
Geschäftsleitung
Hanauer Landstraße 360

60386 Frankfurt

31. August 1997

Sehr geehrte Damen und Herren,

Seit fast 10 Jahren bin ich Hobbychemiker. Ich habe mich auf Nährlösungen spezialisiert. Zuletzt habe ich eine Nährlösung für Steckmücken entwickelt. Diese Nährlösung hat den Vorteil, daß sie so schmeckt wie Blut und für Mücken ähnlich nahrhaft ist. Durch einen hohen Honiganteil bevorzugen die Mücken tatsächlich die Nährlösung und ziehen sie dem menschlichen Blut vor. Diese Nährlösung, im Sommer in der Wohnung verteilt, schützt den Menschen nachhaltig vor Mückenstichen. Im Gegenteil: hat eine Mücke einmal von meiner Nährlösung gekostet, saugt sie nie mehr Menschenblut, sondern wendet sich angeekelt vom Menschen ab.

Neulich hab ich gelesen, daß Sie Tamagotchis verkaufen. Ich habe mich schon seit dem Erscheinen der Tamagotchis gefragt, mit was man Tamagotchis am besten füttert, so daß sie gesund bleiben, schnell wachsen und ein hohes Alter erreichen.

Ich habe seitdem an der Entwicklung einer nahrhaften Nährflüssigkeit für Tamagotchis gearbeitet. Seit ungefähr einem Monat kenne ich nun die otimale Zusammensetzung der Nährflüssigkeit, die unter anderem Lecitin und einen breitbandigen Vitaminkomplex beinhaltet.

Ich nehme an, daß Sie als Tamagotchi-Wiederverkäufer daran interessiert sind, nur einwandfrei gesunde Tamagotchis zu verkaufen. Alles andere wäre ja Betrug am Kunden. Deswegen biete ich Ihnen meine Nährlösung an, die, in kleine Mengen abgepackt, gleich mit dem Tamagotchi verkauft und ausgeliefert werden kann. Ich könnte Ihnen Flaschen zu 5 ml anbieten. Der Preis beträgt pro Fläschchen DM 136,95, was bei den heute aktuellen Lebensmittelpreisen fast geschenkt ist. Gehen Sie doch einmal am Wochenende in eine Supermarkt einkaufen: Sie sind sofort ein paar hundert Markt für Lebensmittel los. Dieses Fläschchen dagegen reicht für einen ganzen Monat.

2. Seite

Tamagotchis sind ja nicht immer reinlich. Deswegen habe ich zugleich auch ein Spezialbademittel für Tamagotchis entwickelt, das reichlich Schaum erzeugt und nicht in den Augen brennt. Gerade Tamagotchis haben ja sehr große Augen und die Gefahr einer Augenverletzung ist somit gebannt.

Dieses Spezialbademittel kann ich Ihnen in 1-Liter-Flaschen anbieten zu DM 12,80 incl. kleiner Kunststoffbadewanne. Es löst den Schmutz fast selbsttätig ab: Wanne mit Wasser füllen, eine Meßkappe Spezialbademittel dazugeben, Tamagotchi hineinlegen und ungefähr einen halben Tag liegen lassen. Heraus kommt ein absolut sauberes Tamagotchi. Man sollte nur während des Badevorgang darauf achten, daß das Tamagotchi nicht zu weit hinausschwimmt.

Sollten Sie diese einmalige Gelegenheit wahrnehmen wollen, würde ich mich freuen, von Ihen zu hören.

Mit freundlichen Grüßen

Jürgen Frenzinger

NECKERMANN

Neckermann Versand AG · Hanauer Landstraße 360 · 60386 Frankfurt/M.

Herrn
Jürgen Sprenzinger
Friedenstraße 7 a

86179 Augsburg

Ihre Nachricht vom	Ihre Zeichen	Unsere Zeichen	Unsere Abteilung/Telefon	Datum
				15. September 1997

Sehr geehrter Herr Sprenzinger,

wir bedanken uns für Ihr Schreiben vom 31.8.97.

Es ist gut für uns zu wissen, daß Forschergeist - durch nichts zu bremsen - auch vor den sogenannt "Kleinen Problemen der Menschheit" nicht haltmacht!
Mit Freude haben wir Ihrem Brief entnommen, daß Sie uns in unserem Bestreben nach **ATQS** (**A**ber-witzig **T**otaler **Q**ualitäts **S**icherheit) unterstützen können.

Mit der Entscheidung zum Angebot von "Tamagotchi" in unserem Hauptkatalog schlossen wir eine Reihe von Arbeitskreisen, Expertenrunden und Planungsgesprächen ab, die nur eine Zielsetzung hatten: bestmögliche Versorgung dieses "virtuellen Haustierchens" für die kurze Zeit des Verbleibs in unserem Hause, zu organisieren.

Entschieden haben wir uns letztlich für rein "präventive" Maßnahmen!
Mit dem Hersteller gemeinsam wurde beschlossen, daß die Neckermann Versand AG ausschließlich die, mit **ASR** (**A**nti **S**chlüpf **R**egulator) ausgestattete Eiform des "Tamagotchi"-Küken erhalten und auch ausliefern wird.

Um in der kurzen Zeit der Lagerung **GAUS** (**G**rößeres **A**llgemeines **U**nkontrolliertes **S**chlüpfen) zu vermeiden, werden die Eier im Verschlußlager mit Akkustik-Sensoren überwacht.
Ein Mitarbeiter der Eingreiftruppe von **ATQS** reagiert bei'm geringsten Pieps (Zeichen, daß ein Küken trotz der Sicherung geschlüpft ist) und nimmt das jetzt "geborene Tamagotchi" in Pflege bzw. gibt es zur Adoption durch Firmenangehörige frei.

An dieser Stelle würde nun die von Ihnen, Herr Sprenzinger, entwickelte Produktpalette " Spielraum" für eine Vertriebsvariante eröffnen!! Lebende, einwandfrei gesunde Küken mit Grunderziehung!
Sollte es uns gelingen, die vielfältigen Probleme eines "Lebend-Versandes" zu lösen und die Auflagen für "artgerechte Haltung" in einer Aufzuchtstation (wir denken auch als Großunternehmen nicht an Käfighaltung) zu erfüllen, werden wir uns umgehend mit Ihnen in Verbindung setzen.
Ihrer Forschung ist es schließlich zu verdanken, daß die "Kernprobleme" Ernährung und Pflege im Grundsatz gelöst sind.
Von einem Kopplungsangebot Ihrer Produkte in Verbindung mit dem "Tamagotchi" in Eiform wollen wir zunächst Abstand nehmen, da die medizinische Abteilung von **ATQS** vor einer unkontrollierten Nahrungsumstellung (im Ei ist ein Nahrungsspeicher vorhanden) dringend gewarnt hat. Auch das Pflegemittel sollte mit Zertifikaten für nicht allergene Wirkungen auf virtuelle Küken versehen sein!

Herr Sprenzinger, wir bedanken uns trotzdem für Ihre Bemühungen und verbleiben

mit freundlichem Gruß
NECKERMANN VERSAND AG
- Einkaufsleitung -

Gärtner   Szesny

Jürgen Sprenzinger
Friedenstraße 7a
86179 Augsburg

Markt & Technik
Buch- und Software-Verlag GmbH
Hans-Pinsel-Straße 9

85540 Haar

1. September 1997

Sehr geehrte Damen und Herren,

Ich schreib Ihnen, weil Sie ein Verlag sind. Und ich hätt da ein Buchmanuskript für Sie. Aber eigentlich bin ich kein Schriftsteller, sondern Biologe. Also ein schreibender Biologe oder ein biologischer Schreiber.

Jetzt hab ich mir gedacht, ich biete Ihnen mein Manuskript an. Ich hoff jetzt nur, daß Sie auch der richtige Verlag sind, weil ich da wenig Erfahrung hab damit.

Der Titel von meinem Manuskript heißt: »Das Liebesleben der Tamagotchi – vom ersten Flirt bis zum fertigen Ei«. Ich habe jetzt seit ungefähr 3 Monaten angestrengt geforscht und herausgekriegt, wie sich Tamagotchis vermehren. Die Fortpflanzung der Tamagotchi ist ja bis jetzt völlig in Dunklen gelegen. Aus verständlichen Gründen kann ich hier natürlich nichts näheres schreiben, weil das erstens vorerst noch ein Geheimnis bleiben soll, zweitens ein ganz komblizierter Vorgang ist und zudem überhaupts nicht jugendfrei. Jedenfalls hab ich festgestellt, daß Tamagotchis, sind sie erst mal geschlechtreif und man sorgt dann für die richtige Stimmulation, sich dann vermehren wie die Karnickel. Ich überlegt mir grad, ob ich Biologe bleiben soll oder zukünftig Tamagotchi-Züchter werd.

Ich hab auch schon Tamagotchis mit großem Erfolg geclont. Das geht nämlich auch. Und sogar gentechnologisch verändert. Erst letzte Woche hab ich ein Tamagotchi mit einer Seagate-Festplatte gekreuzt. Allerdings ist der Versuch etwas mißlungen. Heraus kam nämlich ein krankes Diskettenlaufwerk 360 KB, 5¼ Zoll, das sowieso ein alter Hut ist, penetrant pfeift und rattert, ständig mit Disketten gefüttert werden will, bockig wird, wenn man nicht mit ihm spielt und total unglücklich ist, wenn man den Computer ausschaltet. Aber ich arbeit noch daran.

Sie sehen also, ich hab mit Tamagotchis unwahrscheinlich viel Erfahrung und ich glaub, daß mein Manuskript eine echte geistige und praktische Bereicherung für Ihre geneigte Leserschaft wär. Wenn Sie es wollen, dann schick ichs Ihnen gegen Empfangsbestätigung.

Hochachtungsvoll

Jürgen Sprenzinger

Buch- und Software-Verlag GmbH
Hans-Pinsel-Straße 9b
D-85540 Haar bei München
Telefon (0 89) 4 60 03-0
Fax (0 89) 4 60 03-100

Markt&Technik Buch- und Software-Verlag GmbH
Hans-Pinsel-Straße 9b, 85540 Haar bei München

Herrn
Jürgen Sprenzinger
Friedenstraße 7 a

86179 Augsburg

Lektorat   Tel.:089/64003-332   Fax:089/46003-330   Haar, 01.10.1997

**Ihr Manuskriptangebot zu
„Das Liebesleben der Tamagotchi"**

Sehr geehrter Herr Sprenzinger,

vielen Dank für Ihr Angebot für Markt & Technik als Autor tätig zu werden.

Wir haben mit großem Erfolg unser Buch „Mein Liebling Tamagotchi" ausgeliefert, werden aber, nachdem die Konkurrenz jetzt auch auf dem Markt ist, keine weiteren Tamagotchi-Titel mehr planen.

Wir wünschen Ihnen bei der weiteren Vermarktung Ihrer guten Ideen viel Erfolg und danken Ihnen für das uns entgegengebrachte Vertrauen.

Anbei finden Sie zu Ihrer Information unseren derzeit aktuellen Katalog.

Mit freundlichen Grüßen

Markt & Technik
Buch- und Software-Verlag GmbH

i. A. Christa Bille
Assistentin Buch- und Software-Lektorat

A VIACOM COMPANY
Geschäftsführer: Günther Frank · Karl Schöpfel · Axel Nehen
Amtsgericht München HRB 106280
Hypobank AG München, Konto 172 0346 563 (BLZ 700 200 01)

Jürgen Sprenzinger
Friedenstraße 7a
86179 Augsburg

Firma
Trendmail AG
St. Dionysstraße 31

CH-8645 Jona
Schweiz

1. September 1997

Sehr geehrte Damen und Herren,

Ich bin Hersteller von Tamagotchi-Zubehör und vertreibe meine Artikel hier in Deutschland, in Japan, Frankreich und England. Folgende Artikel habe ich auf Lager:

Tamagotchi-Nahrung:

Tamagotchi-Futter im Kilopack	DM 9,35/kg	
Tamagotchi-Nährlösung für gesundes Wachstum	DM 136,95	(5ml-Flasche, reicht für einen Monat)
Tamagotchi-Aufbauvitamine	DM 24,95	(mit Lecitin)

Alles für die Gesundheit:

Einmal-Injektionsspritzen, steril verpackt, mit Kanülen 12 mm	DM 2,40/Stück	
Tamagotchi-Slipeinlagen, speziell für bereits geschlechtsreife Tamagotchis	DM 8,25	Inhalt: 50 Stück
Nothammer (sorgt bei schwerkranken Tamagotchis für einen schnellen, schmerzlosen Tod)	DM 9,95	(mit Holzstiel)
Nothammer Luxusausführung	DM 19,95	(Mit gepolstertem Ganzmetallstiel)

Alles für die Hygiene:

Tamagotchi-Kleinbadewanne	DM 25.--	(Kunststoffausführung)
mit integriertem Zaun	DM 25,--	(Kunststoffausführung, ein Herausfallen des Tamagotchi ist nicht mehr möglich!
Tamagotchi-Spezialschaumbad, display-neutral, nicht ätzend	DM 4,50	(Flasche zu 500 ml)

Tamagotchi-Massagecreme, zieht sofort
in das Tamagotchi ein, nicht fettend   DM 5,20   (50 gr.-Dose)

Für die Stunden zu zweit:

Tamagotchi-Streicheleinheiten, 3-er Pack   DM 32,40   (pro Pack 10 Einheiten)

Für das tägliche Spiel:

»Tamagotchi-Ärgere-mich-nicht«
Brettspiel komplett mit Würfel   DM 52.--

»Malefiz-Tamagotchi«
Brettspiel   DM 49.--

»Fang das Tamagotchi«
(ähnl. »Fang den Hut«)   DM 45,--

Tamagotchikopf
Kartenspiel   DM 9,95   (36 Blatt)

Schwarzer Tamagotchi
Kartenspiel für die Kleinen   DM 9,95   (36 Blatt)

Für das saubere Umfeld:

Tamagotchi-Putzset   DM 29,95   (enthält 3 Putzlappen, Reinigungs-
                                                            mittel, Schrupper und Putzkübel)

Tamagotchi-Deinfektionsspray   DM 12,90   (tötet Bakterien, Viren und Pilze)

Fürs böse Tamagotchi:

Tamagotchi-Patsche   DM 4,50   (Kunststoffausführung)
Tamagotchi-Streckbank   DM 180.--   (gut für nachhaltige Bestrafung,
                                                            zieht das Tamagotchi gleichzeitig
                                                            in die Länge)

Tamagotchi-Käfig   DM 110.--   (für gelegentlichen Arrest)

Bitte beachten Sie:
Ab einer Bestellung von DM 100.-- erhalten Sie kostenlos je nach Wahl entweder die Broschüre »Mein Tamagotchi, das unbekannte Wesen« von Dr. Hou A. Weng-Hi oder den spannenden Thriller »Das Ei und ich« von dem bekannten japanischen Tamagotchi-Experten Spren Zing.

Es würde mich freuen, in Kürze eine Bestellung Ihrerseits entgegennehmen zu dürfen.

Mit freundlichen Grüßen

Jürgen Prenzinger

Nachtrag

Es kam keine Bestellung. Leider. Deswegen habe ich mein Tamagotchi-Geschäft wieder aufgegeben und mich entschlossen, den »Lieben Meister Proper!« zu schreiben!

Jürgen Sprenzinger
Friedenstraße 7a
86179 Augsburg

An das
Jugendamt Augsburg
Ulrich-Schiegg-Straße 18

86159 Augsburg

1. September 1997

Sehr geehrte Damen und Herren,

hiermit wollt ich Ihnen mitteilen, daß ich ein Pechvogel bin. Ich habe immer Pech. Das erste ist mir verhungert, das zweite war krank und hat dann den Löffel aus der Hand gelegt und das dritte ist schwer erziehbar. Obwohl ich alles tu, was in meiner Macht steht.

Dreimal am Tag wird es gefüttert, mindestens viermal saubergemacht, wenn es sich beschmutzt hat, ich streichle es mindestens zehn Mal am Tag und ich spiele täglich eine Stunde mit ihm. Wenn es mal krank ist, was so hin und wieder vorkommt, geb ich ihm sofort eine Spritze. Und wenn es gar nicht anders geht, dann hau ich ihm halt ein paar an die Rübe. Aber das kennen Sie ja, manchmal betteln sie es einem ja direkt ab.

Und trotzdem ich das alles tu, ist es nie zufrieden. Es mäkelt immer herum und will nicht richtig wachsen. Meine Frau ist auch schon ganz verzweifelt. Wir nehmen es auch überall mit hin, damit wir es immer unter Kontrolle haben. Aber zwischenzeitlich sind wir so mit den Nerven herunter, daß wir es am liebsten an die Wand schmeißen täten. Aber wir lassens dann doch im letzten Moment wieder bleiben, weil wir wollen uns ja nicht zu Mördern machen. Und irgendwie hängen wir ja an ihm. Wir nehmen es auch überall mit hin, ich trags meistens in meiner Brusttasche oder meine Frau in der Handtasche mit.

Deswegen schreib ich an Sie. Weil Sie mir vielleicht einen Rat geben können. Was, macht man mit so einem Kind? Vom ersten Tag an, als es aus dem Ei geschlüpft ist, hatten wir nur Probleme. Meine Frau meint, wir sollten es einfach sterben lassen und ein neues Tamagotchi kaufen. Aber ich hab mir gedacht, ich schreib zuerst mal an Sie, und frag Sie, was Sie uns raten.

Wenn Sie mir helfen könnten, wär ich Ihnen sehr dankbar.

Mit freundlichen Grüßen

Jürgen Sprenzinger

Nachtrag

Das Jugendamt hat mein Problem nicht ernst genommen. Ehrlich gesagt: Das Kind ist unter den Hammer gekommen. Heraus kamen dabei ein paar Chips. Hoffentlich bekomme ich jetzt keine Anzeige wegen Chip-Mißhandlung!

DER BEWEIS

Wieder ein neues Millionen-Geschäft !

Wir vergeben jetzt Länderlizenzrechte vom neuen Geburtstags-Musiksack für nur 6900.-DM Bankkredite erhalten Sie von der Quelle-Bank, Postbank, NORIS. Lassen Sie jetzt andere für sich arbeiten ! Jeden Tag gibt es überall Geburtstage! Greifen Sie zu !

Jeder kann echt reich werden !

Ich bin jetzt 76 Jahre alt, vergebe Lizenzrechte für WELTNEUHEITEN, alle patentamtlich gesetzlich geschützt. Jeder kann mit meinen 60 neuen Erfindungen wirklich echt reich werden. Niemand braucht mehr arbeitslos zu sein !

Um das Ganze nochmals zu beweisen, bringe ich jetzt nach dem Welterfolg vom LACH-SACK, von dem über 120 Millionen Stück verkauft wurden, den

 GEBURTSTAGS-MUSIKSACK
Happy Birthday

auf den Markt und kann damit beweisen, wie leicht es ist, viel Geld voll oder nebenberuflich zu verdienen.

Ich verrate jetzt alle meine Geheimnisse und Tricks. Kommen Sie mich einfach besuchen nach Vereinbarung.(Nur wenn Sie eine Lizenz übernehmen!)

Mit freundlichen Grüssen
herzlichst Ihr ergebener

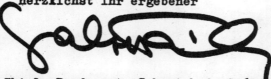

Walter Thiele-Produzent, Schwaighof, 83684 TEGERNSEE
TELEFON 08022-3116

HAPPY BIRTHDAY

Münchner Merkur — Münchner Zeitung für Politik, Wirtschaft Kultur und Sport

PRESSE

Warum ein Papagei der „Vater" des Lachsacks war

Tegernsee/Cannes

Lachen ist gesund. Eine Binsenweisheit. Daß man sich mit dem Lachen auch „gesundstoßen" kann, hat vor allem einer bewiesen: Walter Thiele oder Bodo Tassor, wie er sich selbst gern nennt. Oder Kapitän Bodo, wie er beim Jetset heißt. Oder wie wär's mit: der deutsche Daniel Düsentrieb? Auf seinen Briefen steht schlicht „Erfinder Präsident". Schillernd wie die Namen ist der Mann selbst, ist sein Leben. Und das Lachen spielt darin eine große Rolle — besser: der Lachsack, den Walter Thiele vor mehr als zwei Jahrzehnten erfunden hat und der in 98 Ländern über 120 Millionen Male verkauft wurde (und jeweils eine Mark floß in die Tasche des Tüftlers!).

Doch damit nicht genug. Genau 1648 Erfindungen gehen auf das Konto des Berliners, eine Roman-Triologie hat er geschrieben, seine „roten Gemälde" hängen in den Schlafzimmern etlicher Prominenter und brachten bis zu 40 000 Mark pro Bild. Er besaß im Laufe seines Lebens eine eigene Insel, ein Schloß, ein Flugzeug, einen Rolls Royce, die „schönste Motorjacht im Mittelmeer". Er war Fotograf von Brigitte Bardot („Damals war sie noch ein unbekanntes Sternchen"), er wohnte unter den Brücken von Paris und er wurde zigfacher Millionär.

Heute, mit 73 Jahren, sagt er: „Geld bedeutet mir nichts mehr. Ich hatte alles, eigentlich viele glückliche Leben. Aber mehr als satt werden kann man nicht." Resignation? Die Weisheit des Alters? Einiges von dem, was er spricht, klingt fast als „ordne er seine Sachen". Die drei Söhne (ein Computerspezialist, ein Versicherungsdirektor, ein Großhandelskaufmann) seien finanziell abgefunden, seine junge Frau Renate sei versorgt und ohnehin selbst als Erfinderin recht erfolgreich.

Walter Thiele: „Alles, was ich jetzt noch verdiene, gibt sofort für wohltätige Zwecke weg." Mehrere Rettungshubschrauber hat er finanziert, Notrufsäulen. Vor allem aber gibt es in Manila und Togo zwei Kinderdörfer, die der Deutsche dort aufgebaut hat. „147 Kinder hab ich da, denen gebe ich eine Lebenschance." Denen bringt er Weihnachten auch Geschenke: Fahrräder, Teddybären, Spielzeug. „Das ist für mich das Schönste am ganzen Fest." Er selbst habe gar keinen Wunsch. Höchstens: „Ich wünsche mir, gemütlich zu sterben, am liebsten im Schlaf. Angst? Warum, ich habe doch ein tolles Leben gehabt."

Zweifellos. Toll, abwechslungsreich, im Überfluß. Er war der lebenslustige Kerl irgendwo zwischen Genie und Spinner. Sicher auch jederzeit ein genialer Geschäftsmann. „Ideen hatte ich schon immer, aber Erfindungen habe ich nur gemacht, wenn ich pleite war. Das war mein Motor. Zumindest am Anfang." Man stelle sich vor: Ein junger Mann an der Côte d'Azur, tolle Mädchen, Partys, Schickeria. Alles floß reichlich, besonders das Geld. Bis es alle war. „Da habe ich die Arztplakette fürs Auto erfunden und vermarktet. Sieben Pfennige kostete die Herstellung, für 4,50 Mark wurde sie verkauft." Davon kann man leben, zumal diese Plakette rund um den Globus zigtausendfach Abnehmer fand. Eines Tages klopfte Walter Thiele beim Wienerwald-König an — und machte ihm einen sprechenden, krächzenden, lachenden Papagei schmackhaft, der über jedem Tisch hängen sollte. Dafür entwickelte der Tüftler ein Mini-Tonbandgerät, „Idiotensicher" in jedem Vogel arbeiten konnte — oder in jedem Sack. Denn: „Der Papagei war ein Flop, ein Reinfall. Also nahm ich die Socke, ließ einen Beamten aus Nürnberg seine herzhaft-ulkige Lache auf das winzige Tonband bannen — und verkaufte das ganze als Lachsack. Ein Riesen-Renner!"

Jetzt war Walter Thiele nicht mehr zu bremsen. Er hatte erkannt: „Was man nicht unbedingt braucht, ist notwendig" — und Marktlücken entdeckte er genug. Heute gibt es wohl kaum einen Haushalt, in dem nicht wenigstens eine Thiele-Erfindung vorhanden ist. Nur eine kleine Auswahl: die Kikeriki-Weckeruhr, die sprechende Armbanduhr, der hustende Aschenbecher, Berliner Luft in Dosen, sprechende, singende Puppen, Lachspray, die Zwiebelbrille, Hundegebell-Alarmgerät, Badewasser-Alarmgerät, Hopsbälle, das Sprechlerngerät für Wellensittiche, das Babyflaschen-Thermometer (ausgezeichnet mit einem Goldpokal), die Wunschkind-Uhr (vier Goldmedaillen), die feuerfeste Dokumententasche, die Astronauten auf den Mond mitnahmen und von der NASA prämiert wurde, das erste drahtlose Telefon, das erste Lawinensuchgerät ...

Lustiges, Skurriles, aber durchaus auch Hilfreiches. „Jeder kennt den Lachsack, den Jodlersack, den bayerischen Schimpfsack (der jetzt übrigens vom Chiemgau aus seinen Siegeszug antritt) — aber ich habe auch ein fliegendes Motorrad entwickelt, das bereits 40mal verkauft wurde — und wirklich fliegt." Stolz klingt es.

Ein buntes Lebenswerk, ein buntes Leben, das 1921 in Berlin begann. Der Architektensohn sollte wohl Offizier werden, doch von der strengen Kadettenanstalt trieb's den jungen Mann bald zum Journalismus. Fotoreporter, Nachwuchsentdecker bei der Bavaria-Film in München, Filmemacher, Weltreisender, Filmfotograf in Cannes (mit BB), Taucher- und Karateschule, Kunstmaler als Bodo Tassor („Diesen Namen liebe ich, da steckt das Ass drin und or = Gold"), Schriftsteller und König der Erfinder. Wer bietet mehr?

Heute lebt Walter Thiele-Tassor an den schönsten Fleckchen Bayerns, so auch am Chiemsee, und in Cannes — und er hat noch immer einen Zwölf-Stunden-Tag (auch als Präsident des Europäischen Erfinderverbands). „Diese vielen Ideen und Geistesblitze sind berauschend und belastend zugleich. Ich suche das Ende der Arbeit, aber es gibt kein Ende. Überall sehe ich Dinge, die es nicht gibt."

Gabriele Schmidt-Zesewitz

Walter Thiele
Tel. 08022 - 3116

Jürgen Sprenzinger
Friedenstraße 7a
86179 Augsburg

An den
Erfinderkönig
Walter Thiele
Schwaighoferstraße 15B

83684 Tegernsee-Süd

1. September 1997

Sehr geehrter Herr Erfinderkönig!

Heute habe ich wieder Post von Euch bekommen. Ihr bietet mir da gar wohlfeile Erfindungen an, die Ihr Euch mit Eurem genialen Hirn ausgedacht habt. Das empfinde ich als einen sehr schönen Zug Eurerseits, mich reich machen zu wollen, indem ich Euere Erfindungen vermarkten soll. Aber ich darf Euerer Gnaden untertänigst mitteilen, daß ich auch ein Erfinder bin und selber ein Hirn habe, um Diverses zu erfinden. Und Reichtum allein bedeutet mir nichts, sondern ich erfinde Dinge, um die Herzen der Menschen zu erfreuen. Denn das wahre Gold, oh geneigter Erfinderkönig, trägt der Mensch in seinem Herzen.

Ich gebe zu, Euere Erfindung des Lachsackes war ein gar genialer Streich – jedoch, so frage ich Euch, zu was braucht der Mensch zum Lachen einen Sack? Alle Menschen, die ich im Laufe meines Lebens kennengelernt habe, haben nie zum Lachen einen Sack gebraucht. Sie haben alle ohne Sack gelacht. Daraus ziehe ich den gewagten Schluß – und verzeiht mir meine Dreistigkeit, ehrenwerte Majestät, – daß die meisten Menschen ohne irgendwelche mechanischen Hilfsmittel in der Lage sind, zu lachen. Sicherlich mag es Menschen geben, die zum Lachen ein mechanisches Hilfsmittel benötigen – dieses spiegelt jedoch nur die seelische und geistige Armut unserer Zeit wider.

Ich wage es, Euch einen gar trefflichen Vorschlag zu machen: Wie wäre es, wenn Ihr einmal meine Erfindungen vermarkten tätet? Ich habe einige gar praktische und brauchbare Erfindungen gemacht. Da wäre zum Beispiel mein genialer Kanaldeckelöffner für den Straßenbau. Ich erkläre Euch jetzt gar kurzweilig, wie selbiger funktioniert: Ihr kennt bestimmt einen gewöhnlichen Dosenöffner. Mit einem ähnlichen Prinzip funktioniert auch mein Kanaldeckelöffner. Das Gerät ist leicht von zwei Mann zu bedienen: Einer hält den Kanaldeckel fest, der andere schneidet ihn auf. Genial und einfach. Der aufgeschnitte Kanaldeckel kommt ins Recycling in die gelbe Tonne. Schließlich werden alle gelben Tonnen mit den aufgeschnittenen Kanaldeckeln geleert, die aufgeschnittenen Kanaldeckel werden mit anderen aufgeschnittenen Kanaldeckeln eingeschmolzen, daraus werden wieder neue Kanaldeckel gemacht und dem natürlichen Kanaldeckelkreislauf zurückgeführt. Eine wahrlich umweltschonende Erfindung.

Eine andere Erfindung ist mein Insektenvernichtungsgerät. Hierbei handelt es sich um ein einmachgummiförmiges Gerät, das oben NATO-oliv und auf der Unterseite himmelblau lackiert ist, damit das Insekt das anfliegende Gerät nicht so schnell erkennen und vorher die Flucht ergreifen kann. Es wird lediglich über den Daumen gespannt, das Insekt wird angepeilt und peng – ist es im Insektenhimmel – oder in der Insektenhölle, je nachdem, ob es eine böse Stechmücke, eine hinterhältige Wespe oder ein lieber guter Schmetterling war. Dieses Insektenmittel ließe sich meiner Meinung nach sehr gut vermarkten, da man es zur Tarnung auch in einer gewöhnlichen Spraydose unterbringen könnte.

Zum Beweis, daß Ihr keinem Scharlatan und Lugensack, ich meine Lügenbeutel, aufgesessen seid, übersende ich Euch mit gleicher Post die Beschreibung dieser Erfindung und die Urkunde des königlich-bayerischen Patentamtes in München.

Ich verneige mich untertänigst und wünsche Euch allzeit Gesundheit und ein langes Leben!

Euer untertänigster Untertan

Jürgen Sprenzinger

Der Gebrauchsmusterschutz dauert drei Jahre, die mit dem Tag beginnen, der auf die Anmeldung folgt. Die Schutzdauer kann um drei Jahre verlängert werden.

Bei Schutzrechten mit einem Anmeldetag ab dem 01.01.1987, ist eine weitere Verlängerung um zwei Jahre möglich; bei Schutzrechten mit einem Eingangstag ab dem 01.07.1990 dann nochmals eine solche um zwei Jahre. Insgesamt kann bei Gebrauchsmustern mit Eingangstag ab dem 01.07.1990 somit eine Schutzdauer von zehn Jahren erreicht werden.

Die Höhe der jeweils zu zahlenden Verlängerungsgebühr ist dem Kostenmerkblatt des Deutschen Patentamts zu entnehmen.

Das Gebrauchsmuster ist mit folgenden Angaben in die Gebrauchsmusterrolle eingetragen worden:

Rollennummer   296 08 733.5
Hauptklasse   A01M 3/02
Anmeldetag   14.05.96
Eintragungstag 07.11.96
Bekanntmachung
im Patentblatt 19.12.96

Bezeichnung des Gegenstandes
           Insektenvernichtungsgerät
Name und Wohnsitz des Inhabers
           Sprenzinger, Jürgen, 86179 Augsburg, DE

Nachtrag

Eigentlich hätte ich noch einen Brief schreiben wollen, habe es aber wieder vergessen. Hier der Brief, der nie geschrieben wurde:

Hochwohlgeborene Majestät, Erfinderkönig von Gottes Gnaden,

ich untertänigster aller Untertanen danke Euch herzlich für Euren Wunsch. Leider habe ich es versäumt, Euch meine anderen Erfindungen anzupreisen, als da sind:

Den elektrischen Glühapfel, die Neonabflußröhre, das Oberleitungsstromabzapfungsgerät, meinen vollautomatischen Sternschnuppenfänger, meinen CD-Verbrenner mit integriertem Datenabsorber, meinen elektrischen Zahnreißwolf für Zahnärzte, den Brusttaschenantimateriebehälter für gefahrlosen Transport von Antimaterie in der Öffentlichkeit und die Druckmaschine für Tausend-DM-Scheine. Sie kostet 1.000 DM und ist in der Lage, einen Tausend-Mark-Schein zu drucken. Danach muß man eine neue Maschine kaufen.

Zugleich habe ich ein neues Fertigungsverfahren für die Trompetenherstellung entwickelt. Die Herstellung einer Trompete ist ja eigentlich ganz einfach: Man nimmt ein Loch und wickelt ein Blech drum herum. Dabei tritt häufig das Problem auf: Wo bekommt man soviel Löcher für all die Trompeten her? Hier bietet sich folgende Lösung an: Man nimmt ein Ofenrohr und wickelt das Blech ab. Das verbleibende Loch kann man dann leicht zur Trompetenherstellung benutzen. Man muß das Loch nur auf den passenden Durchmesser zuschneiden. Trompetenlöcher sind normalerweise viel kleiner als Ofenrohrlöcher. Dazu habe ich die passende Lochzuschneidemaschine erfunden, die jedes Loch auf den richtigen Durchmesser zuschneidet. Die abgeschnittenen Lochränder werden auf große Spulen aufgewickelt. Daraus macht man wiederum Einfassungen für die bekannten Luftlöcher. Damit werden diese Luftlöcher wesentlich berechenbarer für den Flugverkehr, da man somit in der Lage ist, den Umfang derselbigen zu begrenzen.

Wie Ihr also seht, König der Erfinder, säge ich bereits an Eurem Thron, denn meine erfinderische Kreativität ist bodenlos. Solltet Ihr Interesse haben, eine meiner zahlreichen Erfindungen zu kaufen, dann meldet Euch. Es ist mir immer eine große Ehre!

Mit verneigtem Haupte

Euer

Jürgen Frenzinger

Jürgen Sprenzinger
Friedenstraße 7a
86179 Augsburg

An die
Landeszentralbank München
Ludwigstraße 13

80539 München

2. September 1997

Sehr geehrte Damen und Herren Zentralbankbeamte!

Ich hab wirklich eine alte Bude. Und meine Frau hat gesagt, ich soll jetzt endlich mal wieder tapezieren. Aber sie will keine normale Tapete, sondern etwas besonderes. Aber sie weiß nicht genau, was. Und da bin ich auf eine Idee gekommen. Weil ich nämlich keine normalen Tapeten haben will wie sie jeder hat, sondern ich hab mir überlegt, daß ich dieses Mal was ganz besonderes mach.

Ich hab von meiner Bank gehört, daß alle alten Geldscheine an Sie geschickt werden, zwecks Vernichtung. Und da wollt ich fragen, ob Sie nicht ein paar für mich übrig hätten. Ich könnte mir so nämlich die Tapeten sparen. Ich muß die ganze Wohnung tapezieren.

Ich möchte natürlich jeden Raum einheitlich machen. Das Wohnzimmer wollt ich mit Tausender tapezieren. Jetzt hab ich angefangen zu rechnen. Ein Tausendmarkschein ist 17,8 cm lang und 8,3 cm breit. Das macht eine Fläche von rund 0,015 Quadratmeter. Bei meinem Wohnzimmer sind die Wände bis and die Decke 2 Meter 42. Zwei Wände sind genau 5 Meter lang und die anderen zwei 4,50. Das gibt eine Fläche von insgesamt 45,98 Quadratmeter. Ich tät also 3065 Tausendmark-Scheine brauchen. Ein bisserl Verschnitt werd ich natürlich auch haben, also brauch ich vielleicht 500 Stück noch dazu.

Ich hab jetzt jeden Raum ausgemessen, und gebe Ihnen die Maße und die Anzahl der Geldscheine, die ich da bräuchen tät:

Schlafzimmer mit 500-Markscheinen
Zu tapezierende Fläche: 42,60 Quadratmter. Das wären bei einer Geldscheinfläche von 0,0136 Quadratmeter genau 3132 Stück.

Esszimmer mit 100-Markscheinen
Zu tapezierende Fläche 36,80 Quadratmeter. Bei einer Geldscheinfläche von 0,0114 Quadratmeter wären das 3228 Stück.

Küche mit 50-Markscheinen

Meine Küche ist nur ein Schlauch. Sie ist 3 Meter 80 lang und 2 Meter 80 breit. Die Wände sind aber auch 2 Meter 42. Das gibt bloß eine kleine Fläche von 31,94 Quadratmeter. Ein Fuchziger ist 14,5 cm lang und 6,1 cm breit. Ich schreib Ihnen das deswegen so genau, damit Sie merken, daß ich Sie nicht bescheiß und ganz genau rechne. Das macht dann eine Fläche von nach Adam Riese 0,008845 Quadratmeter. Aufgerundet sind das dann 0.0089 Quadratmeter. Also bräucht ich gute 3589 Stück von die Fuchzig-Markscheine.

Bad mit 20-Markscheinen

Mein Bad ist auch nicht groß. Es ist genau quadratisch. Und zwar genau 3 Meter pro Wand x 2 Meter 42 hoch macht 7,26 Quadratmeter und das x 4 ergibt, moment, ich habs gleich – 29,04 Quadratmeter. Die Fläche von so einem 20-Markschein wär bei einer Abmessung von genau 13,9 Zentimeter Länge und 6,8 cm Breite genau 0,009452 Quadratmeter. 29,04 Quadratmeter geteilt durch 0,009452 macht genau 3072,37 Stück und wenn wir dann aufrunden, dann sind es 3073 Stück.

Klo mit 10-Markscheinen

Mein Klo ist auch recht klein. Und auch quadratisch. Eine Wand ist 1,6 Meter lang und auch 2 Meter 42 hoch. Warum das alles 2 Meter 42 ist, weiß ich auch nicht. Vielleicht ist das die deutsche Einheitshöhe. Jedenfalls gibt das eine Fläche von 3,872 Quadratmeter. Und das x 4 macht nach Adam Riese und Eva Zwerg genau 15,448 Quadratmeter insgesamt. Die Fläche von so einem 10-Markschein ist bei der Abmessung von einer Länge von 13,1 Zentimeter und einer Breite von 6,5 Zentimeter haargenau 0,008515 Quadratmeter. 15,448 geteilt durch 0,008515 ist 1814, 21, also aufgerundet 1815 Stück von die 10-Markscheine.

Wenn Sie so nett wären und mir mitteilen könnten, was das kosten␣tät, wär ich Ihnen sehr dankbar. Ich kann mir aber vorstellen, daß das ja ein Altpapier ist und somit nicht so teuer sein kann. Abholen tät ich das selber, und somit hätten Sie überhaupt gar keine Unkosten nicht. Wenn die Geldscheine dreckig oder vermuckelt sind, dann macht das garnichts, weil meine Frau würd sie waschen und bügeln.

Und hiermit bestätige ich Ihnen auch, daß ich daß alte Papiergeld nur zum Tapezieren brauch, und niemals in den Umlauf bringen tät, weil ich mich ja nicht strafbar machen will. Sie können das jederzeit kontrollieren, ich lad Sie dann auf einen Kaffee zu mir ein, sobald ich fertig bin.

Vielen Dank im vorhinein.

Mit einem freundlichen Gruß

Jürgen Sprenzinger

Nachtrag

Es ist verwunderlich, daß die LZB nicht geantwortet und diese einmalige Gelegenheit zur Altpapierentsorgung ergriffen hat. Die Lösung: Mit einem Farbkopierer habe ich mir die Geldscheine kopiert, meine Frau hat dann anschließend überall Silberfäden eingezogen, danach haben wir tapeziert. Eine Sauarbeit, das kann ich Ihnen sagen! Aber ehrlich: Sieht toll aus – wie echt!

Jürgen Sprenzinger
Friedenstraße 7a
86179 Augsburg

An den Deutschen Bundestag
zu den Händen von Frau Kerstin Sieverdingbeck (abgesandt am 4. September 1997 per E-Mail)

Sehr geehrte Frau Sieverdingbeck,

In der Zeitung hab ich gelesen, daß Sie jeden Brief beantworten. Deshalb habe ich eine Frage an Sie. Ich möcht nämlich Bundeskanzler werden.

Ich bin von Beruf gelernter Esoteriker, üb meinen Beruf schon lang aus und bin deswegen durch mein geschultes Unterbewußtsein mit dem gesamten kollektiven Bewußtsein und mit dem ganzen Universum verbunden. Natürlich auch mit dem Nebelhaufen M3, dem Andromedanebel und der gesamten Milchstraße. Ein bevorzugter geistiger Aufenthaltsort von mir ist der Planet Arcturus im Sternbild Bootes.

Durch meine gedanklichen Schwingungen bin ich aber auch mit dem gesamten deutschen Volk verbunden. Ich bin sozusagen die Stimme des Volkes. Deswegen weiß ich genau, was das Volk will und braucht und wär deshalb der beste Bundeskanzler, den man sich überhaupts vorstellen kann.

Ich weiß, wie gesagt, was das deutsche Volk will und braucht. Es braucht Brot und Spiele. Das deutsche Volk braucht Schwarzbrot, Weißbrot, Holzofenbrot, Leinsamenbrot, Sonnenblumenkernebrot, Knäckebrot, Vollkornbrot und Kartoffelbrot und das alles natürlich frisch. Ab und zu auch Toastbrot. In Bayern auch mal eine Brezel zwischendrin.

Und an Spielen will das Volk mehr Fußballspiele, Tennisspiele, Olymische Spiele, Eishockyspiele, Mensch-ärgere-dich-nicht-Spiele, aber auch Kartenspiele wie Skat und Schafkopf.

Dieses alles ist am Deutschen Bundestag und an den Politikern bisher spurlos und vollkommen unbeachtet vorübergegangen. Keiner der Politiker hat dafür jemals einen Finger gerührt für solche grundlegenden Bedürfnisse des Volkes. Das ist auch der Grund, warum die Kriminalität so gewaltig zugenommen hat. Das Volk ist unzufrieden, fühlt sich vernachlässigt und ist total fruschtriert.

Da werden Subfentionen genehmigt, Brücken und Straßen gebaut, für Rüstung wird ein Haufen Geld ausgegeben, aber noch nie ist ein Politiker auf den Gedanken gekommen, mal einem Bürger eine Brezel oder eine Scheibe Toastbrot zu schenken. Ein schwaches

Bild und ein totaler Mangel an Menschlichkeit ist das. Da wird geredet über Steuerreform und ob der Euro kommt oder nicht. Derweil interessiert das doch gar niemand. Viel wichtiger wär, der Herr Blüm oder der Herr Kohl würden mal ab und zu mit unseren Kindern, die ja die Zukunft Deutschlands sind, eine Runde Mensch-ärgere-Dich-nicht spielen oder ein Haus aus Lego-Bausteinen bauen. Gerade unsere ganz Kleinen brauchen keine ultra-dichten Pampers, sondern Zuwendung. Und insbesondere die Zuwendung einflußreicher Persönlichkeiten wie Politiker!

Ein weiterer Mangel ist der Mangel an Fröhlichkeit und Spaß. Das Volk will einen Spaß und eine Gaudi haben. Warum glauben Sie, ist das Oktoberfest in München so gut besucht? Ganz einfach: weil da alles da ist, was der Mensch braucht. Da gibt es Brezeln, Brot und Spiele und eine Gaudi. Der Bundestag ist da lang nicht so gut besucht. Weil es da nur ein Trauerspiel gibt, die Politiker sind viel zu ernst und selten macht einer einen Witz. Und wenn doch, dann kennen wir den schon lang.

Um diese ganze Misere zu beenden, hab ich deswegen beschlossen, als Bundeskanzler zu kantitieren und den Bundestag aufzupeppen. Das würd ich als meine erste Aufgabe sehen.

Wenn Sie mir freundlichst mitteilen täten, wie man möglichst schnell Bundeskanzler wird, wär ich Ihnen sehr dankbar. Und das deutsche Volk auch natürlich.

Mit freundlichem Gruße

Jürgen Sprenzinger

```
Message
Von:              bt.sieverdingbeck@t-online.de
                  (Kerstin Sieverdingbeck)
Betreff:          Ihre Mail vom 3. September 1997
Gesendet am:      8. .ep .7 10:51 +0100
Abgeholt am:      08.09.97 21:14
```

Sehr geehrter Herr Sprenzinger,

da ich tatsaechlich alle Haende voll zu tun habe, um die E-Mails, die den Deutschen Bundestag erreichen, zu beantworten, hoffe ich auf Ihr Verstaendnis, dass ich ueber Ihre Mail zwar geschmunzelt habe, aber davon absehe, Ihnen Wege aufzuzeichnen, wie Sie »kantieren« koennen. So bleibt mir mehr Zeit fuer diejenigen, die sich mit ernsteren Problemen und Fragen an den Deutschen Bundestag wenden.

Mit freundlichen Gruessen
Im Auftrag

Kerstin Sieverdingbeck
Ref. Oeffentlichkeitsarbeit
Internet-Redaktion
des Deutschen Bundestages

Nachtrag

Was, liebe Leser, darf man nun unter einer »ernsten« Frage bzw. einem »ernsten« Problem verstehen? Welche Körpergröße hat Helmut Kohl? Oder welche Farbe haben die Stühle im Bundestag? Und wer hat die hergestellt bzw. geliefert? Hält das Bundestagsgebäude einen Atomangriff aus? Das sind die »ernsten« Fragen, die man stellen muß. Und die werden auch noch tatsächlich beantwortet! Nur fragen Sie eines nicht: »Wie werde ich Bundeskanzler oder wie kandidiere ich?« (Ich kann kandidieren doch tatsächlich richtig schreiben – hätte ich nie gedacht! – das allein läßt schon meine Eignung zum Politiker erkennen).

Nun, ich vermute, die zuständige Dame weiß es auch nicht, wie man Bundeskanzler wird. Ich nehme an, die wichtigste Voraussetzung ist: Man muß eine gewisse Körpergröße haben und sollte mehr als 70 Kilo wiegen …

Jürgen Sprenzinger
Friedenstraße 7a
86179 Augsburg

An den
TÜV
Abteilung für Schleudersitze
Oskar-von-Miller-Straße Nummer 17

86199 Augsburg

9. September 1997

Sehr geehrte Damen und Herren,

ich möcht mir ein Cabrio von Mazda kaufen. So ein M3. Das hat zwar Airbecks auf der Fahrerseite und sogar auf der Beifahrerseite, aber ehrlich gesagt, dem Glump trau ich nicht so richtig, weil ich nicht weiß, ob das im Ernstfall, wenn man irgendwo hinrumpelt, tatsächlich funktioniert. Außerdem möcht ich nicht im Falle eines Aufprallvorganges einen Luftballon im Gesicht, der dann vor meinen Augen platzt. Ich mag das nicht, wenn etwas vor meinem Gesicht platzt. Ich kauf mir nicht mal auf dem Augsburger Plärrer oder auf sonst irgendeinem Volksfest einen Luftballon. Weil ich Angst hab, daß er mir vor dem Gesicht platzt. Als Kind, da war ich so ungefähr 4 bis 5 Jahre alt, ist mir mal ein Luftballon vor meinem Gesicht geplatzt. Seitdem hab ich eine wahnsinnige Platzangst. Ich fürcht mich außerdem seit diesem Vorfall vor Luftballons. Jedesmal, wenn irgendwo in meiner Anwesenheit ein Luftballon aufgeblasen wird, muß ich sofort den Ort, an welchem der Luftballon aufgeblasen wird, verlassen. Deswegen hab ich auch noch nie ein Kondom benutzt. Weil ein Kondom fürchterlich luftballonähnlich ist. Außerdem bin ich ein Brillenträger. Ich trag also eine Brille. Meistens im Gesicht. Allerdings nur am Tag. Nachts tu ich sie herunter, weil es mir beim Schlafen sonst das Gestell verbiegen tät. Nicht das körperliche Gestell, sondern das Brillengestell mein ich. Da trag ich die Brille im Etui. Das heißt, ich trag sie eigentlich nicht, sondern das Etui trägt sie. Obwohl dieses Etui wahrscheinlich nicht so kurzsichtig ist wie ich. Ich weiß natürlich nicht, ob so ein Etui überhaupts eine Brille braucht. Ich kann das nicht sagen, weil ich ja noch nie ein Etui war.

Jedenfalls haut mir so ein Airbeck bestimmt die Brille herunter, wenn er platzt und dann seh ich überhaupts gar nichts mehr. Ich bin dann blind wie eine alte Henne und wenn man schon aufprallt, dann möcht man auch sehen, wo.

Jetzt hab ich mir gedacht, ich bau mir da ein paar Schleudersitze rein. Das wär nämlich viel besser als so Airbecks. Weil es mich dann aus dem Auto schleudert und wo das Auto dann aufprallt, kann mir dann vollkommen wurscht sein, weil ich bin ja zu diesem Zeit-

Fortsetzung von Seite 1

punkt gar nicht mehr drin, sondern ich schweb weit weg über dem Ort des Aufpralles sanft an einem Fallschirm herunter und betracht mir den Aufprallvorgang von der Höhe aus. Ich könnt dann teoretisch sogar gleich eine Luftaufnahme von dem Aufprallvorgang machen.

Ich hab deswegen an das Amt für Wehrtechnik und Beschaffung geschrieben, weil ich nämlich von denen ein paar gebrauchte Schleudersitze haben wollt. Da haben mir die geschrieben, daß die gar keine Schleudersitze nicht haben, aber daß es da eine Firma gibt, die Schleudersitze verkauft. Aber ich soll zuerst beim TÜV nachfragen, ob das OK geht. Und jetzt frag ich Sie also: geht das OK, wenn ich mir zwei Schleudersitze in mein Cabrio einbaue? Ich mein, daß das viel sicherer ist, als ein normaler Gurt und ein Airbeck. Schließlich hab ich gehört, daß das Beste, was einem bei einem Unfall passieren könnt, die körperliche Abwesenheit ist. Mit einem Schleudersitz wär ich ganz schnell körperlich abwesend, weil es mich da im Ernstfall sofort aus dem Auto katapultiren täte.

Wenn ich binnen 1er oder sagen wir mal 1einhalb bis ungefähr 2 Wochen nichts von Ihnen hören sollt, dann vermut ich, daß Sie einverstanden sind und bestell für mich und meine Frau zwei Schleudersitze zwecks Einbaues in mein neues Cabrio, weil ich annehm, sie erlauben es.

Hochachtungsvoll

Jürgen Prenzinger

TÜV Verkehr und Fahrzeug GmbH · Postfach 10 25 27 · D-86015 Augsburg
Unternehmensgruppe TÜV Süddeutschland

Herrn
Jürgen Sprenzinger
Friedenstraße 7A

86179 Augsburg

Niederlassung Augsburg

Oskar-von-Miller-Straße 17
86199 Augsburg

Telefon (08 21) 59 04-0
Telefax (08 21) 59 04-146

Ihre Zeichen/Nachricht vom	Unsere Zeichen	Tel.-Durchwahl	Fax-Durchwahl	Datum
	WE4-AUG/da-as	(08 21) 59 04 - 2 68	(08 21) 59 04 - 1 46	1997-09-18

Sehr geehrter Herr Sprenzinger,

herzlichen Dank für Ihre originelle Anfrage. Sie war Anlaß für sehr angeregte Diskussionen.

Unsere „Schleudersitzabteilung" tagt normalerweise nur einmal jährlich, immer am 1. April. Der Dringlichkeit Ihrer Anfrage wegen wurde jedoch eine außerordentliche Expertenbefragung durchgeführt. Hier die wesentlichen Ergebnisse:

Grundsätzlich muß festgestellt werden, daß es sich bei einem Schleudersitz um „luftfahrteigentümliches Gerät" handelt. Daraus ergeben sich weitreichende Konsequenzen. Für die Bedienung und vor allem für die nach der Betätigung folgende Flugphase wird wohl ein Pilotenschein erforderlich sein. Da Sie außerdem am Fallschirm landen wollen, sollten Sie eine Fallschirmspringerausbildung absolvieren.

Ihre Überlegungen zielen auf einen Zugewinn an Sicherheit. Dem stehen aber neue Gefahren durch die Benutzung eines Schleudersitzes entgegen. Bitte bedenken Sie nur die fatalen Folgen einer Schleudersitzauslösung in einem der zahlreichen Tunnels in Augsburg oder in der Nähe von Oberleitungen der Bundesbahn oder der Augsburger Straßenbahn.

Wegen der problematischen Rechtslage und auch wegen des beträchtlichen zusätzlichen Gefahrenpotentials raten wir Ihnen dringend von der Beschaffung von Schleudersitzen ab.

Wir bedauern, Ihnen im Bezug auf Ihre „Luftballon-Phobie" keine Lösung anbieten zu können. Was die Sicherheit Ihres Fahrzeuges anbelangt, bieten wir Ihnen jedoch einen „Check auf Herz und Nieren" an. Bitte setzen Sie sich zur Terminabsprache telefonisch mit mir in Verbindung.

Mit freundlichen Grüßen

W. Dasch
Niederlassungsleiter Augsburg

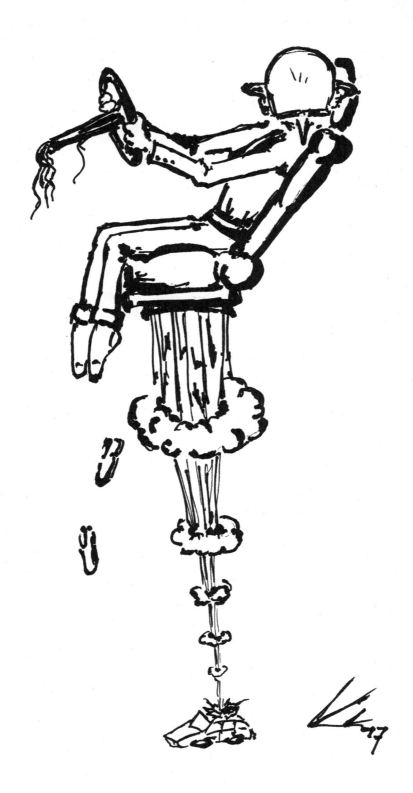

Jürgen Sprenzinger
Friedenstraße 7a
86179 Augsburg

Firma
Boeder Deutschland
Mauspadentwicklungsabteilung
Wickererstraße 50

65439 Flörsheim

14. September 1997

Sehr geehrte Damen und Herren,

ich habe einen Computer. Und zu diesem Computer hab ich auch eine Maus. Mit dieser Maus fahr ich immer auf meinem Mauspad herum. Ich fahr da Kurven, aber manchmal auch oft gerade aus oder sogar rückwärts. Und das alles blind, weil ich ja eigentlich auf den Bildschirm schau dabei und den Mauszeiger beobachte.

Jedenfalls hab ich jetzt bereits das dritte Mauspad von Ihnen und es ist immer nach kurzer Zeit kaputt. Ich meine, es kriegt nach kurzer Zeit bereits immer richtig tiefe Fahrrinnen. Das versteh ich überhaupt nicht. Ich hab eine ganz normale Maus und fahre auch relativ vorsichtig. Ich hab mit meiner Maus noch nie einen Kavaliersstart gemacht. Gut, ich geb zu, ich bin schon mal ab und zu recht irr in die Kurve gefahren damit, aber das muß so ein Mauspad doch aushalten, das gibts ja garnicht. Das einzige, was ich gemacht hab, ist, daß ich ein paar Bleigewichte in meine Maus eingebaut hab zwecks der Mauspadlage, damit sie besser auf dem Mauspad liegt, mein ich. Aber das kann doch nicht die Ursache sein. Natürlich hab ich ab und zu recht scharf bremsen müssen, oder sogar eine Vollbremsung hinlegen müssen, weil ich sonst über den Mauspadrand hinausgefahren wär.

Ich bin nebenbei Erfinder und hab eine Wahnsinnsidee, die ich Ihnen hiermit mitteile. Völlig kostenlos. Und zwar ist mir eingefallen, daß man so ein Mauspad doch etwas größer machen könnt, so einen Meter auf einen Meter. Dieses Mauspad könnt man dann auch zu zweit oder sogar zu dritt oder zu viert benutzen. Es wär ein sogenanntes Kollektivmauspad. Vielleicht könnt man auch Begrenzungsstreifen und Pfeile hinmachen, zwecks dem richtigen Einordnen. Das wär für Leute, die im Team arbeiten, echt super, weil dann auch die Komunikation besser funktionieren tät. Die Leute würden dann nicht mehr so einsam vor ihren Computern sitzen, sondern müßten sich verständigen und aufpassen, daß sie mit ihren Mäusen nicht zusammenrauschen. Zudem hätt das einen wahnsinnigen Unterhaltungswert und Geld sparen könnte man auch, weil nicht jeder Mitarbeiter ein eigenes Mauspad brauchen tät. Abgesehen davon, könnten sich dadurch viel engere Kontakte gerade zu den weiblichen Mitarbeiterinnen ergeben, weil man könnte dann so ganz zufällig der Kollegin mit der Maus über die Hand fahren. Ich weiß aus eigener Erfahrung, daß Frauen für Mäuse und Mausberührungen sehr empfänglich sind.

Ich versteh nicht, daß noch niemand auf die Idee gekommen ist. Weil das wär doch echt praktisch.

Wenn Sie meine Idee gut finden, dann können Sie bei mir kostenlos eine Konstruktionszeichnung selbigen Mauspads anfordern.

Ich hoffe, Ihnen hiermit gedient zu haben und verbleibe

Jürgen Frenzinger

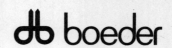

boeder Deutschland GmbH
Postfach 1373
D-65434 Flörsheim am Main

Telefon (0 61 45) 502-0
Telefax (0 61 45) 502-197

boeder Deutschland GmbH · Postfach 1373 · D-65434 Flörsheim am Main

Herrn
Jürgen Sprenzinger
Friedenstr. 7a

86179 Augsburg

Ihre Zeichen	Ihre Nachricht vom	Unsere Zeichen	Fax-Durchwahl	Tel.-Durchwahl	Flörsheim am Main
		ms-jm	502- 199	502- 214	23.09.97

Sehr geehrter Herr Sprenzinger,

hiermit bestätigen wir den Erhalt Ihres Schreibens vom 16.09.97.

Vielen Dank für Ihre „kreativen Anmerkungen" bezüglich unserer Mouse-Pads.

Als kleines Dankeschön legen wir dem Schreiben ein Mouse-Pad bei.

Mit freundlichen Grüßen
boeder Deutschland GmbH

Anlage:
1 Garfield-Mouse-Pad

i.A.
Jutta Mai

Dresdner Bank   (BLZ 51080060) 1275 677 00   Registergericht: Hochheim am Main B 1036   Geschäftsführer: Ortwin Nast
DG-Bank   (BLZ 50060400) 10043   Norbert Lorenz
                                                                                                          Peter Scholz
                                                                                                          Thomas Schramm

Besucheranschrift: Wickerer Straße 50 · D-65439 Flörsheim am Main

Nachtrag

Die Firma Boeder hat mir ein paar Mousepads geschickt, viel zu kleine. Wenn man allerdings vier Stück nebeneinanderlegt, ergibt sich schon eine ganz nette Spielfläche. Ich bin gerade dabei, meinen Wohnzimmerboden mit Mousepads auszulegen. Für ungefähr 125 Mäuse. (Kommt kaum teurer als ein Velourbelag!)

Jürgen Sprenzinger
Friedenstraße 7a
86179 Augsburg

An das
Straßenbauamt
Holbeinstraße 10

86150 Augsburg

14. September 1997

Sehr geehrte Damen und Herren,

hiermit möchte ich mich bei Ihnen beschweren. Weil ich wohn nämlich in der Friedenstraße. Und erst letzte Woche haben Sie dieselbige stellenweise aufgerissen, obwohl das überhaupts garnicht notwendig gewesen wär, weil man nämlich noch hat drauf laufen können. Außerdem war das ein vollkommen unnötiger Krach und Lärm.

Ihre Arbeiter haben die Straße zwar dann nach dem Aufreißen wieder zugemacht und die Straße ist jetzt tatsächlich auch glatter als vorher, aber um welchen Preis! Ich hab nämlich festgestellt, daß die Stelle der Straße, die aufgerissen worden ist und dann anschließend wieder zugemacht wurde, farblich überhaupt nicht mehr in das bestehende Straßenbild paßt. Die ganze Straße ist nämlich grau. Und diese Stelle, die Sie jetzt neu gemacht haben, ist kohlrabenschwarz. Jetzt frage ich mich schon, wie eine solche Schlamperei passieren konnte. Das ist nämlich eine Beleidigung für jedes ordentliche Bürgerauge. Vielleicht ist Ihnen der graue Asphalt ausgegangen, das kann ja sein, aber dann hätten Sie halt um Gotteswillen noch etwas gewartet, bis Sie wieder einen grauen Asphalt gehabt hätten. So pressiert hätt das in der Friedenstraße auch wieder nicht. Aber der schwarze Teer, den Sie da draufgemacht haben, der sieht ja aus, also ich will garnicht sagen, wie das aussieht, aber Sie wissen schon, was ich meine. Gibt es denn keine Möglichkeit, nachträglich den schwarzen Teer grau anzustreichen? Jeden Morgen, wenn ich aus dem Haus geh, sehe ich diesen scharzen Teil von der Straße. Ich sags Ihnen ehrlich, ich geh aus Protest nicht über diese Stelle und mit meinem Fahrrad fahr ich außen herum, weil diese Stelle eine Beleidigung für meine Füße und natürlich auch für mein Fahrrad darstellt.

Also da sollten Sie schon nochmal was machen. So können Sie das auf keinen Fall lassen, weil das ein Pfusch ist.

Ich hoffe, Sie genügend auf diese Tatsache hingestoßen zu haben und verbleibe

mit freundlichem Gruße

Jürgen Sprenzinger

Stadt Augsburg

Tiefbauamt
Abt. Straßenbau

Stadt Augsburg, Postfach 111960, 86044 Augsburg

Herrn
Jürgen Sprenzinger
Friedenstraße 7 a

86179 Augsburg

Dienstgebäude	Annastraße 16
	86150 Augsburg
Zimmer	35
Sachbearbeiter(in)	Herr Modlmeier
Telefon	0821) 324-4703
Telefax	(0821) 324-4729
Ihre Zeichen	
Unsere Zeichen	660-S2/mo-br
Datum	1. Oktober 1997
	97Fried6.doc

Unsere Zeichen und Datum
bei Antwort bitte angeben

Friedenstraße, Haunstette

hier: Ihr Schreiben vom 14.09.1997

Sehr geehrter Herr Sprenzinger,

wir bedanken uns für Ihr o. g. Schreiben und teilen Ihnen mit, daß die durchgeführten Arbeiten erforderlich waren.

Das bituminöse Asphaltgemisch ist immer „kohlrabenschwarz" und wird mit zunehmender Liegedauer gräulich.

Mit freundlichen Grüßen
Im Auftrag

Modlmeier

Jürgen Sprenzinger
Friedenstraße 7a
86179 Augsburg

An das
Amt für öffentliche Ordnung
Gewerbeanmeldungsstelle
Hermanstraße

86150 Augsburg

14. September 1997

Betreff: Anfrage

Sehr geehrte Damen und Herren,

der Harald, was mein Schwager ist, und ich sind momentan arbeitslos. Das ist sehr blöd, weil es ist uns den ganzen Tag langweilig und wir wissen nicht, was wir den ganzen Tag tun sollen.

Jetzt haben wir vorige Woche in einer Zeitschrift gelesen, daß wenn man arbeitslos ist, daß man sich dann einfach selbstständig machen soll, weil das eine echte Chanse sei. Wir haben dann hin und her überlegt, was wir für ein Geschäft aufmachen sollen, weil die meisten Geschäfte gibt es ja eigentlich schon. Und da ist der Harald auf eine sagenhafte Idee gekommen. Er hat gemeint, wir sollten eine Banküberfallsberatungsstelle aufmachen. Das wär eine echte Marktlücke. Weil wir nämlich gemerkt haben, daß es einen ganzen Haufen Leute gibt, die gern mal eine Bank überfallen wollen, aber nicht wissen wie es geht. Dazu kommt, daß die meisten Bankräuber erwischt werden, weil sie den Bankraub schon von vornherein total falsch geplant haben, oder während des Banküberfalls Fehler machen, die nicht sein müßten und deswegen den Bankraub nicht erfolgreich abschließen können. Ich hab zum Beispiel mal gelesen, daß ein Bankräuber vergessen hat, sich Sehschlitze in die Maske zu machen und er ist aus Versehen in die Toilette der Bank gegangen anstatt an die Kasse. Er hat die Kloschüssel mit der Waffe bedroht und sich aus Versehen im Klopapier verheddert. Er wurde allerdings nicht eingesperrt deswegen, weil er vor Gericht glaubhaft machen konnte, daß er Durchfall gehabt hat.

Aber auch der dritte Teil des Bankraubs, also die Flucht, ist meistens nicht richtig organisiert. Da ist zum Beispiel nicht genügend Sprit im Fluchtauto, oder man hat überhaupt kein Fluchtauto und benützt die öffentlichen Verkehrsmittel. In der Aufregung hat mancher Bankräuber schon den falschen Bus erwischt. Oder das Fluchtfahrrad ist nicht ordentlich aufgepumpt. Oder man hat überhaupt kein Fluchtfahrzeug, weil man an der falschen Stelle spart, obwohl das ja genau genommen sowieso die Bank zahlt. Man flüchtet also zu Fuß und läuft in die falsche Richtung, genau den Bullen in die Arme.

Alles das wollen wir mit unserer Banküberfallsberatungsstelle vermeiden. Aber ich wollt vorsichtshalber mal bei Ihnen anfragen, ob sowas überhaupts erlaubt ist, weil wir ja eigentlich die Kriminalität unterstützen. Aber selber sind wir ja nicht kriminell, haben wir uns überlegt, weil unsere Beratung ja unverbindlich ist. Vielleicht können Sie mir kurz mitteilen, ob eine Anmeldung statthaft ist.

Hochachtungsvoll

Jürgen Frenzinger

Nachtrag

Ich bin ganz ehrlich: Die Entdeckung dieser Marktlücke stammt nicht von mir, sondern von zwei jungen Leserinnen, Heidi und Simone aus Bad Mergentheim-Edelfingen, die mir geschrieben haben und mir diese selbige Marktlücke mitgeteilt haben. Nochmals herzlichen Dank, Ihr beiden! Dennoch hat das Amt für öffentliche Ordnung mein Schreiben unbeantwortet gelassen, woraus ich schließe, daß diese Marktlücke absichtlich bestehen bleiben soll. Trotzdem mein Tip an alle Bankräuber und solche, die es werden wollen: Haltet zusammen, organisiert Euch, seid vorsichtig, und überlegt vorher, wie Ihr vorgehen wollt, und paßt auf, daß Euer Fluchtauto vollgetankt ist. Bei den Banken liegt übrigens noch genug Geld rum, das reicht für Euch alle!

Jürgen Sprenzinger
Friedenstraße 7a
86179 Augsburg

Firma
Globol GmbH
Postfach

86633 Neuburg an der Donau

14. September 1997

Betreff: Anfrage

Sehr geehrte Damen und Herren,

am 16. November 1995 habe ich Ihnen ein Schreiben geschickt, in dem ich Ihnen anschaulich die letzten Lebensmomente einer Fliege beim Einsatz Ihres Insektensprays geschildert habe. Sie waren zwar so freundlich, mir zwei Ihrer bewährten, humanen Globol-Fliegenklatschen kostenlos zukommen zu lassen, jedoch habe ich festgestellt, daß Sie Ihr moralisch verwerfliches Insektenspray trotzdem immer noch zum Verkauf anbieten.

Ich sehe ein, daß natürlich auch Sie von irgend etwas leben müssen. Ich möchte Sie deswegen nicht verteufeln, sondern bin selbst aktiv geworden und habe nächtelang darüber gegrübelt, ob es nicht doch vielleicht eine Alternative gibt, mit der uns allen gedient wäre.

Ich bin nicht nur Tierfreund, sondern auch ein Erfinder. Diese Tatsache hat mich gefähigt, ein Insektenvernichtungsgerät zu erfinden, das erstens sehr human ist und dem Insekt einen schnellen, schmerzlosen Tod bringt, andererseits in der Herstellung sehr einfach ist und sich zudem unwahrscheinlich leicht handhaben läßt. Wie Sie leicht aus beiliegenden Unterlagen ersehen können, habe ich auf diese Erfindung bereits den Gebrauchsmusterschutz und wäre gerne bereit, Ihnen für einen monatlichen Betrag von DM 49,92 die Lizenz zur Herstellung derselbigen Erfindung zu überlassen.

Allerdings wäre eine schnelle Entscheidung Ihrerseits angebracht, denn auch die Konkurrenz schläft nicht und beginnt bereits, sich für diese auf der Welt einmalige Erfindung, die ja wirklich sehr effektiv ist, zu interessieren.

Mit freundlichem Gruße

Jürgen Sprenzinger

Anlagen

Beschreibung

Insektenvernichtungsgerät

Auf dem Markt befinden sich verschiedene Versionen von Insektenvernichtungsgeräten, z. B. Fliegenklatschen, Klebefallen, Sprays usw.

Der im Schutzanspruch angegebenen Erfindung liegt zugrunde, daß man sich mit einer Klatsche dem Insekt auf eine sehr kurze Distanz nähern muß, was meistens von diesem bemerkt und mit rascher Flucht beantwortet wird. Der Versuch, das Insekt im Fluge zu erschlagen führt praktisch nie zum Erfolg, eher zur Zerstörung der Wohnungseinrichtung. Klebefallen sind ein äußerst unästhetischer Anblick und jeder, der schon einmal eine Spraydose mit Insektenspray verkehrt herum gehalten und betätigt hat, weiß, daß auch dies nicht der Weisheit letzter Schluß ist.

Diese Probleme werden dadurch gelöst, daß ein einmachgummiförmiges Gummiteil (1) mit der Lasche (2) über den linken Daumen geführt wird. Das gegenüberliegende Ende des Gerätes wird mit der rechten Hand zwischen Daumen und Zeigefinger gegriffen und kräftig gespannt. Dadurch ergibt sich entlang des sich nun in einer gestreckten Form befindlichen Gerätes eine Achse (3), die in Ihrer Verlängerung nun so ausgerichtet werden sollte, daß sie in Richtung linker Daumen auf das zu vernichtende Insekt (4) zeigt, in der anderen in Richtung rechtes Auge. (Fig B). Durch Loslassen mit der rechten Hand erfährt das Gerät nun aufgrund des plötzlichen Nachlassens der aufgebauten Spannung eine Beschleunigung in Richtung des Insekts, wo es kurz darauf eintrifft. Die Erfindung besticht nicht nur durch ihre einfache Handhabung (man sollte nur niemals zuerst mit dem linken Daumen loslassen, da das Gerät sonst eine Beschleunigung in Richtung rechtes Auge erfährt!!!), sondern auch durch seine ästhetische Formgebung, die aufgrund der Symmetrie auch die Benutzung ohne Formänderung für Linkshänder ermöglicht. Der Bewegungsablauf ist dann nur umgekehrt, also rechter Daumen – linkes Auge. Nicht jedoch das Loslassen umkehren!!! (siehe oben)

Ausführungsmöglichkeiten dieser Erfindung bestehen in der Möglichkeit, das Gerät mit einer speziellen Farbgebung auszustatten, z. B. unten blau und oben eine braun/olive Tarnfarbe, damit das anfliegende Gerät von dem Insekt auch möglichst spät erkannt wird.

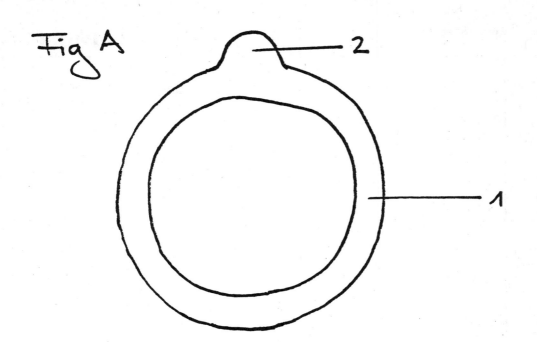

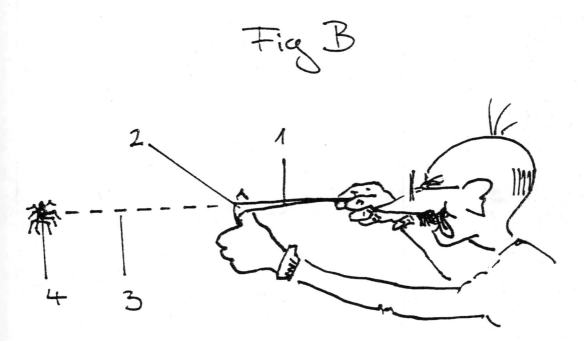

DEUTSCHES PATENTAMT

Empfangsbescheinigung

14.05.96

Antrag auf Eintragung eines Gebrauchsmusters

① Sendungen des Deutschen Patentamts sind zu richten an:

JÜRGEN SPRENZINGER
FRIEDEN STR. 74
86179 AUGSBURG

Aktenzeichen: 296 08 733.5

② Zeichen des Anmelders/Vertreters (max. 20 Stellen)
Telefon des Anmelders/Vertreters: 0821/880593
Datum: 14.5.96

③ Der Empfänger in Feld ① ist der
[X] Anmelder [ ] Zustellungsbevollmächtigte [ ] Vertreter

④ **Anmelder** / **Vertreter**
(nur auszufüllen, wenn abweichend von Feld ①)

⑤ Anmeldercode-Nr. / Vertretercode-Nr. / Zustelladreßcode-Nr.
(soweit bekannt)

⑥ **Bezeichnung der Erfindung**

INSEKTENVERNICHTUNGSGERÄT

⑦ **Sonstige Anträge**
[ ] **Aussetzung** der Eintragung und Bekanntmachung für _____ Monate (Max. 15 Monate ab Anmelde- bzw. Prioritätstag)
[ ] **Recherchenantrag** — Ermittlung der öffentlichen Druckschriften (§7 Gebrauchsmustergesetz)
[ ] **Lieferung von Ablichtungen** der im Recherchenverfahren ermittelten Druckschriften

⑧ **Erklärungen**
[ ] **Teilung/Ausscheidung** aus der Gebrauchsmusteranmeldung → Aktenzeichen G / Anmeldetag
[ ] **Abzweigung** aus der Patentanmeldung (dem Patent) → P
Inanspruchnahme des Anmeldetages, ggf. Priorität in Feld ⑨ angeben
[ ] Der Anmelder ist an **Lizenzvergabe** interessiert (unverbindlich)

⑨ **Priorität** (inländische, ausländische, Ausstellungs-Priorität - Land, Prioritätstag u. Aktenz. d. Voranmeldung od. Ausstellung und Tag der erstmaligen Schaustellung)

⑩ **Gebührenzahlung** in Höhe von _____ DM
[ ] **Scheck** ist beigefügt
[ ] **Überweisung** (nach Erhalt der Empfangsbescheinigung)
[X] **Gebührenmarken** sind beigefügt (bitte nicht auf die Rückseite kleben; ggf. auf gesondertes Blatt)
[ ] **Abbuchung** von meinem/unserem Abbuchungskonto b. d. Dresdner Bank AG, München Nr.:

Diese Gebrauchsmusteranmeldung ist an dem durch Perforierung angegebenen Tag beim Deutschen Patentamt eingegangen. Sie hat das mit "G" gekennzeichnete Aktenzeichen erhalten.

Dieses Aktenzeichen ist gemäß der Anmeldeverordnung bei allen Eingaben anzugeben. Bei Zahlungen ist der Verwendungszweck hinzuzufügen.

Nur von der Annahmestelle auszufüllen:
[X] Für die obengenannte Anmeldung sind Gebührenmarken im Wert von 50.- DM entrichtet.

Bitte beachten Sie die Hinweise auf der Rückseite der zurückbehaltenen Antragsdurchschrift

G 6003 EB
2.96

**Für den Anmelder
Nicht mit einsenden**

EINGANGSBESTÄTIGUNG

DEUTSCHES PATENTAMT

① **Sendungen des Deutschen Patentamts sind zu richten an:**
In der Anschrift Straße, Haus-Nr. und ggf. Postfach angeben

JÜRGEN SPRENZINGER
FRIEDENSTR. 74
86179 AUGSBURG

Antrag auf Eintragung eines Gebrauchsmusters

Aktenzeichen *(wird vom Deutschen Patentamt vergeben)*

② **Zeichen des Anmelders/Vertreters** (max. 20 Stellen)

Telefon des Anmelders/Vertreters 0821/880593

Datum 14.5.96

③ **Der Empfänger in Feld ① ist der**
[X] Anmelder [ ] Zustellungsbevollmächtigte [ ] Vertreter
ggf. Nr. der Allgemeinen Vollmacht

④ **Anmelder**   **Vertreter**
nur auszufüllen, wenn abweichend von Feld ①

```
Deutsches Patentamt
14. MAI 1996
Anlagen 15
```

⑤ **Anmeldercode-Nr.**   **Vertretercode-Nr.**   **Zustelladreßcode-Nr.**
soweit bekannt

⑥ **Bezeichnung der Erfindung**

INSEKTENVERNICHTUNGSGERÄT

⑦ **Sonstige Anträge**
s. Kostenhinweise auf der Rückseite
[ ] **Aussetzung** der Eintragung und Bekanntmachung für ___ Monate (Max. 15 Monate ab Anmelde- bzw. Prioritätstag)
[ ] **Recherchenantrag** - Ermittlung der öffentlichen Druckschriften (§7 Gebrauchsmustergesetz)
[ ] **Lieferung von Ablichtungen** der im Recherchenverfahren ermittelten Druckschriften

⑧ **Erklärungen**   Aktenzeichen   Anmeldetag
[ ] **Teilung/Ausscheidung** aus der Gebrauchsmusteranmeldung → G
[ ] **Abzweigung** aus der Patentanmeldung (dem Patent) → P
Inanspruchnahme des Anmeldetages, ggf. Priorität in Feld ⑨ angeben
[ ] Der Anmelder ist an **Lizenzvergabe** interessiert (unverbindlich)

⑨ **Priorität** (inländische, ausländische, Ausstellungs-Priorität - Land, Prioritätstag u. Aktenz. d. Voranmeldung od. Ausstellung und Tag der erstmaligen Schaustellung)

⑩ **Gebührenzahlung** in Höhe von ___ DM
Erläuterung und Kostenhinweise s. Rückseite
[ ] **Scheck** ist beigefügt
[ ] **Überweisung** (nach Erhalt der Empfangsbescheinigung)
[X] **Gebührenmarken** sind beigefügt (bitte nicht auf die Rückseite kleben) ggf. auf gesondertes Blatt)
[ ] **Abbuchung** von meinem/unserem Abbuchungskonto b. d. Dresdner Bank AG, München Nr.:

⑪ **Anlagen**
1. ___ Seite(n) Beschreibung (2-fach)
2. ___ Seite(n) Schutzansprüche (2-fach)
   ___ Anzahl Schutzansprüche
3. ___ Blatt Zeichnungen (2-fach)
4. ___ Vertretervollmacht
5. ___ Abschrift(en) d. Voranmeldung(en) bei Priorität und Abzweigung

[ ] Telefax vorab am ___

⑫ Unterschrift(en)

G 6003
2.96

BUNDESREPUBLIK DEUTSCHLAND

URKUNDE
über die Eintragung des umstehenden Gebrauchsmusters

Die Voraussetzungen der Schutzfähigkeit wurden nicht geprüft.

DEUTSCHES PATENTAMT

Der Gebrauchsmusterschutz dauert drei Jahre, die mit dem Tag beginnen, der auf die Anmeldung folgt. Die Schutzdauer kann um drei Jahre verlängert werden.

Bei Schutzrechten mit einem Anmeldetag ab dem **01.01.1987**, ist eine weitere Verlängerung um zwei Jahre möglich, bei Schutzrechten mit einem Eingangstag ab dem **01.07.1990** dann nochmals eine solche um zwei Jahre. Insgesamt kann bei Gebrauchsmustern mit Eingangstag ab dem **01.07.1990** somit eine Schutzdauer von zehn Jahren erreicht werden.

Die Höhe der jeweils zu zahlenden Verlängerungsgebühr ist dem Kostenmerkblatt des Deutschen Patentamts zu entnehmen.

Das Gebrauchsmuster ist mit folgenden Angaben in die Gebrauchsmusterrolle eingetragen worden:

Rollennummer   296 08 733.5

Hauptklasse   A01M 3/02

Anmeldetag   14.05.96

Eintragungstag 07.11.96

Bekanntmachung
im Patentblatt 19.12.96

Bezeichnung des Gegenstandes
           Insektenvernichtungsgerät
Name und Wohnsitz des Inhabers
           Sprenzinger, Jürgen, 86179 Augsburg, DE

JEYES

Jeyes Deutschland GmbH

Anna-von-Philipp-Straße B 35
D-86633 Neuburg/Donau

Postfach 1360
D-86618 Neuburg/Donau

Telefon (08431) 502-0
Telefax (08431) 502- 112

Handelsregister: HRB 161 Neuburg/Donau

Bankverbindung: Deutsche Bank Neuburg
Konto: 28/58900, BLZ 721 700 07
Hypo-Bank Neuburg
Konto: 6490 209 156, BLZ 721 202 07

Vorsitzender der Geschäftsführung:
Dr. Winand Rose

Mitglied der Jeyes Group plc

Herr
Jürgen Sprenzinger
Friedenstraße 7 a

86179 Augsburg

31.10.1997   Ly/An

Insektenvernichtungsgerät

Sehr geehrter Herr Sprenzinger,

wir danken Ihnen für Ihre Anfrage vom 14.09.97 und möchten Sie gleichzeitig darüber informieren, daß wir seit September 1996 nicht mehr Globol GmbH, sondern Jeyes Deutschland GmbH heißen. Unsere Produktpalette wird Ihnen jedoch nach wie vor im Handel angeboten.

Das von Ihnen erfundene Insektenvernichtungsgerät, so finden wir, weist noch einige gravierende Nachteile auf. Es ist sicher nicht für alle Insekten geeignet, da eine Fliege um einiges schneller ist, als man sie mit einem Einmachgummi erwischen könnte. Falls man wider Erwarten doch Glück hat, stellt sich das Problem des Entsorgens des zerquetschten Insektes. Es ist nämlich nicht einfach, derartige Überreste z.B. von einer Tapete zu entfernen. Außerdem schreckt das Gefahrenpotential der - zugegebenermaßen wirklich einfachen – Handhabung ab (spätere Augenleiden können – wie in Ihrer Beschreibung erwähnt - nicht ausgeschlossen werden).
Wir sind daher an Ihrem Angebot, uns die Lizenz zur Herstellung der Erfindung zu überlassen, nicht interessiert.

Ihrem Schreiben entnehmen wir, daß Sie nicht nur ein Tierfreund sind, sondern auch auf die Umwelt achten. Wir haben neben unseren bewährten Globol Insektenschutz-Mitteln welche zeitgemäß und gezielt wirksam sind auch ein spezielles Produktsortiment namens „GEO" im Programm. Unsere GEO-Produkte sind speziell für den umweltbewußten Verbraucher konzipiert unter dem Motto „GEO – nur soviel Insektenschutz wie nötig". Damit Sie also bei lästigen Insekten nicht gleich zur chemischen Keule oder Einmachgummi greifen müssen, senden wir Ihnen anbei ein Gratis-Muster unseres Geo Fliegengitter fürs Fenster.

Dieses Fliegengitter läßt sich mit einem Klettband problemlos am Fenster anbringen, ist bis 30° waschbar und kann somit jedes Jahr wiederverwendet werden und was das beste ist: Es läßt die nervigen Insekten gar nicht erst ins Haus! Sie sehen, es gibt also noch einen einfacheren Weg, als Insekten mit Einmachgummis nachzujagen, nämlich sie gar nicht erst hereinzulassen.

JEYES

Jürgen Sprenzinger   2   Ly/An

Wir hoffen, daß wir Sie hiermit von der Humanität und einfachen Handhabung auch unserer Produkte überzeugen konnten und möchten uns nochmal für Ihr Lizenz-Angebot bedanken.

Mit freundlichen Grüßen
JEYES Deutschland GmbH

Elke Leyrer
Leitung Marketing

Anlage
1 GEO Fliegengitter fürs Fenster

Jürgen Sprenzinger
Friedenstraße 7a
86179 Augsburg

An den Verein
Menschen für Tierrechte e.V.
Roermonder Straße 4a

52072 Aachen

14. September 1997

Sehr geehrte Damen und Herren,

letzten Freitag war ich mit meinen Freund Kurt in der Stadt, weil es ein ganz tolles Wetter war. Und in der Stadt hab ich dann einen Aufkleber von Ihnen gesehen. Den mit dem Schwein drauf. Der Aufkleber hat mir gleich gefallen, weil er so schweinig war. Allerdings hab ich immer gemeint, wir hätten schon genügend Schweine auf der Welt, aber jetzt weiß ich, daß wir den Schweinen ihr Fleisch lassen müssen, weil es anscheinend doch zu wenig Schweine gibt.

Sie haben völlig recht, es ist eine Sauerei, den Schweinen das Schweinefleisch wegzuessen. Ich hab mir jedenfalls ab diesem Freitag geschworen, nie mehr ein Schwein zu belästigen. Aber am drauffolgenden Sonntag, also genau heute, hab ich mir gedacht, jetzt wär ein Schweinebraten was Leckeres. Da hab ich auf Ihrem Aufkleber gelesen, daß wenn ich trotzdem Fleisch essen will, dann soll ich mir doch in den eigenen Arsch beißen.

Jetzt ist es genau 23 Uhr 56 und 37 Sekunden. Seit ungefähr 19 Uhr versuche ich, mich in den eigenen Arsch zu beißen. Ich habe zwischenzeitlich alles mögliche angestellt, aber ich muß Ihnen leider hiermit mitteilen, daß ich es bis jetzt noch nicht geschafft hab. Wenn ich ehrlich bin, ich hab ein Problem mit der Drehung nach hinten. Runter käme ich schon fast. Ich glaub, das ist eine reine Sache des Trainings. Aber da stellt sich schon das nächste Problem: bis ich genügend durchtrainiert bin, um mich in den Arsch zu beißen, bin ich verhungert.

Um 21 Uhr 6 hätte ich es beinahe geschafft, doch gerade als ich zubeißen wollte, ist mir durch die Drehung nach hinten und das gleichzeitige Herunterbeugen das Gebiß herausgefallen. Nach einer halben Stunde Erholungspause startete ich nochmals einen erneuten Versuch. Doch während der schon besagten Drehung nach hinten mit gleichzeitiger Beugung nach unten fiel mir ein, daß ich noch nicht geduscht hatte. Und ich frage Sie, welcher Mensch will schon einen schmutzigen Hintern? Also bin ich sofort unter die Dusche, weil ich schon so hungrig war, daß ich es kaum noch ausgehalten hab. Zudem hab ich mir überlegt, daß das warme Wasser aus der Dusche meine Muskulatur gelenkiger und lockerer macht und die Arschbeißerei dann wahrscheinlich viel einfacher gehen täte.

Ich hab dann anschließend eine neue Methode ausprobiert. Ich wollte mich von vorne durch die gespreizten Beine in meinen Allerwertesten beißen. Aber ich kam trotz der gelockerten Muskeln nur bis zum Bauchnabel. Auf Ihrem Aufkleber steht aber drauf, daß ich mich in meinen eigenen Arsch beißen soll und nicht in meinen eigenen Bauchnabel. Außerdem mag ich Bauchnabel überhaupts gar nicht, der ist mir zu zäh. Zudem wüßte ich da garnicht, ob zu einem Bauchnabel ein Blaukraut und ein Knödel paßt. Ich hab das noch nie probiert.

Ich sag Ihnen was: Der Aufkleber sieht ja recht nett aus, aber das, was da draufsteht, ist ein Schmarren, denn ich hab jetzt festgestellt, daß sich ein Mensch überhaupts nicht in den eigenen Arsch beißen kann, weil das technisch unmöglich ist. Aber vielleicht haben Sie mir eine raffinierte Methode, die Sie mir zeigen können oder bieten möglicherweise sogar Schulungen diesbezüglich an.

Und noch was: jetzt ist es 1 Uhr 26 und 12 Sekunden. Ich hab immer noch nichts gegessen, mein Magen knurrt, und ich hab schon den ersten Schwächeanfall hinter mir. Jetzt hoffe ich, daß in den nächsten 35 Minuten was Eßbares auf den Tisch kommt.

Um 0 Uhr 25 hab ich meinen Hund geschlachtet …

Ich hoffe, Ihnen hiermit gedient zu haben und verbleibe

mit freundlichen Grüßen

Jürgen Srenzinger

Nachtrag

Leider keine Antwort! Eine Schweinerei. Ich vermute, die wissen selbst nicht, wie man sich in den Arsch beißt – und wenn, dann verraten sie's nicht …

Jürgen Sprenzinger
Friedenstraße 7a
86179 Augsburg

An die
Landeszentralbank
Taunusanlage 5

60329 Frankfurt am Main

16. September 1997

Sehr geehrte Damen und Herren,

es ist eine Sauerei. Da hab ich doch von irgendeinem Geldfälscher ein Falschgeld gekriegt. Und zwar ein kaputtes 10-Pfennig-Stück. Bei diesem 10-Pfennig-Stück fehlt ein Teil. Ich meine, aus diesem 10-Pfennig-Stück wurde ein 2-Pfennig-Stück entfernt. Ich kann das ziemlich genau feststellen, weil ich als Handwerker ein gutes Augenmaß hab. Mein Schwager, der ein sehr gescheiter Mensch ist, hat gesagt, daß das Falschgeld ist und nicht mehr in Umlauf gebracht werden darf. Weil man sich sonst strafbar machen tät. Und ich mach mich doch wegen einem 10-Pfennig-Stück nicht strafbar. Ich würd mich nicht mal wegen einem Markstück strafbar machen. Ja nicht mal wegen einem 5-Markstück. Wenn ich Geld fälschen tät, dann tät ich mit Tausender anfangen. Das rentiert sich wenigstens.

Aber ich erstatte hiermit Anzeige gegen Unbekannt wegen Geldzerstörung und Geldfälschung, ich meine halt, gegen denjenigen, der das Geld hingemacht hat. Sie werden den dann schon rausfinden und dann hoffe ich, daß dieser jenige seiner gerechten Strafe zugeführt wird.

Weil ich hab nämlich noch ein Problem. Das 10-Pfennig-Stück hat mir meinen ganzen Geldbeutel durchgewetzt. Weil es so scharf ist. Und ich hab das zu spät gemerkt. Und jetzt ist er hin. Der Geldbeutel. Und ich brauch jetzt einen neuen Geldbeutel. Obwohl er noch relativ neu war. Der Geldbeutel.

Deswegen erstatte ich hiermit gleichzeitig Anzeige gegen Unbekannt wegen Sachbeschädigung. Genauer gesagt, wegen Geldbeuteldurchwetzung. Ich schick Ihnen gern meinen Geldbeutel als Beweiß, falls sie den brauchen.

Aber auf jeden Fall schicke ich Ihnen das 10-Pfennig-Stück mit, mit der gleichzeitigen höflichen Bitte um Umtausch des selbigen in ein richtiges Geld. Das ist wäre nett von Ihnen. Allerdings glaub ich, daß dieses kaputte Geldstück jetzt nur noch 8 Pfennig wert ist, weil ja ein Teil davon fehlt. Und da können Sie ja nichts dafür. Ich sende Ihnen deshalb mit gleicher Post noch ein 2-Pfennig-Stück dazu, damit Sie keine Unkosten nicht haben.

Normalerweise würd ich Sie garnicht damit belästigen, aber mein Schwager hat gesagt, daß Sie das alte Geld einsammeln und dann reparieren täten. Vielleicht braucht man dieses 10-Pfennig-Stück garnicht umtauschen, sondern kann ein Stück von einem anderen hineinschweißen.

Für die Reparatur oder den Austausch des kaputten 10-Pfennig-Stücks beziehungsweise des Falschgeldes wäre ich Ihnen sehr dankbar und verbleibe bis zu diesem Zeitpunkte

Hochachtungsvollst

Jürgen Frenzinger

LANDESZENTRALBANK IN HESSEN
HAUPTSTELLE FRANKFURT DER DEUTSCHEN BUNDESBANK

Herrn
Jürgen Sprenzinger
Friedenstr. 7 a

86179 Augsburg

60047 Frankfurt am Main
Postfach 11 12 32
Telefon: (0 69) 23 88-2501
oder 23 88-0

23. Sept. 1997/po

Sehr geehrter Herr Sprenzinger,

über Ihre Unannehmlichkeiten mit dem beschädigten 10-Pfennig-Stück sind wir sehr betrübt. Offensichtlich nagt von Zeit zu Zeit nicht nur die Inflation an unserem Geld, sondern hin und wieder auch ein böser Zeitgenosse. Daß unser Geld schon immer besonderen Anforderungen und Belastungen ausgesetzt war, hat auch Eugen Roth erkannt:

> Daß unser Geld nicht bleibt gesund,
> Hat, wenn man nachdenkt, guten Grund:
> Unschuldig selbst, wirds arg mißbraucht:
> Versoffen wirds, verlumpt, verraucht;
> Mit Aderlaß und Währungsschnitt
> Spielt mancher Pfuscher bös ihm mit.
> Bald wird es fiebernd heiß begehrt,
> Bald kalt verachtet, weil nichts wert.
> Leichtsinnig auf den Kopf gehauen,
> Verliert es bald sein Selbstvertrauen.
> Oft zwischen Erd und Himmel bang
> Schwebt es, als Kaufkraftüberhang.
> Dann wirds gedrosselt von den Banken -
> Der ganze Kreislauf kommt ins Wanken.
> Hier wirds zum Fenster nausgeschmissen,
> Dort alle Welt mit ihm besch..........
> Im Kampf ums Dasein wirds zerrieben,
> Als Steuer herzlos eingetrieben.
> Auch macht es glücklich nicht allein;
> Als Mitgift gar kanns giftig sein!
> Man will mit ihm bestechen, schmieren -
> Und dann solls noch die Welt regieren!
> Das alles, wie's auch wirkt und schafft,
> Geht schließlich über seine Kraft!

...

Da wir nicht wissen, welches grausame Schicksal das Geldstück erlitten hat, senden wir Ihnen - zusammen mit Ihrem 2-Pfennig-Stück - gern ein neues 10-Pfennig-Stück zu und hoffen, daß künftig Beschädigungen Ihres Geldbeutels ausbleiben werden. Dazu können Sie aber auch selbst beitragen, wenn Sie das Geldstück rasch ausgeben oder - wenn es denn wieder beschädigt sein sollte - bei einer Landeszentralbank umtauschen. Eine Landeszentralbank befindet sich auch ganz in Ihrer Nähe, nämlich im Wolfsgäßchen 1 in Augsburg.

Mit freundlichen Grüßen

Landeszentralbank
Hauptstelle Frankfurt

Panowitz   Kubelt

Anlagen

J. Sprenzinger
Friedenstraße 7a
86179 Augsburg

Systemhaus Bissinger GmbH
zu Händen Herrn Bissinger
Industriestraße 18

89423 Gundelfingen

16. September 1997

Sehr geehrter Herr Bissinger!

Ich schreib Ihnen deswegen, weil Sie ein Systemhaus sind. Ich mag Leute, die ein System haben. Die sind nicht so chaotisch wie die andern, die ich so kenn. Deswegen schreib ich Ihnen. Weil ich nämlich gehört, hab, daß Sie auch Drucker verkaufen. Und da brauch ich einen. Ich hab nämlich ein Problem, das man nur mit System in den Griff kriegen kann. Es ist also so: seit dem Jahr 1986 schaue ich mir die Filme von James Bond an. Ich finde diesen James Bond echt toll, weil das nämlich ein ganz kuhler Typ ist. Besonders toll find ich den Film Feuerball, wo da der Bösewicht ein paar Atombomben klaut und damit die Regierungen erpresst und der James Bond jagt ihnen die Dinger wieder ab. Seit ich die ganzen Filme von diesem James Bond gesehen hab, möchte ich auch Geheimagent werden.

Ich arbeite als Schweißer in einem größeren Betrieb, bei der MAN nämlich und da hab ich einen Kollegen, den Reichart Franz und mit dem hab ich mich drüber unterhalten, daß ich Geheimagent werden möcht. Der hat zuerst gesagt, daß ich einen Vogel hätt und daß das gar nie gehen täte, weil ich gar nicht wissen tät, was ein Geheimagent alles wissen und können muß, weil das nämlich ein ganzer Haufen ist, was so ein Geheimagent können muß. Und so ein Geheimagent muß sich auch mit Computer auskennen und muß Geheimschrift schreiben können.

Und da hab ich zum Reichart Franz gesagt, daß das gar kein Problem ist, weil es ja heute Drucker gibt. Und deswegen schreib ich Ihnen. Ich wollt einmal bei Ihnen anfragen, ob es nicht bei Ihnen Drucker gibt, die Geheimschrift schreiben können. Oder vielleicht haben Sie sogar diese modernen Tintendrucker, aber nicht mit normaler Tinte, sondern mit Geheimtinte, die man nicht sieht und wo man zuerst mit einem Bügeleisen über das Papier bügeln muß, damit die Tinte sichtbar wird. Ich brauch unbedingt so einen Drucker, weil ja in Zukunft alles, was ich schreib, ein Top Sekret ist. Sie verstehen, was ich meine. Sicher beliefern Sie ja auch Geheimdienste und das, was die schreiben, ist ja auch meistens Top Sekret und unwahrscheinlich geheim. Was übrigens nicht schlecht wär, wär, wenn die Geheimtinte wasserfest wär. Weil ich bestimmt mal einen Taucheinsatz machen muß und gleichzeitig ein wichtiges Schreiben dabei haben muß. Und dann sollt die Geheimtinte natürlich nicht verlaufen. Weil eine Geheimtinte, die man überhaupts nicht mehr lesen kann, ich meine, unter keinen Umständen nicht mehr, ist ja auch ein Quatsch. Es wär nett von Ihnen, wenn Sie mir helfen täten und ich wär Ihnen dann sehr verbindlich dankbar. Vielleicht können Sie mir noch mitteilen, was so ein Drucker kosten tät. Mehr als 2500 Mark kann ich nicht ausgeben. Ich brauch ja noch einen Taucheranzug für den Unterwassereinsatz und eine wasserdichte Funkarmbanduhr, damit ich meine Einsätze auf den Bruchteil von einer hunderstel Sekunde genau timen kann. Aber bitte behandeln Sie die ganze Angelegenheit geheim, wenns geht.

Am besten wär, Sie täten mir gleich ein Angebot schicken, das mit Geheimtinte geschrieben ist, dann bleibt die Angelegenheit unter uns.

Mit freundlichen Grüßen

Jürgen Frenzinger

SYSTEMHAUS BISSINGER GMBH
Industriestraße 18
89423 Gundelfingen
Telefon 0 90 73 / 83-0
Telefax 0 90 73 / 83-1 49

Firmengruppe Sachsen
Chemnitzer Straße 98
09322 Penig
Telefon 03 73 81 / 89-0
Telefax 03 73 81 / 89-3 02

Systemhaus Bissinger GmbH · Industriestraße 18 · 89423 Gundelfingen

Herrn
J. Sprenzinger
Friedenstraße 7 a

86179 Augsburg

GL-SB/DR   23.09.1997

Ihre Anfrage vom 16.09.1997

Sehr geehrter Herr Sprenzinger,

zunächst einmal bedanke ich mich recht herzlich für Ihre Anfrage und spreche Ihnen hiermit meine Bewunderung für Ihre grenzenlose Kreativität aus. Gottseidank hat Ihnen Ihr Kollege Franz Reichart Ihr Selbstvertrauen und Ihren Glauben an Ihre geheime Mission nicht genommen.

Mit Bedauern muß ich Ihnen mitteilen, daß wir Ihre interessante Anfrage nach einem Geheimschriftdrucker nicht bearbeiten können - und das, obwohl Sie bereit sind 2.500,--DM zu investieren und wir uns über jeden Auftrag freuen, den wir realisieren können.

Jedoch bin ich in der Lage, Ihnen einen kleinen Trost, bzw. einen Tip zukommen zu lassen. Besorgen Sie sich bitte eine weiße Tintenpatrone und ein gleichfarbiges Papier. Wir sind dann gerne bereit, Ihnen aus unserem Gerätepool einen Drucker zum Test zur Verfügung zu stellen. Mir ist zu Ohren gekommen, daß es sogar Flaggen mit weißem Adler auf weißem Grund geben soll.

Jedenfalls freue ich mich schon heute darauf, Sie in unserem Unternehmen zu Testzwecken Ihres Vorhabens begrüßen zu dürfen. Dazu bitte ich um Voranmeldung unter unserer Geheimnummer, damit die Angelegenheit nicht vor Ausführung publik wird.

Mit freundlichen Grüßen aus Gundelfingen

Systemhaus Bissinger GmbH

Siegfried Bissinger
Geschäftsleitung

Die obige Zeichnung wurde mit Geheimtinte angefertigt und ist deshalb unsichtbar. Wenn Sie wissen wollen, was sich dahinter verbirgt, dann machen Sie einfach folgendes: Nehmen Sie ein Bügeleisen und stellen Sie es auf die heißeste Stufe (Leinen). Danach das Bügeleisen ca. 2–3 Minuten auf diese Seite stellen. Kinder sollten dies nur im Beisein Erwachsener oder eines Erziehungsberechtigten tun. Halten Sie zudem sicherheitshalber einen Feuerlöscher oder einen Eimer Wasser bereit!
Mitteilungen über Erfolge nehme ich gerne entgegen!

BAYERISCHES MÜNZKONTOR

ZUWEISUNGS-BESCHEINIGUNG
– E I L S A C H E –

Wichtige Dokumente nicht übertragbar

Nicht nachsenden, mit neuer Anschrift zurück !

D7A.F0R – 4646518
674.725.30

Herrn
Jürgen Sprenzinger
Friedenstr. 7a

86179 Augsburg

Zustellung: Tag 1 6 Monat 0 9 Jahr 9 7

Auswahlfrist: von: 1 6 0 9 9 7
bis: 2 6 0 9 9 7

Sehr geehrter Herr Sprenzinger,

Sie wurden persönlich ausgewählt, den „Deutschland EURO 1998" <u>zum Erstausgabepreis von nur 10,- DM zu erhalten.</u> Damit gelangen Sie in den Vorzug, diese Erstausgabe der Ehrenprägung „Deutschland EURO 1998" aus Anlaß der Einführung der künftigen europäischen Währung zu besitzen. Ich begrüße Sie im Kreis derer, die heute einen Auswahl-Bescheid zugestellt bekommen.

Aufgrund der steigenden Nachfrage nach der exclusiven Erstausgabe, in der Qualität „Polierte Platte", wurde dieses <u>neue Auswahlverfahren eingeführt.</u> Die persönliche Zuweisung der EURO-Ehrenprägung vom Bayerischen Münzkontor ergeht nur an einen begrenzten Kreis von Bürgerinnen und Bürgern der Bundesrepublik Deutschland.

Auf der Basis dieses Auswahlverfahrens sind Sie persönlich nominiert worden. Senden Sie Ihren Auswahl-Bescheid innerhalb einer Frist von 10 Tagen zurück, um Ihre Vorteile zu wahren.

Auswahl-Nummer:	D7A.F0R – 4646518	Feld nicht beschriften
Auswahlberechtigte/r:	Jürgen Sprenzinger	
Wohnort:	86179 Augsburg	**1. Deutschland-EURO '98**
Straße/Nr.:	Friedenstr. 7a	
Auswahlfrist:	10 Tage ab Datum der Zustellung	
Zustellung: Bemerkungen:	keine Kosten für Porto oder Verpackung keine Vorauskasse, <u>kein Geld oder Scheck einsenden!</u>	

Bei Nichtinanspruchnahme des Auswahl-Bescheids verliert die Zuweisung ihre Gültigkeit und kann auf andere Bürgerinnen und Bürger übertragen werden.

Die Vergabe des 1. „Deutschland EURO 1998" erfolgt gegen Erstattung des Erstausgabepreises in Höhe von 10,- DM. <u>Sonstige Gebühren, wie z.B. für Porto oder Verpackung fallen nicht an.</u>

– bitte wenden –

Im Rahmen Ihres Auswahl-Bescheids haben Sie verbrieften Anspruch auf den Erhalt einer EURO-Ehrenprägung.
Ihr Anspruch gilt auch dann, <u>wenn die Erstausgabe schnell vergriffen sein sollte.</u>

Die EURO-Ehrenprägung „Deutschland EURO 1998" wurde von Meisterhand geprägt und unterliegt als Ehrenprägung aus Anlaß der zukünftigen neuen europäischen Währung einer strengen Limitierung auf 5.555 Komplett-Editionen. Die hochwertige Verarbeitung und der besondere ideelle Wert der Prägung bilden die Grundlage für einen möglichen <u>künftigen Wertzuwachs.</u>

Benutzen Sie zur Erlangung der Erstausgabe der EURO-Ehrenprägung „Deutschland EURO 1998" unbedingt den anhängenden <u>persönlichen Auswahl Bescheid.</u> Dieser kann nicht auf andere Personen übertragen werden.

Antworten Sie spätestens innerhalb von 10 Tagen.
(Datum der Zustellung)

Nach Ablauf der Frist sieht dieses Auswahlverfahren vor, die Zuweisung an andere Bürgerinnen und Bürger weiterzuleiten.

Mit freundlichen Grüßen

[Unterschrift]
Dr. Michael Göde

PS: <u>Unbedingt beachten:</u> Wenn Sie Ihren Auswahl-Bescheid nicht innerhalb von 10 Tagen zurücksenden, verfällt Ihr verbürgter Anspruch auf den 1. „Deutschland EURO 1998".

AUSWAHL-BESCHEID
Bitte unterschrieben absenden

Nicht übertragbar

D7A.F0R - 4646518 — Auswahl-Nummer. Bei allen Zuschriften unbedingt angeben.

Auswahlberechtigte/r: Jürgen Sprenzinger
Wohnort: 86179 Augsburg
Straße/Nr.: Friedenstr. 7a

674.725.30

Gültig bis: 10 Tage nach Erhalt* | Gebühren: keine | Erstausgabepreis: **10,- DM**

Der Auswahlberechtigte erhält den 1. „Deutschland EURO 1998" zum Erstausgabepreis von nur 10,- DM – ohne Gebühren wie Porto oder Verpackungskosten (Nr. 915-024-9). Außerdem erhält der Auswahlberechtigte alle weiteren Ausgaben * der Edition „Die ersten EURO-Prägungen" zum günstigen Vorzugspreis, jeweils für 30 Tage unverbindlich zur Ansicht. (*Falls nicht gewünscht, bitte streichen.) (Nr. 915-023-2)

Bitte in beiliegendem Umschlag an:
BAYERISCHES MÜNZKONTOR
GÖDE GmbH
z.Hd. Herrn Dr. Göde
63735 Aschaffenburg

X — Datum / Unterschrift

* Datum der Zustellung

D7A

Der original „Deutschland EURO 1998" *
jetzt noch zum Erstausgabepreis von nur **10,- DM**

Auf der Basis eines Auswahl-Verfahrens wurde Ihnen ein namentlicher Auswahl-Bescheid zugestellt. Dieser berechtigt Sie, die 1. EURO-Ehrenprägung „Deutschland EURO 1998" zum Erstausgabepreis für nur 10,- DM zu erhalten.

Für Inhaber dieses Bescheids entfallen Porto und Verpackungs-Gebühren

- Meisterhafte Gravur
- Prägequalität „Polierte Platte"
- Original Erstausgabe
- nur 5.555 Komplett-Editionen

kein offizielles Zahlungsmittel

Ø 30 mm

Diese EURO-Prägung stammt aus den Exclusiv-Beständen des BAYERISCHEN MÜNZKONTORS.

Europäische Dimensionen im Wertsteigerungspotential:
Das mögliche Wertsteigerungspotential der EURO-Prägung wird dokumentiert durch die Entwicklung des Silber-ECUs „Christoph Kolumbus", Spanien.

1993: Ausgabepreis 79,50 DM
1997: Sammlerpreis 119,- DM

* Quelle: Battenberg-Katalog 1997

Jürgen Sprenzinger
Friedenstraße 7a
86179 Augsburg

An das
Bayerische Münzkontor
Göde GmbH
z. H. Herrn Dr. Göde

63735 Aschaffenburg

18.September 1997

Sehr geehrter Herr Dr. Göde,

heute habe ich eine Zuweisungs-Bescheinigung von Ihnen gekriegt. Vielen herzlichen Dank dafür. Doch leider möchte ich Ihnen hiermit mitteilen, daß das nicht nötig gewesen wär. Weil es nämlich so ist, daß ich gar nichts zugewiesen bekommen möchte. Und einen Euro schon gleich gar nicht.

Ich fühle mich natürlich schon furchtbar geehrt, weil ich da persönlich nomiert worden bin. Ich bin sicher, Sie nominieren ja nicht jeden Depp. Das macht mich unwahrscheinlich stolz, weil ich jetzt weiß, daß ich was Besonderes für Sie bin und kein Rindviech nicht.

Trotzdem glaub ich, daß das mit dem Euro ein ganz großer Quatsch ist. Und wir wissen auch noch gar nicht, ob der überhaupt kommt. Ich persönlich brauch keinen Euro, und einen Ehreneuro schon gleich garnicht, weil ich auch ohne Euro eine Ehre habe.

Außerdem ist mir das Risiko zu groß. Sie schreiben da ja, ich soll Ihnen 10 Mark schicken. Und Sie täten mir dann ein 10-Ehreneurostück schicken. Ich find, das ist ein Schmarren, weil wir wechseln da ja bloß Geld. Aber Sie haben dabei den Vorteil, daß Sie sich von meinen 10 Mark mindestens zwei Semmel mit warmen Leberkäs komplett mit Senf kaufen können, ich aber kann diese 10-Euro-Münze bloß hungrig anstarren, weil die kein Mensch nimmt. Und einen Ehreneuro schon gleich garnicht. Wenn ich damit zu meinem Metzger geh und damit zahlen will, fühlt sich mein Metzger vielleicht geehrt, weil es ja ein Ehreneuro ist, aber er gibt mir nicht mal 50 Gramm Gelbwurscht dafür, da wett ich fast. Ich kenn meinen Metzger genau, weil ich bei dem schon 6 Jahre einkauf. Und so täts mir wahrscheinlich beim Aldi oder beim C und A genauso gehen.

Seien Sie mir bitte nicht böse, wenn ich keinen Deutschland-Euro von Ihnen kaufe. Aber bis jetzt reicht mit noch meine Deutschland-Mark. Und da brauche ich auch keine Deutsche Ehren-Mark mit polierter Platte, sondern mir sind die Scheine am liebsten. Möglichst die großen. Und möglichst viele. Dann ehren einen die Leute automatisch, weil Leute mit viel Geld überall auf der Welt geehrt werden, selbst dann, wenn sie überhaupts keine Ehre nicht haben.

Habe die Ehre!

Jürgen Sprenzinger

Kundencenter Hamburg Telefon: 0180-330 30   Bankverbindung:
Hanseatic Bank, Hamburg, ZW Nord
(BLZ 201 207 01) Nr. 3100 124 444

Otto Versand • Kundencenter • 20088 Hamburg

Herrn
Jürgen Sprenzinger
Friedenstraße 7a
86179 Augsburg

Kundennummer
Bitte auf allen Mitteilungen angeben

Hamburg, 17. September 1997

Ihr Kundenkonto 701086/2

Sehr geehrter Herr Sprenzinger,

vielen Dank für Ihren Brief vom "04. Juli 1996", den Sie mir per Veröffentlichung innerhalb Ihrer Sammlung *"Sehr geehrter Herr Maggi"* zur Kenntnis brachten, weil eine liebe Kollegin, die gleichfalls Sinn für Unsinn zeigen kann, obwohl Sie fast schon meine Vorgestzte ist, mir dieses Werk zur internen Weiterbildung ein paar Tage überlassen mochte.

Um ehrlich zu sein, tut es mir in der Seele weh, daß Ihnen unsere Frau Stolle keine angemessene Antwort auf Ihr Schreiben hat zukommen lassen. Vielleicht liegt das ja daran, daß sie immer noch an den vielzehntausend Neuigkeiten-Briefen unserer gut sechs Millionen Kunden liest, die nach der Werbeaktion auf unseren Konzern eingestürzt sind, und sich einfach nicht entscheiden kann, wer zuerst Antwort kriegen soll. Sei's drum - oder wie Sie schreiben würden: Aber das ist nicht das Problem.

Eigentlich gibt es auch gar kein Problem; es hat nur Spaß gemacht, herauszufinden, daß Sie tatsächlich OTTO-Kunde sind - wie überaus leichtsinnig! Und es kommt natürlich ziemlich gut, daß Sie obendrein mit der fälligen Zahlung rückständig sind. So geht das aber nicht, Herr Sprenzinger! Was glauben Sie, wer wir sind? Die Wohlfahrt? Das Bundessozialamt? Eine Scheinfirma?

Also - geloben Sie Besserung? Ansonsten schmeißen wir Sie aus unserer Kartei der rechtschaffenen Kunden - und dann hagelt es erstmal Werbung, bis Ihnen der Altpapiercontainer überquillt, bevor Ihnen die Luft wegbleibt, weil der OTTO-Außendienst wöchentlich mit Ihnen Termine zu verabreden versucht. Falls Sie dann immer noch nicht zur Konkurrenz abgewandert sind - sicher werden wir Mittel & Wege finden, Sie weiterhin ganz furchtbar zu schikanieren!

Noch haben wir Humor!

Mit scheinbar freundlichen Grüßen

17. 09. 97 Herr Schlawinski KC-HH-OV

Otto Versand (GmbH & Co),
Wandsbeker Str. 3-7,
20088 Hamburg,
AG Hamburg HR A 62 024.
Persönlich haftend:

Verwaltungsgesellschaft
Otto Versand mbH, Hamburg,
AG HR B 13 762, vertreten durch:
Dr. Michael Otto (Vorsitzender),
Thomas Bohlmann,

Dr. Michael E. Crüsemann,
Hans Jörg Hammer,
Gerhard Höcht,
Siegfried Kockmann,
Dr. Peter Müller, Gert Rietz,

Dr. Peer Witten, Martin Zaepfel;
stv.: Diethard Gagelmann,
Aufsichtsrat:
Werner Otto (Ehrenvorsitzender),
Karl-August Hopmann (Vorsitzender)

Jürgen Sprenzinger
Friedenstraße 7a
86179 Augsburg

Otto Versand GmbH & Co
Kundencenter Hamburg
z. H. Herrn KC-HH-OV Schlawinski
Wandsbeker Str. 3–7

20088 Hamburg

19. September 1997

Sehr geehrter Herr Schlawinski,

Ich weiß jetzt nicht genau, ob KC-HH-OV Ihr Vorname ist, aber wenn ja, dann ist das ein sehr schöner Vorname. Spricht sich auch sehr gut aus und klingt phantastisch. Aber das wollt ich Ihnen ja überhaupts nicht schreiben, weil das ja schließlich Ihr Vorname ist und Sie damit leben müssen.

Ich bewundere aber ehrlich die wahnsinnige Schnelligkeit, mit der Sie meinen Brief vom 4. Juli 1996 beantwortet haben. Sie haben das in einer Rekordzeit von nur 14 Monaten geschafft. Das find ich prima, weil ich gerade noch ein Buch schreib, und da kann ich Ihren Brief jetzt gut brauchen.

Das tut mir natürlich schon sehr leid, daß Ihre Frau Stolle immer noch an den tausenden Briefen liest, die sie auf diese Werbeaktion voriges Jahr erhalten hat. Aber das wäre nicht nötig gewesen, wenn sie keine Werbung verschickt hätt. Denn Otto braucht überhaupt keine Werbung, weil ich Otto auch so gut find.

Was mich ganz besonders freut, ist, daß Sie herausgefunden haben, daß ich ein Otto-Kunde bin. Sie sehen also, ich hab Sie nicht angelogen. Weil Otto lügt man einfach nicht an. Das könnt ich mit meinem Gewissen überhaupts nie vereinbahren. Meinen Chef hab ich schon oft angelogen, aber das ist mir wurscht. Deswegen lüg ich Sie auch nicht an, wenn ich Ihnen hiermit mitteile, daß ich die fällige Zahlung schon gezahlt hab. Ich geb ja zu, daß ich die Zahlung wahrscheinlich etwas zu spät gezahlt hab, weil ein Reihe widerwärtiger Umstände in mein Leben getreten sind, die mich arg gebeutelt haben. Zuerst einmal habe ich das Problem, daß ich normalerweise bei Zahlungen unter 300 Mark überhaupt keine Überweisung ausfülle, weil das das Papier nicht wert ist. Ich hätt Ihnen das Geld aber ehrlich vorbeigebracht, wenn ich nach Hamburg gekommen wär. Ich komme vermutlich im Frühjahr 1999 nach Hamburg. Aber in Ihrem Fall hab ich sogar eine Ausnahme gemacht, weil ich Otto halt einfach gut find. Irgendwie ist mir die Überweisung dann hinter das Sofa gefallen. Das hab ich zuerst natürlich nicht gewußt, weil man ja von vornherein nie genau sagen kann, wo so ein Überweisungsformular hinfällt. Das hängt wahrscheinlich vom Luftzug in der Wohnung ab und ist ein reiner Zufall. Jedenfalls hab ich die Überweisung dann am letzten Samstag hinter dem Sofa entdeckt. Das war aber kein Zufall. Weil alle zwei Jahre, genau am 13. September, ist bei uns Sofa-Reinigungstag. Da reinigen wir das Sofa, auch hinten und unten, weil es bei uns ja nicht aussehen soll wie bei Hempels unter dem selbigen.

Ich hab die Überweisung dann also hinter dem Sofa gefunden und sofort meiner Frau geschrieen und die hat sich auch wahnsinnig gefreut, daß wir die Überweisung wieder gefunden hatten und abends ist dann noch meine Schwester mit meinem Schwager vorbeigekommen und denen haben wir das auch erzählt und die haben sich natürlich auch wahnsinnig gefreut. Wir haben deswegen ein richtiges Überweisungwiederfindungs-Freudenfest veranstaltet, alle Nachbarn zusammengerufen und gefeiert bis zum frühen Morgen. Es war fast wie bei einer Sammel-Überweisung.

Am drauffolgenden Montag bin ich aber dann sofort zur Bank gegangen. Aber es war kein Geld mehr auf dem Konto. Weil ich nämlich vorige Woche sehr viel ausgegeben hab. Ich hab mir ein neues Auto kaufen müssen, und weil die Börse grad relativ niedrig steht, hab ich ein paar Aktien gekauft, meine Frau wollt auch schon lang einen neuen Brillantring und dann hab ich grad mein Haus renoviert und eine neue Ledercouchgarnitur kaufen müssen. Ich sag Ihnen, das Geld ist rausgegangen, das war ein Wahnsinn.

Jedenfalls hab ich dann die 240 Mark und Quetsch, die ich Ihnen noch schuldig war, erst am Dienstag zahlen können. Ich bin nämlich am Dienstag vormittag mit meinem Hund in die Stadt und hab mich da mit einem Hut hingesetzt und den Betrag zusammengebettelt. Ich hab dafür von der Stadt Augsburg extra eine Lizenz dazu bekommen. Ich darf das ohne Probleme. Die Leuten spenden mir gern was, weil wir, mein Hund und ich, so lieb schauen können.

Das wollte ich Ihnen alles höflichst mitgeteilt haben.

mit zahlungsverspäteten Grüßen

Jürgen Sprenzinger

Jürgen Sprenzinger
Friedenstraße 7a
86179 Augsburg

Plasma artworks
Kaiserpassage 2

72746 Reutlingen

16.Oktober 1997

Sehr geehrter Herr Plasma!

Neulich hab ich ein Mauspad von Ihnen gekriegt in Form eines bereits angefressenen Wurschtbrotes.
Dieses Wurschtbrotmauspad finde ich, ist eine Zumutung. Wieso verschicken Sie Mauspads, die bereits angefressen sind? Zudem erzeugt dies ein ständiges Hungergefühl und es kann passieren, daß man in dieses Wurschtbrotmauspad aus Versehen hineinbeißt und sich den letzten Zahn dran ausbeißt, weil es gar so zäh ist. Ich hab dieses Mauspad nämlich probiert. Mit Müh und Not hab ich ein Stück heruntergebissen und eine halbe Stunde daran gekaut, weil es so zäh war. Geschmeckt hat es nicht schlecht, bloß etwas leicht nach Gummi. Aber es war scheinbar ziemlich nahrhaft, weil mein Hunger danach sofort vorbei war. Nur mein Stuhlgang hat sich anschließend etwas in die Länge gezogen. Scheinbar war da doch mehr Gummi drin als ich zuerst gedacht hab. Und außerdem hab ich 28 Zahnstocher gebraucht, bis ich die Speisereste wieder aus meinem Gebiß entfernt gehabt hab.

Jetzt hätt ich da eine Frage. Ist es möglich, anstatt einem angefressenen Wurschtbrotmauspad ein nicht angefressenes Wurschtbrotmauspad zu kriegen? Oder haben Sie nur angebissene? Ich mein, so angebissene Mauspads sind doch auch furchtbar unhigenisch, weil man ja nie weiß, wer da schon reingebissen hat. Beißen Sie alle Ihre Mauspads an? Meine Frau hat gemeint, Sie haben wahrscheinlich ein Ungeziefer in Ihrer Firma. Ich hab gesagt, daß das ein Quatsch ist, weil es gar kein solches Ungeziefer nicht gibt, das Mauspads frißt. Meine Frau hat dann aber gemeint, daß man in der heutigen Zeit gar nie weiß, was die Wissenschaftler mit dieser Gentechnologie alles anstellen. Vielleicht haben die zwischenzeitlich bereits auch Mauspadfresser gezüchtet. Da bin ich mir nicht so sicher, denen trau ich alles zu, weil die haben ja überhaupts keinen Respekt mehr vor der Natur. Ich könnt mir gut vorstellen, daß es in der heutigen Zeit, wo es ja schon bereits Computerviren gibt, auch Lebewesen gibt, deren Lieblingsspeise Mauspads sind. Insbesondere, wenn Sie wurschtbrotähnlich sind. Weil das ja den Apetit anregt.

Wenn Sie ein ganzes Wurschtbrotmauspad haben, ich meine eins, das nicht schon angebissen ist, dann wäre ich Ihnen sehr dankbar, wenn Sie mir dieses mitteilen täten und mit gleicher Post eines schicken. Ich zahl Ihnen das auch, obwohl ich vermute, daß nicht angefressene Wurschtbrotmauspads teurer sind als angefressene. Aber das wär mir wurscht.

Mit hochachtungsvollsten Grüßen

Jürgen Sprenzinger

Nachtrag

Ich hätte da noch eine kreative Anmerkung: Bislang ist noch nie versucht worden, ein Mousepad zu klonen. Es kann doch nicht so schwer sein, an die DNS von so einem Mousepad zu kommen …

Jürgen Sprenzinger
Friedenstraße 7a
86179 Augsburg

An das
Bündnis 90/Die Grünen
Baunscheidtstr. 1a

53113 Bonn

16.Oktober 1997

Sehr geehrte Damen und Herren,

seit Jahren mach ich mir Gedanken über sämtliche Löcher. Über das Haushaltsloch zum Beispiel. Das ist ein großes Loch. Ich hab mir aber auch schon Gedanken über kleine Löcher gemacht. Über mein privates Haushaltsloch zum Beispiel. Aber normalerweise mach ich mir lieber Gedanken über große Löcher, weil das ergiebiger ist. Und jetzt hab ich mir Gedanken über das Ozonloch gemacht.

Jeder spricht heutzutage über das Ozonloch. Bloß wie man das beseitigen kann, darüber hat sich noch keiner Gedanken gemacht. Weil die Leute immer so kompliziert denken und auf einfache Sachen überhaupts gar nicht mehr kommen. Das ist eine Entwicklung, die ich schon seit Jahren beobachtet hab und die immer mehr vortschreitet. Aber deswegen schreib ich Ihnen gar nicht.

Ich schreib Ihnen, weil mir eine Idee eingefallen ist, wie man das Ozonloch beseitigen könnt. Und dazu bräuchts aber eine politische Unterstützung. Und da dazu sind Sie genau die richtige Partei und deswegen sag ich Ihnen meine Idee auch.

Ich hab nämlich festgestellt, daß die heutigen Fotokopierer und Laserdrucker Ozon erzeugen. Und zwar soviel, daß es im Büro immer gleich sofort so krass stinkt wie in meinem Klo. Und da ist mir eine grandiose Idee gekommen. Die Lösung ist so genial einfach, daß ich eigentlich einen Umweltnobellpreis dafür kriegen müßt. Man müßt also nur folgendes machen: eine große Halle bauen, in die so ungefähr 1000 oder auch 2000, ja vielleicht sogar 5000 Fotokopierer hineingehen. Dazu bräuchte man natürlich ausreichend Stromanschlüße. Und dann müßt man die Fotokopierer dauernd laufen lassen, den ganzen Tag, einen ganzen Monat lang. Die Fotokopien kann man ja wegwerfen und das Papier wieder reseiceln. Und das entstehende Ozon müßte man dann aus der Halle absaugen, komprimieren und in Gasflaschen abfüllen. Dann nimmt man die Flaschen und ladet die in ein Flugzeug und fliegt damit bis an die Ozonschicht und zwar dorthin, wo sich

Zweite Seite

das Ozonloch befindet. Dann öffnet man die Gasflaschen und läßt das Ozon in das Ozonloch hineinströmen und füllt es einfach wieder auf. Und das macht man mit allen Ozonlöchern so. Wenn alle Ozonlöcher dann gestopft sind, ist auch die Sonneneinstrahlung wieder normal und man braucht im Sommer nicht mehr so viel Sonnencreme. Das spart dem deutschen Bundesbürger unwahrscheinlich viel Geld. Dieses gesparte Geld zahlen wir dann als Sonderzahlung dem Herrn Waigel und der kann damit sein Haushaltsloch stopfen. Damit wären dann alle Löcher gestopft und es tät uns allen wieder gut gehen. Das müßten Sie im Bundestag durchsetzen. Das wär super.

Hochachtungsvollst

Jürgen Sprenzinger

Nachtrag

Ich habe immer sehr viel von den Grünen gehalten. Ganz ehrlich. Die Farbe ist so beruhigend für's Auge. Doch leider haben die meinen Brief nicht beantwortet. Deswegen kann ich diese Partei 1998 auch nicht wählen. Eine Partei, die sich nicht für das Ozonloch und für dessen zeitgemäße Beseitigung interessiert, ist für mich überhaupts gar nie nicht tragbar …

Jürgen Sprenzinger
Friedenstraße 7a
86179 Augsburg

Firma
Yankee Polish Lüth Gmbh+Co
00-Abteilung
Borsigstraße 2

21465 Reinbek

                                                    20. Oktober 1997

Sehr geehrte Herren und Damen!

Vorige Woche hat meine Frau Ihren 00-Badreiniger gekauft. Er gehört aber trotzdem eigentlich mir, weil meine Frau von mir Haushaltsgeld bekommt, mit dem sie dann den 00-Badreinger gekauft hat.

Jedenfalls hat meine Frau deswegen einen 00-Badreiniger gekauft, weil das Bad wieder mal dreckig war. Einmal im Jahr machen wir das Bad sauber. Deswegen haben wir Ihren Badreiniger gekauft. Und damit hat die Dragödie ihren Lauf genommen.

Es ist nämlich so, daß unser Bad arg dreckig war. Da hab ich zu meiner Frau gesagt, sie soll das ganze Bad mit dem Zeugs einsprühen und bis zum anderen Morgen einwirken lassen. Meine Frau hat darauf hin dann gestern Abend das Waschbecken, die dazugehörigen Wasserhähne, die Kloschüssel und die Badewanne eingesprüht. Ich hab anschließend dann noch die Klobürste eingesprüht, weil die schon ganz braun war. Dann sind wir ins Bett gegangen.

Plötzlich, in der Nacht, es war genau 2 Uhr und 17 Minuten, bin ich aufgewacht. Weil ich ein Geräusch gehört hab. Es war ein Geräusch, wie wenn man ein Papier zerknüllen täte. Aber dann war es wieder weg. Das Geräusch. Da bin ich wieder eingeschlafen.

Am anderen Morgen ist meine Frau aufgestanden und ins Bad gegangen. Und plötzlich hör ich einen mords Schrei. Von meiner Frau. Ich bin sofort ins Bad gestürzt und hab gleich gesehen, was los war. Das Waschbecken, das Klo und die Badewanne waren total deformiert. Das Waschbecken war nur noch ein Klumpen. Und die Badewanne war auf ungefähr 50 Zentimeter zusammengeschrumpft. Die Klobürste hatte alle Borsten verloren und der Stiel von derselbigen hat ausgesehen wie ein Fragezeichen. Bei der Kloschüssel hab ich den Eindruck gehabt, sie hat sich selbst nach innen gestülpt. Und deswegen schreib ich Ihnen jetzt. Ich hab den Verdacht, Ihr 00-Badreiniger ist zu scharf. Vielleicht heißt er auch deswegen 00-Reiniger, weil wenn man etwas damit reinigt, ist nachher 0 da. Jedenfalls haben Sie mein Bad total zerstört. Ich würd mich noch garnicht aufregen, weil meine Badewanne und mein Waschbecken kaputt ist. Das brauch ich eh bloß einmal im Monat. Aber daß mein Klo hin ist, das ist eine Dragödie. Ich habe heute früh meinen Nachbarn mit meinem Geschäft belästigt. Der war nicht gerade begeistert. Meine Frau ist in den Garten gegangen.

Ich bitte Sie nun, mir den Schaden zu ersetzen. Weil es ist ja prima, wenn Ihr Mittel intensiv gegen Schmutz und Kalk wirkt, aber es darf doch nicht die Badewanne schrumpfen lassen und das Klo zerstören. Vielleicht können Sie mir kurz mitteilen, was wir da machen können. Weil ich möchte ja irgendwann wieder ein eigenes Klo.

Hochachtungsvollst

Jürgen Drenzinger

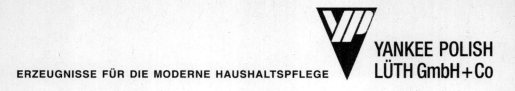

ERZEUGNISSE FÜR DIE MODERNE HAUSHALTSPFLEGE

Yankee Polish Lüth GmbH+Co, D-21462 Reinbek

Herrn
Jürgen Sprenzinger
Friedensstraße 7 a

86179 Augsburg

Ihr Schreiben vom	Ihr Zeichen	Unser Zeichen	Telefon	Reinbek,
		Bie		31. Okt. 1997

OO Null-Null Bad-Reiniger

Sehr geehrter Herr Sprenzinger,

wir bedanken uns für Ihr Schreiben vom 20.10.1997.

Hierzu möchten wir Ihnen mitteilen, daß es uns sicherlich nicht an Humor mangelt, aber wir nehmen an uns gerichtete Verbraucherschreiben, ob als Beanstandung oder auch als Lob, sehr ernst.

Aus diesem Grunde setzen wir unsere kostbare Zeit auch lieber für ernstgemeinte Verbraucherschreiben ein und nur ungerne für Verulkungen.
Bitte haben Sie dafür Verständnis.

Mit freundlichen Grüßen
YANKEE POLISH
Lüth GmbH + Co

i.A. Angelika Biermann
- Marketing -

Banken: Landesbank Kiel (BLZ 210 500 00) Kto.-Nr. 53 003 082
M. M. Warburg Bank Hamburg (BLZ 201 201 00) Kto.-Nr. 251 461
Commerzbank Reinbek (BLZ 200 400 00) Kto.-Nr. 26 / 54 838
Postbank Hamburg (BLZ 200 100 20) Kto.-Nr. 763 66-202

Zentrale/Hausanschrift
Borsigstraße 2
D-21465 Reinbek

Telefon 0 40/7 27 63-0
Telefax Zentrale 0 40/72 76 32 74
Telefax Verkauf 0 40/72 76 32 36
Telefax Marketing 0 40/72 76 32 06
Telefax Personalabt. 0 40/72 76 32 46
Bahnstation Hamburg Billbrook

Verkaufsbüro West
Oberdießemer Straße 186
D-47805 Krefeld
Telefon 0 21 51/3 70 75 + 3 70 76
Telefax 0 21 51/31 44 60

bbn 4016300 0

Yankee Polish Lüth GmbH+Co, Reinbek, HR A 1001 Amtsgericht Reinbek
Komplementärin: Lüth, von Oppel und Wupperman GmbH, Reinbek, HR B 1488 Amtsgericht Reinbek · Geschäftsführer: Vincent Wupperman

Nachtrag

Diese Antwort klang sehr verstört. Kein Wunder, es mangelt an Humor, denke ich. Ich werde also der Firma Yankee Polish zukünftig nur noch ernstgemeinte Verbraucherschreiben zukommen lassen, damit die ihre kostbare Zeit nicht mit mir vergeuden. Ich geb's ja auch zu: Mein Brief an diese Firma war ja wirklich ein Griff ins Klo …

GEDANKEN ÜBER DEN TAG HINAUS

RAT UND HILFE BEI BESTATTUNGS-VORSORGE UND IM TRAUERFALL

WIR STEHEN IHNEN JEDERZEIT MIT RAT UND TAT ZUR SEITE. TAG UND NACHT AUCH AN SONN- UND FEIERTAGEN

FRIEDE
BESTATTUNGSDIENST

Jürgen Sprenzinger
Friedenstraße 7a
86179 Augsburg

Firma Friede
Bestattungsdienst
Neusässer Straße 15

86156 Augsburg

23. Oktober 1997

Sehr geehrter Herr Friede!

Ich trink nie Alkohol. Weil ich nämlich gar keinen Alkohol nicht mag. Deswegen werd ich vermutlich steinalt. Aber als ich vorige Woche Ihren Prospekt gekriegt hab, hab ich mir doch Gedanken gemacht. Und zwar genauso, wie Sie geschrieben haben: Gedanken über den Tag hinaus. Ich bin deswegen extra länger aufgeblieben. Das war am Dienstag. Am Mittwoch war ich deswegen den ganzen Tag recht müde.

Ich hab den Prospekt dann auch durchgelesen. Aber ich sags Ihnen ehrlich, eine Erdbestattung ist ein alter Hut, eine normale Feuerbestattung auch, ein Seemannsgrab ist mir zu naß und eine Weltraumbeerdigung ist auch nicht da wahre Jakob, da ich nicht schwindelfrei bin.

Ich möchte deshalb höflichst anfragen, ob eine Bestattung möglich wär, wie ich Ihnen jetzt nachfolgend beschreibe. Das wäre eine Bestattung nach meinem Herzen.

Also: schon als Kind bin ich furchtbar gern auf den Christkindlsmarkt gegangen. Ich freue mich jedes Jahr wieder auf den Christkindlsmarkt, weil ich da auch heut noch immer gern hingeh. Der Christkindlsmarkt hat eine ganz eigene, spezielle Atmosfähre. Diese Atmosfähre ist so eigen, daß es die nirgends wo auf der Welt mehr gibt, so eine eigene Atmosfähre. Und in dieser Atmosfähre möchte ich bestattet werden. Und zwar folgendermaßen: mitten auf dem Rathausplatz auf einem Holzhaufen. Im Kreise meiner Lieben, soweit sie mich dann noch lieben. Genaues weiß ich da allerdings nichts, weil das mit der Liebe so eine Sache ist. Das ist eine total unberechenbare Angelegenheit. Ich möchte also eine öffentliche Beerdigung auf dem Augsburger Rathausplatz auf einem Holzhaufen, und zwar dann, wenn der Christkindlsmarkt ist. Das Holz von dem Scheiterhaufen sollte nach Möglichkeit ein Tannenholz sein, weil das so schön duftet, wenn man es verbrennt. Das würde auf den Christkindlsmarkt ja auch passen. Der Termin sollte an einem 21. Dezember sein, weil da Sonnenwende ist und da zündet man sowieso immer Feuer an. Und dann könnte man gleich drei Fliegen mit einer Klappe schlagen. Bestattung und Sonnwendfeuer. Und die Bevölkerung auf dem Christkindlsmarkt bräucht nicht so frieren und alle könnten gleichzeitig ein Glas Glühwein auf mein Dahinscheiden trinken. Den Termin am 21. Dezember krieg ich hin. Ich geb am 18. Dezember einfach den Löffel ab, dann soll man mich vielleicht noch zwei Tage liegen lassen, damit man auch sicher ist, daß ich nicht mehr aufsteh. Weil alle Bekannten nämlich sagen, daß ich ein Stehaufmännchen bin.

Wenn Sie mir mitteilen könnten, was sowas kosten tät und ob sowas überhaupts möglich ist, wäre ich Ihnen sehr dankbar. Vielleicht wär es möglich, daß ich das auch schon vorher auf Raten bezahlen könnt.

Hochachtungsvollst

Jürgen Frenzinger

BESTATTUNGSDIENST →FRIEDE←

Erd- und Feuerbestattungen – Überführungen – Bestattungsvorsorge – Jederzeit Hausbesuch – Alle Besorgungen – Abrechnung mit Krankenkassen und Versicherungen

BESTATTUNGSDIENST FRIEDE GMBH · Neusässer Str. 15 · 86156 Augsburg

Herrn

Jürgen Sprenzinger

Friedenstr. 7 a

86179 Augsburg

Bestatter vom Handwerk geprüft

Tag und Nacht dienstbereit
☎ 08 21/44 00 70

86156 AUGSBURG, Neusässer Straße 15 (beim Zentralklinikum)
86152 AUGSBURG, Mittlerer Graben 22 (Parkplatz im Hof)
86316 FRIEDBERG, Ludwigstr. 26, Tel. 08 21/60 40 47
86438 KISSING, Münchner Str. 28a, Tel. 0 82 33/2 06 06
86438 KISSING, Bachernstraße 3, Tel. 0 82 33/6 08 64
86830 SCHWABMÜNCHEN, Frauenstr. 11, Tel. 0 82 32/40 95
86399 BOBINGEN, Lindauer Str. 23, Tel. 0 82 34/20 75
86405 MEITINGEN, Hans-Koch-Str. 8, Tel. 0 82 71/69 24

Augsburg, den 21.12.1997

Ihre vorsorgliche Bestattungsregelung

Sehr geehrter Herr Sprenzinger,

heute, am Tag der Sonnwende, ist es uns erst möglich, auf Ihr Schreiben vom 23.10.1997 zu antworten. Die verschiedenen Rückfragen und Klärungen, um Ihren Herzenswunsch dereinst erfüllen zu können, haben halt arg viel Zeit in Anspruch genommen. Da wir jedoch immer bemüht sind, zu versuchen, alle Wünsche für besondere Bestattungen zu erfüllen, haben wir deshalb bei allen zuständigen und entscheidenden amtlichen Stellen wegen der besonderen Genehmigung angefragt. Wir stießen jedoch auf die verschiedensten Widerstände. Viele der Verantwortlichen gingen in sich und warten noch auf die göttlichen Eingebungen für eine diplomatische Lösung.

Die Feuerwehr regt jedoch sehr konstruktiv und einsehbar an, daß aus Sicherheitsgründen rings um den Scheiterhaufen ein Wassergraben gezogen werden müßte, gibt jedoch zu bedenken, daß bei starkem Wind die Asche auf die umstehenden Trauergäste geweht wird, wo sie ja nun mal nicht hingehört.

Da ja auch ein größeres Areal für den Bestattungsplatz benötigt wird, müssen wir auch dem Widerstand zweier Verkaufsstandbesitzer begegnen. Es wird wohl nichts anderes übrig bleiben, als dem einen Standbesitzer drei Hektoliter Glühwein und dem anderen Standbesitzer 3.000 Stück Reibekuchen abzukaufen. Bitte geben Sie uns, bevor Sie den Löffel weglegen, noch Bescheid, an wen wir den Glühwein und die Reibekuchen dann verteilen sollen. Man könnte sie natürlich auch beim Trauermal auftischen.

Beim Forstamt haben wir auch wegen des Tannenholzes für den Scheiterhaufen nachgefragt. Es wurde vorgeschlagen, die Tanne jetzt schon zu fällen, in Scheiten zu stapeln und trocken zu lagern.

Das Holz einer frisch gefällten Tanne zu verwenden, würde beim
Verbrennen zwar angenehm duften, aber zu viel Rauch entwickeln
und die Umweltschützer würden ihr Veto einlegen.

Etwas unsicher sind wird jedoch, ob der "Herr des Feuers",
der seinen Amtssitz am Westfriedhof und außerdem auch noch
das Monopol hat, seine Zustimmung geben wird. Wahrscheinlich
fürchtet man nach einem Präzedenzfall weitere Nachahmer.
Die Hoffnung auf eine Ausnahmegenehmigung bleibt uns jedoch.

Die Polizei, die ja auch die Unbedenklichkeitsbescheinigung
zu erstellen hat, würde auf jeden Fall einige Sicherheits-
kräfte abstellen, um evtl. zündelnde Kinder zurückzuhalten
und um diejenigen Trauergäste in die Schranken zu weisen,
die es unbedingt auf ein Souvenir vom Scheiterhaufen, in etwa
ein Stück angekohltes Holz, abgesehen haben.

Voraussichtliche Gesamtkosten:
1001 Goldstücke, wie sie "zur Zeit der großen Scheiterhaufen"
als Zahlungsmittel üblich waren; zu zahlen in monatlichen Raten
in Säckchen à 100 Goldstücke.

Sollte allerdings keine Genehmigung erreicht werden, bleibt
natürlich nur noch folgende Möglichkeit:
Die Bestattungsart, die Ihrem Herzenswunsch entspricht,
ist ja bereits seit Jahrhunderten bei einigen Völkern Asiens
in ähnlicher Form üblich.
Die Einsargung würde in einem Sarg aus Tannenholz vorgenommen
werden. Dann Flugüberführung z.B. nach Indien. Dort würde der
Sarg dann auf einen Holzstoß abgestellt und alles sehr dekorativ
für die Feuerbestattung hergerichtet werden. Für alle stark
anteilnehmenden Trauergäste müßte ein Flug gebucht werden für
die Abschiednahme vor Ort im fernen Land. Doch dort fehlt
jedoch wiederum die wunderbare Atmosphäre des Augsburger
Christkindlmarktes und deshalb werden wir die Augsburger
Obrigkeiten weiter um eine positive Entscheidung in Ihrem
Sinn bedrängen.

Abschließend versichern wir Ihnen, daß wir auf jeden Fall für
diesen betreffenden denkwürdigen 18.Dezember immer in
Bereitschaft sein werden und immer bemüht, um dereinst die beste
Lösung für Ihren Herzenswunsch durchführen zu können.

Mit unserem Wunsch, daß der **betreffende** 18.Dezember für Sie
noch in weiter Ferne ist und alle kommenden Jahre für Sie
schön sein mögen, verbleiben wir

mit freundlichen Grüßen

BESTATTUNGSDIENST FRIEDE GMBH.
Augsburg

Horst Würkner
Beratungsdienst

A-Klasse besteht „Elchtest"

Stuttgart/München (dpa). Die Mercedes-A-Klasse hat bei einem Fahrversuch des Automobilclubs ADAC das scharfe Ausweichmanöver „Elchtest" bestanden. Mit den vom Werk freigegebenen Michelinreifen habe der kleinste Mercedes den Slalom- und Elchtest leer und vollbeladen erfolgreich absolviert, berichtet die Mitgliederzeitschrift *motorwelt*.

Jürgen Sprenzinger
Friedenstraße 7a
86179 Augsburg

Daimler-Benz AG
z. H. Herrn Daimler
Epple-Straße 225

70322 Stuttgart-Untertürkheim

31. Oktober 1997

Sehr geehrter Herr Daimler, sehr geehrter Herr Benz,

seit dem Jahre 1934 bin ich Erfinder. Ich habe unter anderem die selbsttapezierende Tapete erfunden. Aber auch im technischen Bereich bin ich tätig: so erfand ich die automatische Schuhreinigungsmaschine für den PKW, die fast unbemerkt vom Fahrer während dessen Fahrtätigkeit die Schuhe desselbigen reinigt und auf Hochglanz bringt.

Der Grund meines Schreibens ist dieser, als daß ich vor einigen Tagen in der hiesigen Tagespresse las, daß Modelle der A-Serie – fährt man damit extreme Kurven, sogenannte Elch-Kurven – einfach umfallen. Da dies für einen PKW nicht normal ist, habe ich mir Gedanken darüber gemacht und mir so ein Modell augenscheinlich vor Augen geführt.

Dabei stellte ich fest, daß das Bodenblech desselbigen Fahrzeugtyps zu dünn ist. Die logische Konsequenz aus dieser Tatsache besteht darin, daß durch diesen Umstand das Bodenblech zu leicht ist. Dadurch wird das ganze Fahrzeug zu leicht und es fehlt ihm logischerweise an der nötigen Bodenhaftung, die ja, bedingt durch die Gravitation der Erde, das Fahrzeug mit der Erdoberfläche verbindet und ihm auf derselbigen den nötigen Halt verleiht.

Ich sann deswegen auf Abhilfe. Man kann das Problem nämlich sehr einfach lösen, indem man vier Gewichte zu je 50 kg an jedem Rad befestigt. Dies sollte natürlich so geschehen, daß es von außen nicht sichtbar ist, um die Optik des Wagens nicht zu stören, da diese ja sehr gelungen ist.

Ein anderer gangbarer Weg wäre es, Michelin-Haftreifen zu verwenden. Diese Reifen sind dadurch bekannt, daß sie fast am Boden kleben, egal bei welcher Witterung – und somit das Fahrzeug fest mit dem zu befahrenden Untergrund verbinden.

Eine andere Idee wäre, nicht bleifreies Benzin zu benützen, sondern einen Kraftstoff, der Blei enthält. Auch dies würde das Fahrzeug etwas schwerer machen – da Blei ja ein Schwermetall ist und dem Fahrzeug mit Sicherheit eine wesentlich bessere Bodenhaftung verleihen würde.

Zudem wäre es möglich, in der Bedienungsanleitung des Fahrzeugs darauf hinzuweisen, daß man PKWs dieses Modells nur mit mindestens vier Personen bewegen sollte. Ein Testfahrer allein im Auto ist vermutlich zu leicht.

Es würde mich freuen, Sie mit meinen Gedanken auf den richtigen Weg zur Beseitigung des Übels gebracht zu haben. Mit weiteren Anregungen zum Thema stehe ich Ihnen gerne nach einer genauen Analyse der Fahrzeugs zur Verfügung, die ich momentan durchführe.

Ich bin sicher, Ihnen hiermit gedient zu haben und verbleibe hochachtungsvollst

Jürgen Prenzinger

Nachtrag

Daimler-Benz hat meine Anregung erfolgreich aufgenommen. Die Firma hat mir zwar nie geantwortet, trotzdem konnte man es ein paar Tage später in der Zeitung lesen: Mit Michelin-Reifen ist der Elch-Test ein Kinderspiel. Manchmal hat auch ein kleiner Bürger eine brauchbare Idee, nicht wahr?

Hallo, Ihr Manager von Daimler-Benz! Braucht Ihr noch Mitarbeiter, die was von Autos verstehen?

Jürgen Sprenzinger
Friedenstraße 7a
86179 Augsburg

Firma
OKI Systeme Deutschland GmbH
Hansaallee 187

40549 Düsseldorf

31. Oktober 1997

Sehr geehrte Damen und Herren,

seit ich überhaupts drucken kann, drucke ich nur mit OKI-Drucker. Ich war immer unwahrscheinlich zufrieden mit meinen OKI-Druckern. Deswegen ist es ein innerliches Bedürfnis meinerseits, mich bei Herrn Oki höchstpersönlich zu bedanken.

Ich bitte Sie deshalb, den Brief, den ich da noch mitgeschickt hab, an Herrn Oki in Japan weiterzuleiten, da ich die Adresse von Herrn Oki nicht weiß. Ich hab mich zwar schon bei der Auskunft von der Telekom erkundigt, aber die stellen sich nur recht saudumm an und wissen genau wie ich auch nix. Blöd sein kann ich aber allein, da brauch ich keine Telekom dazu. Ich hab nur rausgekriegt, daß Sie in Düsseldorf eine Filiale haben. Ich nehm jetzt an, Sie kennen die Adresse von Herrn Oki in Japan und bitte Sie deshalb um Weiterleitung selbigen Schreibens, das sich mit diesem in gleichem Kuwert befindet.

Für Ihre Mühe bedanke ich mich äußerst herzlich und bedanke mich im voraus.

Hochachtungsvoll mit freundlichen Grüßen

Jürgen Sprenzinger

Jürgen Sprenzinger
Friedenstraße 7a
86179 Augsburg

Firma
OKI Systeme Deutschland GmbH
Hansaallee 187

40549 Düsseldorf

31. Oktober 1997

Ehrenhafter Oki-San,

ich, ein auf der Welt völlig überflüssiger, unwichtiger Druckerbenutzer, benutze seit Jahren nur Euere hochwertigen, überaus robusten, technisch ausgereiften Nadeldrucker, obwohl ich es kaum wert bin, überhaupt solchige zu von Euch beziehen zu dürfen.

Tausendmal verneige ich mein unbewachsenes, eierförmiges Haupt vor Euch, nicht ohne es zu vergessen, Euch gleichzeitig die geheiligten Druckerherstellerfüße zu küssen – voller Lobes ob Euerer Fähigkeit, solche Drucker in dieser hochwertigsten Qualität den Menschen dieser Welt zu schenken, auf daß sie ihr Papier bedrucken können, das ansonsten leer und kahl bliebe.

Millionen Menschen drucken jeden Tag mit Millionen von Oki-Drucker gedankenlos vor sich hin - nicht so jedoch ich. Nein – bei jedem Blatt Papier, das bedruckt von Eurem Oki-Drucker aus dem Oki-Drucker-Schacht entfleucht, betrachte ich wiederum mit Staunen und grenzenloser Bewunderung das bedruckte Blatt, das noch vor einer Minute eine öde, weiße Fläche war, und ich beginne zu singen – einen Lobgesang Euch zu Ehren, dem größten aller Druckermacher. Es grenzt an Zauberei, wie es Euere Drucker immer wieder schaffen, einen Buchstaben genau im selbigen Abstand neben den anderen zu bringen – mit einer Präzision, die mich permanent an die Atomuhr in Braunschweig erinnert.

Ihr seid das hell leuchtende Urgestirn der asiatischen Druckerhersteller, die Sonne ist dagegen nur ein blasser Lampion beim Kirschenblütenfest in Yokohama, der funzelnd im Winde schaukelt.

Aus einem inneren Bedürfnis heraus wollte ich unwichtigster, unnützigster aller Oki-Druckeranwenderlinge Euch aus der begrenzten Tiefe meines Herzens meinen unterwürfigsten Dank aussprechen ob dieser wunderbaren Drucker, die nur Ihr herstellen könnt, weil Ihr, einzig und allein, der Welt bester Druckerhersteller seid und so die Götter es wollen, ewiglich bleiben werdet.

Nehmt also meinen völlig unwichtigen Dank entgegen, mögen die Götter allzeit und immerdar ihre schützenden Hände über Eure Druckerfabriken, Ersatzteillager und natürlich über Euere geheiligte Person halten, auf daß Ihr noch über Jahre hinaus die Welt mit Druckern beglücken könnt und das Papier nicht leer bleibt.

Ich Unwürdiger wünsche Euch noch viele laue Abende im Sommerwind.

Sayonara, ehrenwerter Oki-San. Ich unwichtigster aller Fürze verabschiede mich mit gebeugtem linken Knie.

Jürgen Sprenzinger

OKI Systems (Deutschland) GmbH · Postfach 110836 · D-40508 Düsseldorf

Herrn
Jürgen Sprenzinger
Friedenstraße 7a

86179 Augsburg

Düsseldorf, den 10.12.1997

Kon-ni-chi-wa, Sprenzinger-san,
Sehr geehrter Herr Sprenzinger,

da der ehrenwerte Kibatori Oki bei seinen Ahnen im Tempel der ewigen Glückseligkeit weilt, erlaubt sich die Unterzeichnerin, welche das unverdiente Glück ereilte, dem Erbe des seligen Kibatori Oki zu dienen und die deutschsprachige Menschheit von den Segnungen der OKI Drucker zu unterrichten, Ihr überaus freundliches Schreiben zu beantworten. Die Unterzeichnerin bittet Euch, ehrenwerter Sprenzinger-san, ihr diese Kühnheit sowie die Rauheit ihrer Sprache zu verzeihen und dem unwürdigen Schreiben gleichwohl Aufmerksamkeit zu schenken.

Es erfüllt uns mit unaussprechlicher Freude, daß unsere Produkte Euer Wohlwollen genießen und Euch zu sphärengleichem Lobgesang anregen. Gleichwohl sind unsere Drucker nur unwürdige Instrumente, die Euch, ehrenwerter Sprenzinger-san, dazu dienen, jungfräuliches Papier mit Euren Genieblitzen zu füllen. Drucker wie Papier können sich glücklich schätzen, einem Anwender wie Euch nützen zu dürfen, sind sie doch stets nur mindere Hilfsmittel, Krücken, die einem großen Geist wie dem Euren hinterherhinken.

Bitte gestattet uns unwürdigen Mitarbeitern eines Druckerherstellers Euch, ehrenwerter Sprenzinger-san, zu versichern, daß wir auch in Zukunft alle unsere Kräfte darein setzen werden, um Drucker zu bauen und zu verkaufen, die Euch dienen dürfen.

Beiliegende Gabe bitten wir unterwürfigst, Ehrenwerter Sprenzinger-san, in Eure Hände legen zu dürfen - wir sind uns der Kühnheit dieser Bitte bewußt, doch wagen wir zu hoffen, daß unsere Gabe gleichwohl Gnade vor Euren Augen findet. Gleichzeitig erfüllt uns die Hoffnung, daß wir und unsere Drucker auch weiterhin in Euren wohlwollenden Gedanken weilen.

Wir bitten Euch, Ehrenwerter Sprenzinger-san, unsere minderwertigen Formulierungen zu entschuldigen, die einem Geiste wie dem Euren nicht würdig sind, und erlauben uns, Euch, Ehrenwerter Sprenzinger-san, dem hellen Lichte im Dunkel von Humor- und Geistlosigkeit in dieser unserer Zeit, unsere hochachtungsvollsten Wünsche und Grüße darzubringen.

Sayonara, Sprenzinger-san

Mit freundlichem Gruß

Gabriele Schultz
Presse und Öffentlichkeitsarbeit

Jürgen Sprenzinger
Friedenstraße 7a
86179 Augsburg

An das
Bundesministerium für Post und Telekommunikation
z. H. Herrn Bundesminister
Dr. Wolfgang Bötsch
Heinrich-v. Stephan-Straße 1

53175 Bonn

31. Oktober 1997

Sehr geehrter Herr Dr. Bötsch,

ich bin ein guter Kunde von Ihnen. Genau genommen eigentlich nicht direkt von Ihnen, sondern von der Bundespost. Und über die selbige ärgere ich mich noch grün und blau.

Deswegen hab ich mir gedenkt, ich schreib gleich an Sie, bevor ich da wieder mit dem Schalterbeamten rumstreite, der sowieso nichts zu sagen hat und bloß drauf wartet, daß es Feierabend wird.

Es ist nämlich so, daß ich unwahrscheinlich viel Briefmarken brauch, weil ich viel Briefe schreib und die ja frankieren muß, damit sie befördert werden. Ich hab mal einen Bekannten gehabt, der hat nie Briefmarken auf die Briefe geklebt, weil er ein armer Hund war. Meistens haben dann die Empfänger das Porto mit Aufschlag bezahlt. Was ich nicht verstehen kann, weil die Empfänger gar nichts dafür können, wenn ein Absender keine Briefmarke auf den Brief hinauf tut.

Aber das ist nicht der Grund, weshalb ich Ihnen schreibe. Der Grund ist ganz woanders begründet, nämlich bei den Briefmarken, die ich immer kaufe. Erst vor kurzem haben Sie ja das Porto erhöht, nämlich von einer Mark auf eine Mark und zehn. Aber das wissen Sie ja bestimmt noch. Aber wissen Sie, was ich bei den neuen Briefmarken festgestellt hab? Die kleben viel schlechter als die alten. Die alten Briefmarken hab ich nur einmal kurz abgeschleckt und dann aufs Kuwert gedrückt und Patsch! und drauf waren sie. Unverrückbar fest und für alle Ewigkeit. Und was ist mit den neuen Briefmarken? Die kann man abschlecken, wie man will, die pappen einfach nicht richtig. Zuerst hab ich mir gedacht, daß aufgrund meines fortschreitenden Alters vielleicht meine Spucke nicht mehr so gut ist wie in jungen Jahren, aber mein Arzt hat festgestellt, daß meine Spucke immer noch so gut klebt als wie ich jung war.

Ich hab das nämlich auch getestet. Ich hab eine alte Briefmarke zu einer Mark genommen, darübergeschleckt und Patsch! aufs Kuwert getan. Und sie hat auf Anhieb geklebt. Dann hab ich eine 10-Pfennig-Marke genommen, abgeschleckt und Patsch! auch aufs Kuwert gedrückt. Auch selbige hat sofort geklebt. Der zweite Teil des Testes bestand darin, es mit einer neuen eine Mark zehn-Briefmarke auf gleichem Kuwert zu versuchen. Ich wollte gleiche, faire Testchancen für alle Briefmarken. Ich hab sogar meine Spucke bei allen Briefmarken gleich dosiert. Und ich hab die eine Mark zehn-Briefmarke also abgeschleckt und Patsch! auf das Kuwert gedrückt. Anfänglich, so ungefähr 7 Sekunden lang, hat sie geklebt. Dann plötzlich entstand am Rand der Briefmarke eine leichte Wölbung nach oben. Da ist mein Adrenalinspiegel gewaltig angestiegen und ich hab mit der Faust auf die Briefmarke geschlagen. Und da hat die Briefmarke geklebt. An meiner Faust. Verkehrt herum. Ich hab mich so aufgeregt, daß die Briefmarke total zerfetzt hab. In ganz kleine Schnipsel. Und dann bin noch mit dem Fuß draufgetreten, so wütend war ich. Die Schnipsel sind dann anschließend an der Sohle geklebt. Das ist natürlich auch ein Quatsch, weil ich wollt ja einen Brief wegschicken und nicht meinen Schuh. Mein Schuh geht auch überhaupts nicht durch den Briefkastenschlitz. Ich hab übrigens Schuhgröße 42, falls Sie das interessiert.

Ich versteh eins nicht: kann man denn auf die Briefmarken nicht einen ordentlichen Klebstoff drauftun, der auch dann richtig pappt, selbst wenn die Spucke nicht mehr so klebrig ist wie in jungen Jahren? Ich meine, wenn die Briefmarken jetzt schon eine Mark zehn kosten, dann könnt man doch davon für fünf Pfennig mehr Klebstoff drauftun. Das dürft doch überhaupts kein Problem für Sie sein. Ich bitte Sie also hiermit hochoffiziell, den Klebstoff zwecks besserer Klebung der Briefmarke anteilig auf selbiger zu erhöhen.

Ich hätt Ihnen nie geschrieben, wenn die Angelegenheit nicht so wichtig wär. Aber Sie in Bonn sollen ruhig wissen, was an der Front los ist. Weil ich nämlich sicher bin, daß einige Bürger deswegen sauer sind, weil die Briefmarken nicht mehr richtig kleben. Und wir Bürger haben schon Probleme genug. Vielleicht können Sie diesen Zustand beseitigen.

Hochachtungsvollst

Jürgen Prenzinger

Deutsche Post AG

Zentrale Kundenbetreuung
Deutsche Post AG
Zentrum Post-Kundentelefon Postfach 12 60 74552 Crailsheim

Herr
Jürgen Sprenzinger
Friedenstr. 7 a

86179 Augsburg

Ihr Zeichen	31.10.97
Unser Zeichen	PKT/FP
Telefon	(07951) 980 - 663
Datum	10.11.97
Betrifft	

Sehr geehrter Herr Sprenzinger,

Daß Sie mit dem Klebevermögen Ihrer Briefmarken nicht zufrieden sind, tut uns leid. Den von Ihnen vermuteten Produktionsfehler können wir allerdings nicht bestätigen.

Bei rund 65 Millionen pro Werktag eingelieferten Briefen, die zum großen Teil mit Briefmarken freigemacht sind, würde ein tatsächlicher Qualitätsmangel sehr schnell unangenehm auffallen. Ähnliche Kundenäußerungen erreichten uns jedoch bisher kaum.

Für die Gummierung von Briefmarken werden Klebstoffe verwendet, deren Klebeeigenschaften von der Bundesanstalt für Materialprüfung mit „sehr gut bis gut" beurteilt sind. Sie sind nicht nur bei uns, sondern in der gesamten Wirtschaft in Gebrauch. Die Klebstoffe werden unter ständiger maschineller Kontrolle aufgetragen.

Allerdings kann die Klebeeigenschaft der Marken beispielsweise durch die Beschaffenheit des Papiers der Umschläge, besonders glatte Oberflächen oder wasserabweisende Imprägnierungen beeinflußt werden. Ausschlaggebend für die Haftfähigkeit ist jedoch stets die richtige Dosierung der Feuchtigkeit. So kann ein zu starkes oder gar mehrmaliges Anfeuchten der Briefmarken deren Gummierung durchaus abschwemmen.

Bei den neuen 110 -Marken wird der gleiche Klebstoff verwendet, wie bei den von Ihnen mitgetesteten eine Mark und zehn Pfennig Marken. Erfahrungsgemäß legen sich die von Ihnen beschriebenen aufgestandenen Ecken wieder, wenn die Feuchtigkeit verdunstet.

Um den Grund der mangelnden Klebefähigkeit Ihrer Marken festzustellen sind wir selbstverständlich bereit, Ihre Marken auf ihre Klebekraft hin zu überprüfen. Senden Sie Ihre Marken bitte (postfrisch und aufgeklebt) an folgende Anschrift:

Hausadresse	Telefon (0 79 51) 980-0	Kontoverbindung	Vorstand	Vorsitzender
Worthingtonstr. 15	Telefax (0 79 51) 980-800	Deutsche Post AG	Dr. Klaus Zumwinkel, Vorsitzender	des Aufsichtsrats
74564 Crailsheim		Generaldirektion	Wolfhard Bender	Josef Hattig
		Zentralbuchhaltung	Dr. Edgar Ernst	
		Postbank NL Köln	Horst Kissel	
		Konto-Nr. 16 503	Dr. Hans-Dieter Petram	Sitz Bonn
		BLZ 370 100 50	Dr. Helmut Benno Staab	Registergericht
			Dr.-Ing. Günter W. Tumm	HRB 6792

Deutsche Post AG
Generaldirektion, Stelle 122-2
53105 Bonn

Wir hoffen, daß Sie zukünftig keine Probleme mehr haben, die von Ihnen beschriebenen 110-Marken aufzukleben, ansonsten diese Wertzeichen bitte an oben genannte Anschrift einsenden.

Als keine Entschädigung für Ihren Ärger und vielleicht auch als Versuch, zukünftig Sondermarken -die evtl. besser kleben- zu verwenden, legen wir eine kleine Beilage zur freien Verfügung bei.

Mit freundlichen Grüßen

i.A.
Fritz Probst

Jürgen Sprenzinger
Friedenstraße 7a
86179 Augsburg

An den
FC Bayern München
z. H. Herrn Franz Beckenbauer pers.
Säbener Straße 3

81547 München

                                                                                        4. November 1997

Sehr geehrter Herr Beckenbauer!

Seit ungefähr 29 Jahre und 3 Monate bin ich ein Fen von Ihnen. Ich hab fast alle Spiele, wo Sie mitgespielt haben, im Fernsehen gesehen. Ich hab Sie auch gesehen, wie Sie die Weltmeisterschaft gewonnen haben. Wir haben damals gefeiert und gesoffen bis zum Umfallen.

Aber deswegen schreib ich Ihnen überhaupts gar nicht. Ich schreib Ihnen deswegen, weil ich ein Erfinder bin. Und ich hab mir ein paar Gedanken gemacht, wie man jedes Fußballspiel gewinnen kann. Und das möcht ich Ihnen mitteilen, aber es ist streng geheim und ich sag das nur Ihnen, weil Sie bei mir fast schon zur Familie gehören. Meine Mutter hat immer zu mir gesagt: ach Bub, wenn du nur so wärst wie der Beckenbauer. Ich bin praktisch mit Ihnen aufgewachsen und meine Eltern haben mir immer gesagt, was Sie für ein toller Kerl sind und wie blöd ich dagegen bin.

Deswegen hab ich mir lang überlegt, ob ich Ihnen überhaupt schreiben soll, weil Sie ja ein Kaiser sind, ich dagegen aber nur ein Rindvieh.

Aber jetzt zu meiner Erfindung. Dabei handelt es sich um einen speziellen Fußball, der äußerlich aussieht wie ein normaler Fußball. In diesem Fußball sind aber zwei Magnete eingebaut, die man vom Gewicht her überhaupt nicht merkt. Aber das ist ja noch nichts besonderes. Aber jetzt kommt der eigentliche Knackpunkt von meiner Erfindung: Ein elektrischer Gegenmagnet, der unauffällig hinter dem gegnerischen Tor platziert wird. Dieser ist aber so klein, daß es kein Mensch merkt, zudem habe ich ihn in einen leeren MacDonalds-Colabecher eingebaut. Den kann man dann locker hinter das gegnerische Tor legen und jeder meint dann, da hat halt einer einen Colabecher weggeschmissen. Daß dieser einen extrem starken Elektromagneten in sich birgt, weiß ja kein Mensch.

Per Funk können Sie nun den Elektromagneten unauffällig von der Trainerbank aus- oder einschalten, je nachdem, wie Sie das Spiel steuern wollen. Der Ball wird dann durch ein starkes gebündeltes Magnetfeld automatisch in das gegnerische Tor gezogen und genau plaziert. Man sollte halt auch den Gegner mal ein Tor schießen lassen, damit es nicht so auffällt.

Wenn Sie an dieser Erfindung interessiert sind, dann geben Sie mir biette einen Bescheid. Wenn ich nichts von Ihnen höre, dann biete ich diese Erfindung Borussia Dortmund an. Aber lieber tät ich die Erfindung natürlich Ihnen zukommen lassen, weil ich ein Fen von Ihnen bin. Aber bitte sagen Sie von dieser Erfindung nichts weiter. Ich vertraue Ihnen da.

Ich hoffe, Ihnen hiermit gedient zu haben und verbleibe mit freundlichem Fußballergruß

Jürgen Frenzinger

Nachtrag

Irgend jemand hat mir erzählt, unser Franzl hätt' einen Humor. Aber er hat mir keine Antwort nicht gegeben auf meinen Brief. Deswegen glaub' ich, daß der Fußball eine viel ernstere Angelegenheit ist, als ich das bisher jemals vermutet hätt'. Aber vielleicht kommt ja noch eine Antwort. Schaun mer mal, dann seh ma's scho!

Jürgen Sprenzinger
Friedenstraße 7a
86179 Augsburg

An das
Pfarramt St. Pius
z. H. Herrn Pfarrer Stiefenhofer
Iniger Straße 29

89179 Augsburg

                                                                                                  4. November 1997

Sehr geehrter Herr Pfarrer Stiefenhofer,

gestern war ich mit meinem Kumpel Albert in meiner Stammkneipe. Und da hab ich dem Albert erzählt, daß ich im Sommer gesehen hab, wie ein Blitz in einen Kirchturm hinein geschlagen hat.
Der Albert hat mir das zuerst nicht geglaubt, weil der allerweil denkt, daß ich ihn ankohl. Aber ich lüg ganz selten, nur wenns unbedingt sein muß. Und wenn, dann höchstens bei meiner Frau. Aber sonst nirgends.
Jedenfalls hat mir der Albert das nicht recht glauben wollen. Und dann kam er aber auf die Idee, daß es doch sein könnt, daß die Kirchen direkt ihren Strom von oben beziehen. Ich hab gesagt, daß das ein Quatsch ist, weil die Kirchen sicher auch an das öffentliche Stromnetz angeschlossen sind. Nein, hat der Albert gesagt, die beziehen ihren Strom direkt von oben, weil die ganz tolle Verbindungen nach oben haben und in unmittelbarem Kontakt zum lieben Gott stehen. Und der liebe Gott hat soviel Strom wie 1000 Kernkraftwerke zusammen, hat er gesagt und da ist es vollkommen wurscht, ob er ein paar Volt nach unten schickt.

Das hat mir dann schon irgendwie eingeleuchtet, aber so richtig glauben kann ich das nicht. Deswegen hab ich zum Albert gesagt, ich frag den Pfarrer von unserer Pfarrei. Obwohl ich nicht regelmäßig in die Kirche gehe und auch sonst ein sündiges Schaf bin, schreibe ich trotzdem frechermaßen an Sie, weil ich wissen muß, woher Sie in Ihrer Kirche den Strom beziehen, obwohl der Albert gesagt hat, daß brauch ich garnicht erst probieren, weil die Kirche da eine Schweigepflicht hat und damit keinen Spaß versteht. Das glaube ich nicht, weil Jesus auch kein Miesepeter war, sonst wär er nie auf die Hochzeit von Kanaan und hätt da Wasser zu Wein gemacht. Ich vermute nämlich, daß da damals schon ganz wüscht gesoffen worden ist. Genaues weiß ich natürlich nicht, weil ich da ja nicht dabei war. Ich weiß auch nicht, wieviel Jesus getrunken hat. Aber einen Rausch hat er bestimmt nicht gehabt, sonst würd das in der Bibel stehen. Aber ich wollt Sie nicht mit grundlegenden Glaubensfragen belästigen, das steht mir rangesmäßig überhaupts gar nicht zu.

Wenn Sie mir bitte mitteilen täten, woher Sie Ihren Strom beziehen, wäre ich Ihnen sehr dankbar. Vielleicht können Sie mir das schriftlich mitteilen, damit ich dem Albert das zeigen kann. Der glaubt nämlich alleweil, daß er recht hat und tut immer recht gescheit. Und das stinkt mir schon langsam.

Oder vielleicht haben Sie auch eine alte Stromrechnung, die Sie nicht mehr brauchen. Das wäre ein erstklassiger Beweiß.

Im Voraus herzlichen Dank.
Hochachtungsvoll

Jürgen Frenzinger

Kath. Stadtpfarramt
St. Pius
Inninger Str. 29
86179 Augsburg
Tel. 08 21 / 88 11 03
Fax 08 21 / 88 32 54

Postfach 211167
86171 Augsburg

19.11.1997

Lieber Herr Sprenzinger,

danke für Ihren Brief. Die Antwort auf Ihre Frage ist sehr einfach: alle Kirchen, alle Pfarrämter, alle Pfarrhäuser, auch das Bischofshaus beziehen ihren Strom vom Lech - Elektrizitätswerk, d.h. von den Stadtwerken Augsburg. Die letzte Rechnung lege ich Ihnen als Kopie zu Ihrer Information bei.

Der liebe Gott kümmert sich um andere, wichtigere Dinge.

Mit freundlichem Gruß
Ihr

Hans Stiefenhofer, Pfarrer

Erdgas
Fernwärme
Strom
Verkehr
Wasser

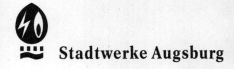
Stadtwerke Augsburg

Stadtwerke Augsburg · Postfach 10 24 40 · 86014 Augsburg
HERRN/FRAU/FIRMA
KATH KIRCHENST ST PIUS
INNINGER STR. 29

86179 AUGSBURG

Hausadresse · Hoher Weg 1 · 86152 Augsburg
Postadresse · Postfach 10 24 40 · 86014 Augsburg
Telefon 08 21/3 24-0 · Telefax 08 21/3 24-50 27

Stadtwerke Service-Nummer
XXXXXXXXXXXXXXXXXXXXXh
0130 - 85 04 08 - 24 Stunden täglich

Ihre Nachricht	Unsere Zeichen	Telefon	Telefax	Sachbearbeiter/in	Datum
Rückfragen bitte unter		324-4141	-918		16.11.1997

Abschlagsrechnung

Kundennummer   283298   Abnahmestelle 90017180
für Anlage   AUGSB. INNINGER STR. 29

Sehr geehrter Kunde,

der Abschlagsbetrag in Höhe von DM   310,00   für unsere Lieferung bis zum 15.12.1997
setzt sich wie folgt zusammen:

	Netto	MWST	%	Brutto
Strom	242,61 DM	36,39 DM	15,0%	279,00 DM
Wasser	28,97 DM	2,03 DM	7,0%	31,00 DM
Gesamt	**271,58 DM**	**38,42 DM**		**310,00 DM**

Stadtsparkasse Augsburg
BLZ 720 500 00
Konto 012 013

Postgiroamt München
BLZ 700 100 80
Konto 27 73-804

Bayerische Hypotheken- und
Wechsel-Bank Augsburg
BLZ 720 202 40
Konto 6 770 233 001

Sie erreichen uns mit der
Straßenbahnlinie 2 und
den Buslinien 22, 23 und 33.

Jürgen Sprenzinger
Friedenstraße 7a
86179 Augsburg

An
Herrn
Rainhard Fendrich
Turnerstraße 29

A-2345 Brunn
Österreich

                                                                               5. November 1997

Sehr geehrter Herr Fendrich,

ich bin ein ganz großer Fan von Ihnen, das glauben Sie garnicht. Vor ein paar Jahren hab ich ein Lied von Ihnen gehört, da kam so ein toller Text drin vor, daß es mir gleich eiskalt den Rücken hinuntergelaufen ist. Die Teil von diesem Text hat geheißen: Weil'd a Herz host wie a Kraftwerk …

Es kann auch sein, daß es Uhrwerk oder Bergwerk geheißen hat. Irgendein Werk wars jedenfalls, das ist sicher. Genau weiß ich das nicht mehr, weil es ja schon ein paar Jahre her ist. Seitdem bin ich ein Fan von Ihnen. Allein schon wegen diesem Lied. Weil es voll auf mich zutrifft. Mein Herz ist wirklich unwahrscheinlich kräftig. Mein Doktor hat gesagt, meine Pumpe ist das beste Organ von mir.

Aber das wollt ich Ihnen garnicht schreiben. Sondern ich schreib Ihnen, weil ich ein Problem hab. Ich will Sie nicht lang belästigen, deswegen schreibe ich kurz.

Also: Immer hab ich Ihre Sendung im Fernseher gesehen. Herzblatt mein ich. Und da haben Sie ja verschiedene Paare zusammengebracht. Leider ist die Sendung ja nicht mehr im Fernsehen. Aber jetzt ist es passiert. Meine Freundin ist mir davongelaufen. Wegen einem 3 Monate jüngeren Mann. Ich war ganz baff und hab zu meiner Freundin gesagt, daß es diese 3 Monate doch nicht allein ausmachen können, aber sie hat gesagt, daß ich ein Schlappschwanz bin und der andere sei molto potente, wie Sie mal sogar öffentlich gesungen haben.

Ich weiß ja, daß Sie diese Sendung im Fernsehen nicht mehr machen. Aber ich hab mir gedacht, ich schreib an Sie, weil Sie bestimmt von dieser Sendung her noch einige Damen kennen und mir vielleicht eine davon zukommen lassen könnten. Vielleicht haben Sie ein paar im Restbestand, die Sie nicht in die Sendung genommen haben und die jetzt noch irgendwo bei Ihnen rumstehen und nicht wissen, was sie jetzt tun sollen oder vielleicht auf die nächste Sendung warten, die ja gar nicht mehr stattfindet. Ich tät Ihnen gern eine abnehmen. Vielleicht auch zwei. Weil ich nämlich recht gut verdien. Ich bin Gebäudereiniger und reinige Gebäude. Und da ich viel arbeite, verdien ich viel Geld. Das tät auch für zwei Frauen reichen.

Wenn Sie mir was wissen, vielleicht können Sie mir das mitteilen. Ich weiß ja, daß Sie ein berühmter Star sind und ich nur ein kleiner Sandler, bin, aber ich hab meinen ganzen Mut zusammengenommen und schreib Ihnen halt einfach. Obwohl ich überhaupts nicht singen kann. Aber ich spiel Mundharmonika.

Hochachtungsvollst
küss die Hand

Jürgen Frenzinger

Nachtrag

Da macht einer eine Sendung wie »Herzblatt«, führt damit halb Deutschland zusammen, schreibt Lieder, daß einem das Herz aufgeht und alles andere dazu, und dann antwortet der nicht! Nun, lieber Rainhard Fendrich, es sei Ihnen verziehen, weil ich tatsächlich ein Fan von Ihnen bin. Aber ein klitzekleines Autogramm wär' ganz nett! (Hoffentlich liest er Bücher!)

ZINS-SIGNALE

Sonderausgabe 1998
für Herrn
Sprenzinger

~~9,80~~ DM

Das Computer-System für _explosive_ Zins-Gewinne!

Sehr geehrter Herr Sprenzinger,

Sie können dieses Schreiben sofort in den Müll werfen.
Doch dann erfahren Sie niemals, wie clevere Anleger mit Spekulationen
am Zins-Markt immer wieder einige hundert Prozent Gewinn erzielen.
Diese Dokumentation enthüllt die Hintergründe und zeigt
Ihnen, wie auch Sie mit ein bißchen Spielkapital Ihr Leben von Ihrem
Zuhause in der Friedenstraße
jetzt entscheidend verändern können.

Es geht um viel Geld. Es geht um Ihr Geld, Herr Sprenzinger!

Endlich kann jeder clevere Anleger aus Zins-Schwankungen Riesen-Gewinne erzielen!

Schluß mit Mini-Zinsen. Herr Sprenzinger wehrt sich jetzt!

Frankfurt: Die Deutsche Bundesbank hält seit etlichen Monaten weiter an der Niedrigzins-Politik fest. Langfristig rechnen die Marktteilnehmer angesichts der Europäischen Währungsunion mit deutlichen Zins-Anhebungen und damit einem Ansteigen der momentan kaum beachteten Inflation.

Die privaten Anleger bekommen heute kümmerliche 2,5% Zinsen auf dem Sparbuch bzw. 6% für festverzinsliche Wertpapiere. Unter dem Strich (nach Abzug von Inflation und Steuer) bleibt hier nichts mehr übrig. Um mit diesen Zinsgutschriften ein wirkliches Vermögen zu verdienen, müßten die Zinsen von 20 Jahren, vielleicht auch von 50 Jahren kumuliert werden.

Clevere Anleger, die nicht so lange warten möchten, nutzen längstens die Chancen, die alle Zins-VERÄNDERUNGEN eröffnen. Denn hier können mit minimalen Einsätzen - ganz gleichgültig ob die Zinsen steigen oder fallen - größere Gewinne erzielt werden, als mit den kompletten Zins-Erlösen der nächsten 100 Jahre. Der Schlüssel hierzu sind die vom Börsenverlag aus Rosenheim herausgegebenen "Zins-Signale". Die Sonderausgabe 1998 erklärt alle notwendigen Zusammenhänge.

Inhalt Sonderausgabe 1998

Editorial	Seite 2
Das sind die Mega-Gewinne	Seite 5
Kann der Börsenverlag wirklich helfen?	Seite 6
So funktioniert der Handel mit Optionsscheinen	Seite 9
So funktioniert der Bund-Future	Seite 9
Das haben begeisterte Nutzer geschrieben	Seite 11
Der monatliche Info-Brief - gratis!	Seite 13
Ihr wertvolles Gratis-Geschenk	Seite 14
Einladung - Besuchen Sie uns in Rosenheim	Seite 15

Bitte lesen Sie jetzt Seite 2!

Jürgen Sprenzinger
Friedenstraße 7a
86179 Augsburg

Thomas Müller
Börsenverlag
Salinstraße 1

83022 Rosenheim

12. November 1997

Sehr geehrte Damen und Herren,

vorgestern hab ich von Ihnen eine Zeitung zugeschickt gekriegt, wo vorne draufsteht, daß ich die sofort in den Müll werfen könnt. Das wollt ich zuerst auch, aber dann hab ich gelesen, daß da noch draufsteht: Schluß mit Minizinsen. Herr Sprenzinger wehrt sich jetzt!

Und da hat es in meinem Gehirn zu rattern angefangen. Der Mensch, der das geschrieben hat, hat recht, hab ich mir gedenkt. Und ich hab beschlossen, mich zu wehren.

Gestern hab ich mich dann sofort auf mein Fahrrad gesetzt und bin in die Stadt gefahren. Ich bin in ein Waffengeschäft gegangen und habe mir ein langes Messer mit einer 18 Zentimeter langen Klinge gekauft. Die Klinge ist übrigens feststehend. Deshalb hab ich noch eine passende Lederscheide dazu gekauft. Etwas länger als das Messer, so ungefähr 19 Zentimeter lang, damit es hineinpaßt. Die kann man an den Hosengürtel hinmachen. Und da ich noch ein Geld übrig gehabt hab, hab ich noch gleich ein Sprühfläschchen Tränengas mitgenommen.

Anschließend bin ich dann zu meiner Bank gefahren. Und ich bin hin zu meinem Bankangestellten und hab das Messer herausgezogen und gefragt, wieso er mir nur so wenig Zinsen zahlen täte. In der anderen Hand hab ich das Tränengasfläschchen gehalten.

Der Bankmensch hat sofort zu zittern angefangen und gesagt, ich soll ihm doch bitte nichts tun. Er kann keine besseren Zinsen nicht zahlen, weil ihm das sein Chef verboten hätt. Da hab ich mit meinem Tränengas einen Warnschuß in die Luft abgegeben. Daraufhin haben alle Kunden hinter mir fürchterlich weinen müssen. Ich nicht. Weil ich bin nämlich ein sogenannter Brillenträger. Ich hab mich aber anschließend dann bei den Leuten entschuldigt, weil die ja auch nichts dafür können, wenn man so niedrige Zinsen kriegt.

Jedenfalls war der Bankmensch so erschrocken, daß er mir sofort ein Aktiendepot eröffnet hat, und für mein Geld auf dem Sparbuch sogenannte DM-Anleihen zu 8 Prozent verkauft hat. Dazu noch ein paar ganz tolle, gewinnträchtige Aktien. Er hat sich tausendmal bei mir entschuldigt und mir gesagt, daß er jetzt ein furchtbar schlechtes Gewissen hätt, weil wenn das sein Chef erfahren täte, was er mir da angeboten hätt, täte der ihn wahrscheinlich totschlagen.

Aber das wollte ich Ihnen alles eigentlich garnicht schreiben, weil Sie meine Finanzen ja nichts angehen. Aber ich wollte mich herzlich für den Tip bedanken. Ohne Sie hätte ich mich nie gewehrt.

Das Messer heb ich übrigens auf. Vielleicht brauch ich das noch auf der Post.

Hochachtungsvollst

Jürgen Prenzinger

J. Sprenzinger
Friedenstraße 7a
86179 Augsburg

Schwarzkopf & Henkel
Cosmetics
Postfach

40035 Düsseldorf

20. November 1997

Sehr geehrter Herr Henkel und sehr geehrter Herr Scharzkopf!

Im Fernsehen hab ich vorige Woche eine Werbung von Ihrer Zahnpasta Theramed gesehen. Und da haben Sie gesagt, daß in jedem Zahn eine Zeitbombe tickt.

Jedenfalls war ich deswegen sofort beim Zahnarzt und hab meine Zähne untersuchen lassen. Und mein Zahnarzt hat gesagt, daß er keine Zeitbombe in meinen Zähnen entdecken kann. Aber efektiv könnt er das natürlich erst sagen, wenn er die Zähne röntgen tät. Das wollt ich aber nicht, weil die Strahlenbelastung durch die Atmosfähre und durch die Atomversuche eh schon so hoch ist, daß ich mich nicht noch zusätzlich beim Zahnarzt verseuchen lassen will. Röntgenstrahlen sind nämlich giftig.

Das war jetzt die Vorgeschichte, weil so hat es nämlich angefangen. Vorgestern hat dann die Tragödie ihren Lauf ergriffen, nein, ich mein, ihren Lauf genommen und das ist am Abend losgegangen. Ich war im Bad und hab mir ganz normal die Zähne geputzt. Jetzt fragen Sie mich nicht, mit welcher Zahnpasta. Ich glaub, die war vom Aldi. Aber ist ja wurscht. Danach hab ich mir noch den Oberkörper gewaschen, weil ich an dem Tag ziemlich geschwitzt gehabt hab. Und meine Frau schläft ja auch im Schlafzimmer. Ich würde mich nie mit verschwitztem Oberkörper einer Frau nähern.

Jedenfalls hab ich mich dann doch nicht meiner Frau genähert, weil ich so müd war und auch Kopfweh gehabt hab. Aber meine Frau hat sich mir genähert. Scheinbar, weil sie kein Kopfweh nicht gehabt hat. Und da ist es passiert. Weil plötzlich sagt meine Frau zu mir: Schatzi, du tickst ja richtig. Meine Frau sagt immer Schatzi zu mir. Und ich sag zu meiner Frau auch immer Schatzi. Manchmal verwechseln wir uns dabei. Jedenfalls sag ich zu meinem Schatzi, also nicht zu mir, sondern zu meiner Frau: Ja sei doch froh, hab ich noch zu ihr gesagt, weil viele Leute ticken überhaupt nicht mehr richtig. Sogar die Politiker ticken nicht mehr richtig.

Nein, hat meine Frau gesagt, du tickst wirklich. Horch doch! Da hab ich in mich hineingehorcht. Und tatsächlich, da hab ich gehört, daß bei mir was tickt. Ich hab meine Frau

dann beruhigt und hab ihr gesagt, daß das mein Herz ist, was da so tickt. Ich hab ihr gesagt, daß ich das schon manchmal als Kind gehabt hätt, einmal hätt es geklopft, dann wieder getickt und ab und zu hätt es auch schon gerumpelt. Manchmal hätt es auch gebrummt. Es kann aber sein, daß das der Darm war. So genau weiß ich das auch nicht, ich bin ja schließlich Stromzählerableser bei die Stadtwerke und kein Anatom nicht.
Sie ist dann beruhigt eingeschlafen. Ich auch, weil das ewige Ticken hat echt einschläfernd gewirkt.

Ich war kaum eine halbe Stunde eingeschlafen, als es einen gewaltigen Schepperer getan hat. Ich bin sofort aufgewacht, meine Frau auch. Zuerst haben wir gemeint, der Saddam Hussein hat uns eine Rakete aufs Dach geschossen, aber dann schaut mich meine Frau an und schlägt die Hände vor ihr fast faltenfreies Gesicht und schreit ganz entsetzt: Schatzi, Dir fehlt ja ein Schneidezahn! Ich bin sofort ins Bad gegangen und hab in den Spiegel geschaut. Und tatsächlich, mir hat ein Schneidezahn gefehlt. Zuerst war mir nicht klar, wo der hin ist. Doch dann hab ich näher hingeschaut und den kleinen Bombentrichter im Kiefer entdeckt. Und da hab ich sofort gewußt, was los was. Die Zeitbombe in dem Schneidezahn war detoniert. Dadurch ist mir natürlich der Schneidezahn explodiert und aus dem Mund gesprengt worden. Das muß mit ziemlicher Wucht passiert sein, weil die Explosionskraterränder ganz glatt waren, zudem hat es überhaupts nicht weh getan, so schnell muß das gegangen sein. Die Explosion muß im Bruchteil einer Sekunde erfolgt sein. Ich hab nicht mal einen Schmerz gespürt.

Heute war ich beim Zahnarzt. Und er hat mir sämtliche Zähne aufgebohrt. Und tatsächlich: überall waren Zeitbomben drin. An jeder war eine kleine Zeitschaltuhr dran. Übermorgen, am 22.11.97 um 3 Uhr 17 wär mir der Stockzahn links unten hinten explodiert. Aber den haben wir gottseidank noch rechtzeitig entschärfen können.

Mein Zahnarzt hat mir gesagt, er schult jetzt um. Er wird Sprengmeister. Weil er als Zahnarzt seit der Gesundheitsreform sowieso nur noch grad noch soviel verdient, daß er notdürftig um die Runden kommt.

Jedenfalls wollt ich Ihnen herzlich danken, daß Sie mich auf die Zeitbomben in meinen Zähnen aufmerksam gemacht haben. Ich find das auch gut, daß Sie mit Ihrer Werbung im Fernsehen eine so breite Volksaufklärung betreiben. Das zeugt von einem hohen Verantwortungsbewußtsein. Und das findet man heute selten. Ohne Ihre Werbung wär ich wahrscheinlich in acht Wochen ein Gebißträger gewesen.

Mit dankbaren Grüßen

Jürgen Frenzinger

Nachtrag

Explodiert im Zahn die Bombe –
ist das schlecht für jede Plombe!
Ein Knall im Mund –
ist ungesund!

Weihrauch hilft dem kranken Darm

TÜBINGEN (BS) – Indischer Weihrauch bessert Symptome der Colitis ulcerosa ebenso gut wie Sulfasalazin. Zu diesem Ergebnis kommt eine Pilotstudie an der Uni Tübingen. Ayurveda-Mediziner nützen die antientzündliche Wirkung von Extrakten aus dem Weihrauchbaum seit Jahrhunderten. Prof. Hermann Ammon, Pharmakologe an der Uni Tübingen, führte eine Pilotstudie mit 34 Colitis-ulcerosa-Patienten durch, die er mit einem Extrakt aus indischem Weihrauch (Harz von Boswellia serrata) behandelte. In 80 Prozent der Fälle verschwanden die Symptome.

Der Forschungsdienst (dfd) 14 (1997) 13.

Jürgen Sprenzinger
Friedenstraße 7a
86179 Augsburg

Reed Elsevier Deutschland GmbH
Hans-Cornelius-Straße 4

82166 Gräfelfing

26. November 1997

Sehr geehrte Damen und Herren,

hiermit möchte ich Ihnen mitteilen, daß ich vorige Woche einen gewaltigen Durchfall gehabt hab. Ungefähr so 4 Tage rum. Seitdem kenn ich jede Kloschüssel im Umkreis von 12 Kilometer mit Vornamen. Nachdem dieser Durchfall kein angenehmer Zustand nicht war, weil alles, was ich gegessen hab, sofort wieder durch mich hindurchgefallen ist, bin ich zu meinem Doktor gegangen.

Die Sprechminutenhelferin hat mir die Tür aufgemacht und gesagt, daß der Herr Doktor nicht da ist, weil der bei einem Kranken sei und ich muß noch ungefähr eine halbe Stunde warten. Sie hat mich ins Wartezimmer gesetzt. Und da bin ich dann ganz allein im Wartezimmer gesessen. Eigentlich war ich nicht allein, weil ich ja meinen Durchfall dabeigehabt hab. Jedenfalls hab ich im Wartezimmer plötzlich eine Zeitung gesehen, wo »Ärtzliche Praxis« draufgestanden hat. Die hab ich dann mit Interesse gelesen. Und da ist mir sofort ein Artikel ins Auge gesprungen. In das rechte. Das linke Auge hab ich grad zufällig zu gehabt.

Und deswegen schreib ich Ihnen jetzt einen Dankesbrief. Weil in dem Artikel nämlich dringestanden ist, daß Weihrauch dem kranken Darm hilft. Und sofort hab ich gemerkt, daß ich beim Doktor eigentlich total verkehrt bin, und nicht zum Doktor muß, sondern in die Kirche. Weil sie da immer mit Weihrauch rumfunzeln. Am Sonntag drauf bin ich dann sofort um 10 Uhr vormittags in die Kirche, weil da immer Hochamt ist. Ich hab mich ganz vorne hingesetzt und gewartet. Mein Durchfall war immer noch da und hat mich gewaltig schikaniert, aber ich hab ständig um Hilfe gebetet und plötzlich hab ich das Gefühl gehabt, eine göttliche Kraft durchströmt meinen Schließmuskel. So hab ich das Schlimmste verhintern können. Und dann ist auch der Ministrant mit dem Weihrauchkessel gekommen. Ich hab tief inhalliert, immer wieder und plötzlich hab ich gemerkt daß ich gar kein Bauchweh mehr gehabt hab. Daraufhin hab ich langsam und ganz vorsichtig meinen Schließmuskel gelockert und gewartet, was passiert. Es ist nichts passiert. Ich hab meinen Schließmuskel vorsichtshalber sofort wieder zugedrückt, weil man heutzutage ja niemand mehr trauen kann. Nicht mal dem eigenen Hintern. Und einem

Schließmuskel schon gleich garnicht. Die schließen nur solang, wie man aufpaßt. Paßt man einen Moment lang nicht auf, dann erschlafft der sofort und wird zum Schlaffmuskel. Aber das wollt ich Ihnen jetzt garnicht schreiben, weil das ja schon in das Gebiet der Philosofie gehört und nicht in einen solchen Brief hinein. Aber ein hochinteressantes Thema ist das schon. Weil so ein Schließmuskel eigentlich ein Wunder der Natur ist. Wenn wir technisch schon so weit wären wie die Natur, dann bräuchten wir in keinem Haus mehr Türen, wir könnten überall Schließmuskel einbauen. Die täten vollautomatisch funktionieren. Grad in einem Amt wär das praktisch, weil es da ja viele Zimmer und Türen gibt. Zum Beispiel beim Finanzamt. Weil stellen Sie sich vor, Sie gehen zum Finanzamt und wollen Ihren Steuerbescheid abgeben. Beim Finanzbeamten Huber. Dritte Etage, Schließmuskel Nr. 203.

Aber eigentlich wollt ich Ihnen nur schreiben, daß mir Ihr Artikel sehr geholfen hat. Weil Weihrauch tatsächlich gegen Durchfall hilft. Ich hätt das nie geglaubt.

Ab und zu hab ich aber auch Verstopfung. Wenn Sie da auch was dagegen haben, wäre ich Ihnen sehr dankbar, weil verstopft bin ich eher als durchfällig.

Ich grüße Sie herzlich mit gesundem Darm und freundlichen Grüßen

Jürgen Frenzinger

Feststellung

Nachdem kein Antwortschreiben von Reed Elsevier kam, nehme ich an, die haben nichts gegen Verstopfung. Aber ich: Man braucht viel Zeit und sollte stark drücken! Nach dem ersten Erfolg geht's meist locker weiter …

Jürgen Sprenzinger
Friedenstraße 7a
86179 Augsburg

An den
Tierpark Hellabrunn
Elefantenabteilung
Tierparkstraße 30

81379 München

                                                                                                29. November 1997

Sehr geehrte Damen und Herren,

Jetzt kenn ich den Rudi schon ungefähr seit 24 Jahren. Der Rudi ist mein Freund. Er wohnt in Rüsselsheim. Deswegen sagen meine Frau und ich zu ihm immer Rüsselrudi. Aber das schreib ich ihnen nur so nebenbei, das ist nicht der Hauptgrund von diesem Brief.

Der Hauptgrund ist ein ganz anderer. Wie Sie wahrscheinlich selber wissen, steht Weihnachten vor der Tür. Voriges Jahr haben wir dem Rudi eine Armbanduhr zu Weihnachten geschenkt. Aber dieses Jahr haben wir, meine Frau und ich, lang überlegt, was wir dem Rudi schenken können. Weil das ein Problem ist. Der Rudi hat schon fast alles. Da bin ich gestern Nacht plötzlich aufgewacht und hab eine tolle Idee gehabt. Weil der Rudi in Rüsselsheim wohnt. Und da hab ich mir gedacht, ich schenk ihm dieses Jahr einen Elefant. Meine Frau war von der Idee auch ganz begeistert.

Jetzt wollt ich bei Ihnen anfragen, ob Sie mir einen Elefant verkaufen können. Ich müßt natürlich wissen, was so ein Elefant kostet, weil das ja ein Riesenvieh ist. Ich könnt mir vorstellen, daß der Preis elefantös ist. Aber mir wär das wurscht, weil ich hab einen Haufen Geld gespart und der Rudi ist mir so einen Elefant schon wert.

Mir wär ein junger Elefant auch recht. Er sollt natürlich schon von der Mutter entwöhnt sein, weil er sonst vielleicht Heimweh kriegt. Ich schreib Ihnen auch gleich, in welchen Verhältnissen der Rudi lebt, damit Sie gleich wissen, daß der Elefant beim Rudi ein gutes Platzerl hätt.

Also: der Rudi hat ein großes Haus. Was vor allem wichtig ist: er hat eine Doppelgarasche mit Heizung drin. Da hätts der Elefant schön warm im Winter. Und was noch ein Vorteil ist: dem Rudi sein Haus steht fast am Waldrand. Da hätt der Elefant einen guten Auslauf und könnt sich im Sommer gut selber mit Futter versorgen, weil Bäume hats da einen ganzen Haufen, sonst wärs ja kein Wald nicht, sondern eine Wiese. Neben dem Wald ist auch ein Fischweiher, da hätt der Elefant immer genügend zu saufen und könnt seine Mahlzeit auch mal zwischendrin mit einem Fisch aufpeppen.

Ich bin sicher, daß sich der Rudi über so einen Elefant arg freuen täte. Ich versprech Ihnen auch, daß der Rudi den Elefant nicht mehr hergibt. Der tät ihn auch nicht aussetzen, wenn er mal in Urlaub geht, da kenn ich den Rudi zu gut. Er hat übrigens einen netten Nachbarn, der tät sicher auf den Elefant aufpassen, wenn der Rudi mal nicht da wär. Und er gibt den Elefant auch nicht einfach im Tierheim ab, da bin ich mir sicher. Meine Frau und ich täten auch die Patenschaft für den Elefant übernehmen, und uns mit unserem Ehrenwort dafür verbürgen, daß es dem Elefant immer gutgeht.

Ich wär Ihnen für Ihre geschätzte Mitteilung, was so ein Elefant kosten tät, sehr dankbar. Vielleicht können Sie mir auch sagen, wo ich so einen Elefant herkrieg, im Falle Sie keinen lagernd haben. Falls Sie aber doch einen lagernd haben, teilen Sie mir das doch bitte mit, weil dann schick ich Ihnen sofort einen Scheck.

Was ich beinah vergessen hätt: es sollt ein afrikanischer Elefant sein, kein indischer nicht, weil ich gehört hab, daß afrikanische Elefanten viel anhänglicher sind als indische. Vielleicht haben Sie auch einen, der schon stubenrein ist.

Der Elefant kann auch ruhig noch seine Stoßzähne haben, der Rudi steht auf Elfenbein und würd die bei Bedarf selber entfernen. Das will ich ihm selber überlassen, ob er einen Elefant mit Stoßzähne haben will oder einen Elefant ohne Stoßzähne.

Was ich Ihnen auch noch hiermit mitteilen wollt, ist der Umstand, daß die Ehe vom Rudi kinderlos ist. Für seine Frau wär der Elefant dann auch gleich ein Kinderersatz.

Für Ihre Mühe bedanke ich mich im voraus recht herzlich.

Jürgen Frenzinger

Münchener Tierpark Hellabrunn AG, Tierparkstr. 30, D-81543 München

Herrn
Jürgen Sprenzinger
Friedenstr. 7a

86179 Augsburg

München, den 16. Dezember 1997, Wie/lg
Telefon +49-89-6250816 - Fax -6250852
e-mail: MunichZoo@compuserve.com

Münchener Tierpark Hellabrunn AG

Tierparkstraße 30
D-81543 München
Telefon
(089) 62 50 8(0)
Telefax
(089) 6 25 08 32

...

Ein gemeinnütziges
Unternehmen

Vorsitzende des Aufsichtsrats:
Dr. Gertraud Burkert
2. Bügermeisterin

Vorstand:
Prof. Dr. Henning Wiesner
(Vorsitzender),
Erwin Kufner

Eingetragen in das
Handelsregister des
Amtsgerichts München,
HRB 42030

Umsatzsteuer-Identifikations-
nummer (VAT-No.):
DE 129521751

...

Bankverbindungen:

Postgiro München
(BLZ 700 100 80)
Kto.-Nr. 2570-807

Stadtsparkasse München
(BLZ 701 500 00)
Kto.-Nr. 71-110 001

Bank für Gemeinwirtschaft
AG München
(BLZ 700 101 11)
Kto.-Nr. 1707 151 700

Bayer. Hypo-Bank München
(BLZ 700 200 01)
Kto.Nr. 5803 499 294

Bayer. Landesbank
(BLZ 700 500 00)
Kto.-Nr. 32 885

Bayer. Vereinsbank München
(BLZ 700 202 70)
Kto.-Nr. 306 565

Deutsche Bank
(BLZ 700 700 10)
Kto.-Nr. 1968 700

Dresdner Bank München
(BLZ 700 800 00)
Kto.-Nr. 341 412 700

Münchner Bank e.G.
(BLZ 701 900 00)
Kto.-Nr. 214 353

Sehr geehrter Herr Sprenzinger,

wir danken für Ihr Schreiben vom 29.11.1997, zu dem wir Ihnen mitteilen müssen, daß wir leider keine afrikanischen Elefanten in unserem Bestand oder auf Lager haben.

Mit freundlichen Grüßen

Prof. Dr. H. Wiesner

Jürgen Sprenzinger
Friedenstraße 7a
86179 Augsburg

An den
Herrn Oberbürgermeister
Rathaus beziehungsweise Gemeindehaus

86938 Schondorf am Ammersee

2. Dezember 1997

Sehr geehrter Herr Oberbürgermeister!

Ich wohn seit 1949 in Augsburg. Das sind jetzt genau 48 Jahre. Aber jetzt hab ich festgestellt, daß die Luft da immer schlechter wird. Deswegen will ich von Augsburg wegziehen. Und im letzten Sommer war ich bei Ihnen in Schondorf. Also nicht direkt bei Ihnen, sondern an Ihrem Ammersee halt. Und da hab ich festgestellt, daß es in Schondorf sehr schön ist und die Luft ist gut und der Autoverkehr ist auch nicht so schlimm und es gibt da auch nicht so einen Haufen Menschen, die immer so histerisch herumwuseln.

Ich möcht also im kommenden Frühjahr nach Schondorf ziehen. Jetzt wollt ich bei Ihnen anfragen, ob das möglich ist. Weil das Problem ist nämlich, daß ich ein etwas größeres Haustier hab. Ich hab einen Elefant. Der fällt aber kaum auf, weil es ein sehr ruhiges Tier ist. Er trompetet ganz selten. Nur ab un zu nachts, wenn er schlecht geträumt hat. Und er ist überhaupts nicht akresiv. Im Gegenteil, man kann sogar auf ihm reiten. Er hat nur eine saudumme Angewohnheit: er mag keine roten Autos. Immer wenn er ein rotes Auto sieht, dann setzt er sich auf selbiges drauf. Es ist aber noch nie jemand dabei verletzt worden. Er setzt sich so langsam drauf, daß der Fahrer vorher noch bequem aussteigen kann. Aber ich bin versichert. Die Versicherung hat ohne Murren bereits vier rote Autos bezahlt. Zwischenzeitlich weiß ich, was ich dagegen tun muß. Immer wenn irgendwo ein rotes Auto steht oder vorbeifährt, dann lenke ich meinen Elefant ab. Ich brauch Ihr dabei nur ein Zuckerl geben. Zuckerl sind ihr noch lieber als rote Autos. Mein Elefant heißt übrigens Elvira. Es ist ein weiblicher Elefant, weil man nur weibliche Elefanten stubenrein bekommt. Männliche Elefanten sind Saubären und machen immer Dreck, ohne Rücksicht auf Verluste. Außerdem sind männliche Elefanten hintervotzig. Die kacken einem die Mülltonne zu, eh man sichs versieht. Und dann hat man keinen Platz mehr für den Küchenabfall. Zudem sind weibliche Elefanten ja viel, viel zärtlicher und haben auch einen viel sanfteren Rüssel.

Jedenfalls hab ich mir gedenkt, wär es auch recht praktisch, weil ja der Ammersee in der Nähe ist. Da könnt die Elvira täglich baden und saufen, weil der Ammersee ja groß genug für alle ist. Im übrigen haben Sie ja im Sommer bestimmt auch immer Turisten da. Die könnten wir dann auf Elvira reiten lassen. Gegen Geld natürlich. Und dieses selbige würd ich Ihnen zur Verfügung stellen, quasi als Elefantensteuer.

Wenn Sie mir mitteilen täten, ob Ihnen mein Kommen im Frühjahr recht wär, wär ich Ihnen sehr dankbar, weil ich ja noch einiges planen muß. Im voraus besten Dank.

Mit hochachtungsvollen Grüßen

Jürgen Frenzinger

Nachtrag

Nachdem ich keine Antwort von der Gemeinde Schondorf erhalten habe, nehme ich an, daß ein Umzug nach Schondorf keine Schwierigkeiten bereitet. Schondorf, ich komme! Im Frühjahr. Ach ja, übrigens: Elvira hat Nachwuchs bekommen. Der Vater ist der Jumbo vom Augsburger Tierpark. Ich habe die Elvira bloß für drei Minuten aus den Augen gelassen, und schon war's passiert! Es sind acht gesunde junge Elefanten. Doch ich denke, wo ein Elefant Platz hat, haben auch neun Elefanten Platz!

Jürgen Sprenzinger
Friedenstraße 7a
86179 Augsburg

Firma
Wanzl Metallwarenfabrig GmbH
Einkaufswagenabteilung
Bubesheimer Straße 4

89340 Leipheim

2. Dezember 1997

Sehr geehrte Damen und Herren!

Seit meine Frau mich verlassen hat, bin ich sehr einsam. Alles muß ich seitdem allein machen. Auch einkaufen. Ich kauf viel bei Aldi ein, weil es da günstig ist. Aber da kauf ich nur die Grundnahrungsmittel wie Mehl, Zucker, Milch und Eier. Das andere Zeugs wie zum Beispiel Obst, Gemüse, Käse, Joghurt, Wurscht und Fleisch, Kartoffel, Gewürze, Butter, Brot, Brezen, Rasierschaum, Seife, Zahnpasta oder Deodorant kauf ich beim Real oder im Handelshof.

Überall haben die ja die Einkaufswägen von Ihnen. Und da ich ein Hobbyerfinder bin, mach ich mir so allerhand Gedanken. Und neulich schieb ich so einen Einkaufswagen von Ihnen vor mir her und da ist mir so ein Gedanke gekommen. Was passiert wohl, hab ich mir gedacht, wenn jetzt plötzlich der Strom ausfallen täte? Da täten ja alle Leute, die da grad einkaufen, nichts mehr sehen und mit den Einkaufswägen zusammenrauschen. Die Verletzungsgefahr wäre da enorm. Deswegen hab ich mir gedacht, ich schreibe Ihnen meine Idee, weil ich die wirklich gut find.

Es wär nämlich nicht schlecht, wenn man an die Einkaufswägen eine Beleuchtung hinmachen täte. Und zwar so wie beim Auto auch. Einen Scheinwerfer, falls das Licht im Supermarkt ausfällt. Was ja bei der heutigen Technik jederzeit passieren kann, weil die total unberechenbar ist. Warum stürzen zum Beispiel Flugzeuge ab? Eine andere Sache ist die, daß in so einem Supermarkt nie die Vorfahrt beachtet wird. Da nimmt mir eine Hausfrau, die von links kommt, brutal die Vorfahrt und entschuldigt sich nicht mal dafür, obwohl eigentlich ich die Vorfahrt gehabt hätt. Aber das ist der vollkommen wurscht. Für einen solchen Fall sollte sich so etwas wie eine Fahrradklingel, oder besser gesagt, eine Einkaufswagenklingel am Einkaufswagen befinden, um gerade solche rücksichtslosen Hausfrauen, die keine Verkehrsregeln nicht beachten und nur daran denken, daß sie möglichst schnell zu ihrer Wurscht kommen, zu warnen.

Eine dritte Sache, die ich Ihnen noch schreiben möcht, ist die nachfolgende: Immer wieder passiert es mir, daß ich an der Kasse stehe und an nichts Böses denke. Und plötzlich wird mir von hinten, also quasi hinterrücks, in den Hintern gefahren. Je nach Aufprallgeschwindigkeit tut das saumäßig weh. Mir ganz besonders. Weil ich nämlich Hämorhoiden hab. Ich war übrigens deswegen schon beim Doktor. Der hat mir Zäpfchen gegeben. Aber ohne Wasser bring ich die kaum runter.

Aber das wollt ich Ihnen eigentlich garnicht schreiben, weil meine Hämorhoiden eine intime Angelegenheit sind. Behalten Sie dieses bitte für sich. Das geht ja auch niemanden nichts was an.

Jedenfalls wollt ich Ihnen abschließend noch den Vorschlag machen, ob man nicht vielleicht an der Vorderseite von so einem Einkaufswagen ein Polster oder einen Schlagschutz anbringen könnt, weil die Hausfrauen in letzter Zeit so rabiat geworden sind, daß es auf keine Kuhhaut nicht geht. Ich glaub, das liegt an den hohen Preisen, daß die so agresiv sind. Oder an denen ihre Ehemänner, weil die so verfressen sind. An meinem Hintern kann es jedenfalls nicht liegen, weil der nicht schlecht aussieht. Im Gegenteil. Meine Mutter und auch Tante Erika sagen immer, mein Hintern wär wie der vom Adonis. Ich selber kann da nichts dazu sagen, weil ich hinten keine Augen nicht hab.

Ich hoffe, Ihnen gedient zu haben, weil man ja konkurrenzfähig bleiben muß und versuchen sollt, ein Produkt wie das Ihrige, auch wenn es schon sehr gut ist, trotzdem immer noch zu verbessern. Weil Stillstand nämlich einen Schritt zurück bedeutet. Das hat früher mein Lehrmeister immer gesagt. Und der war der beste Maschinenschlosser von Deutschland. Er ist 1984 zum Stillstand gekommen. Er hat seine Hand in eine Maschine gebracht, und dann hat er einen Schritt zurück gemacht und dann hat die Maschine den Rest auch noch hineingezogen. Das war damals eine mords Dragödie, aber die Zeit heilt ja bekanntlich Wunden.

Mit hochachtungsvollen Grüßen

Jürgen Frenzinger

Nachtrag

Schade, daß die Firma Wanzl vor lauter Einkaufswagen-Bauen keine Zeit zum Schreiben hat. So habe ich zur Selbsthilfe gegriffen und einen Antihausfrauenanzug für hilflose Männer erfunden. Der ist außenrum total gepolstert, hat Knieschutz und Schienbeinschoner und Notfalltasche am Gesäß. Deren Inhalt: Grundrißpläne aller bekannten Supermärkte, Notlampe, Schlagstock und ein Miniaturwasserwerfer. Der Anzug ist erhältlich mit integrierter Sauerstoffversorgung, wahlweise auch mit eingebautem Stromgenerator und Elektroschocker. Dazu kann ein Schutzhelm mit Radar- und Lasersystem geliefert werden. Von hinten anschleichende Hausfrauen werden sofort geortet und paralysiert.

Ab 1.1.1999 ist dazu auch die sogenannte Kassenumgehungselektronik erhältlich: macht den Träger derselben (inklusive Einkaufswagen) vor der Kasse unsichtbar und nach dem Verlassen des Supermarktes wieder sichtbar.

(Momentan in der Testphase. Ich habe noch ein Problem mit der Wiedersichtbarmachung der Testpersonen.)

Jürgen Sprenzinger
Friedenstraße 7a
86179 Augsburg

Firma
Procter und Gamble
z. H. Herrn Meister Proper
Postfach 2503

65818 Schwalbach/Ts.

9. Dezember 1997

Lieber Meister Proper!

Durch Zufall hab ich Ihre Adresse rausgefunden und festgestellt, daß sie bei der Firma Procter und Gamble wohnen.

Deswegen schreib ich aber nicht an Sie, weil es mir eigentlich wurscht ist, wo sie hausen. Ich schreib Ihnen deswegen, weil ich wegen Ihnen ein Problem mit meiner Frau hab.

Ich bin oft aushäusig, weil ein Mann immer hinaus muß in die feindliche Welt und kämpfen. Und ich hab viele Feinde. Und letzte Woche ergab sich das Schicksal, daß ich forzeitig vom Kampf heimgekommen bin. Und schon wie ich in der Haustür stand, hat mich meine Frau angestrahlt. Und mit ihr hat die ganze Wohnung gestrahlt. Alles war so unangenehm sauber und steril. Fast nicht mehr bewohnbar. Ich hab mich überhaupts nicht mehr wohlgefühlt. Ich brauch meinen gewohnten Dreck, schon allein zur ständigen Stärkung meines Immunsystems. Besonders vermißt habe ich Rosi, meine Küchenschabe, die mich jeden Abend begrüßt hat, wenn ich heimgekommen bin. Jetzt ist sie weg. Vermutlich ist sie jetzt beim Nachbarn. Das wundert mich überhaupts gar nicht.

Ich hab meine Frau gefragt, ob sie bescheuert wär, die ganze Wohnatmosfähre so zu zerstören. Und da hat sie gesagt, das hat sie mit Meister Proper, also mit Ihnen, gemacht. Da hab ich meine Frau natürlich sofort zur Rede gestellt und wollte wissen, wie alt Sie sind und was Sie haben, was ich nicht habe. Und da hat mir meine Frau gesagt, Sie wären unwahrscheinlich stark und würden mit jedem Dreck fertig. Und sie würde es jetzt immer mit Ihnen machen. Ich war entsetzt.

Ich bitte Sie, lieber Meister Proper, geben Sie meine Frau frei. Ich hab doch nur die eine. Wenn ich ein Araber wär, der was 25 Frauen im Harem hat, dann tät ich sie Ihnen ja lassen, ja schenken tät ich sie Ihnen. Weil es mir dann auf eine Frau nämlich dann gar nicht ankäm. Aber so hab ich ein Problem, weil wer kocht dann für mich? Meine Frau hat mich dann auch noch für blöd verkauft: sie hat gesagt, da wäre nichts zwischen Ihnen und ihr, sie tät ja bloß mit Ihnen putzen. Aber das ist doch nur ein fadenscheiniger Vorwand, den kann sie meiner Oma erzählen. Ich glaub das einfach nicht.

Sollte diese alberene Putzerei mit meiner Frau nicht aufhören, dann putz ich auch. Mit Ihrer Frau. Das lassen Sie sich gesagt sein! Ich hoffe in Ihrem Intresse, Sie sind ein Tschentlmen und ziehen sich diskret zurück. Jeder kehre vor seiner eigenen Tür, sagt ein Sprichwort!

Hochachtungsvoll

Jürgen Sprenzinger

Procter&Gamble

Procter & Gamble GmbH
65823 Schwalbach am Taunus

Herrn
Jürgen Sprenzinger
Friedenstraße 7 A

86179 Augsburg

Schwalbach, den 11. Dezember 1997

Sehr geehrter Herr Sprenzinger,

vielen Dank für Ihr Schreiben vom 9. Dezember 1997 an unseren Meister Proper. Da er jetzt nicht nur in Deutschland für Reinheit und Glanz sorgt, heißt er jetzt Mr. Proper. Er ist aber nach wie vor ein Meister seines Fachs.

Allerdings hat er nun überhaupt keine Zeit mehr, Briefe selbst zu beantworten. Deshalb nicht traurig sein, daß wir die Beantwortung Ihres Schreibens übernehmen.

Wie Sie uns schreiben, fühlen Sie sich in Ihrer strahlenden Wohnung nicht mehr so wohl. Verstehen wir nicht. Wie wär's mit positiv denken: "Ihre Frau steht nun immer freudig in der Tür und erwartet Sie. Dank Mr. Proper ist alles so angenehm sauber und Sie fühlen sich rundum wohl. Ihre Frau hat nun viel mehr Zeit, sich um Sie zu kümmern."

Sollen wir mit der Küchenschabe Rosi einmal reden? Wir sind sicher, wir können sie umstimmen und sie kommt zu Ihnen zurück. Haustiere fühlen sich doch pudelwohl in einer sauberen Umgebung, oder? Obwohl, gute Nachbarschaft ist ja auch was Schönes. Warum besuchen Sie nicht ab und zu die Küchenschabe Rosi bei Ihrem Nachbarn (oder vielleicht Nachbarin?).

Ihren Vorsatz, Ihrer Frau zukünftig beim Putzen zu helfen, finden wir eine gute Idee. Ihre Frau wird Ihnen dankbar sein und kann es etwas Schöneres geben als eine dankbare Ehefrau.

In diesem Sinne verbleiben wir

mit freundlichen Grüßen

Martha-Leni Stens
Mr. Proper Fan-Club

J. Sprenzinger
Friedenstraße 7a
86179 Augsburg

Firma
Falke
Postfach 1560

59525 Lippstadt

21. Dezember 1997

Sehr geehrter Herr Falke!

Ich habe einen Vogel. Einen Kananrienvogel. Einen gelben. Und neulich hab ich mir Socken gekauft. Von Ihnen oder besser gesagt, von Ihrer Firma. Und da hab ich das Etikett an den Socken gesehen und entfernt und anschließend gelesen. Sie schreiben in diesem Etikett, daß einer Ihrer Vorfahren Falkner war und Sie deswegen einen Falken in Ihrem Firmenzeichen haben. Und deswegen schreib ich an Sie, weil Sie sich wahrscheinlich nicht nur mit Falken auskennen, sondern mit anderen Vögeln auch.

Ich hab nämlich ein Problem: mein Kanarienvogel, der Hansi, hat bis letzten Monat immer wunderbar gesungen. Seit ungefähr 3 Wochen aber schafft er die Höhen nicht mehr, daß heißt, eigentlich brummt er fast wie ein Brummkreisel. Ich geb ihm seit dem jeden Tag eine extra Portion Singfutter, aber das nutzt auch nichts.

Mein Freund, der Willi, hat mir gesagt, daß der Vogel wahrscheinlich in der Pupertät ist und einen Stimmbruch hat. Aber das kann ja gar nicht sein, weil der Vogel schon fast 6 Jahr alt ist. Aber der Willi ist manchmal eh ein Depp, wissen Sie. Der Willi erzählt immer so einen Quatsch, weil der nämlich überhaupts keine Ahnung nicht hat von Vögeln, und von Kanarienvögeln erst recht nicht.

Ich hab eher den Verdacht, der Hansi hat eine Stimmbandentzündung. Dabei entzünden sich die Stimmbänder und können dann nicht mehr richtig schwingen, weil auf diesen Stimmbändern so viele Bakterien draufsitzen. Weil das hab ich nämlich auch schon gehabt. Und dann kann man nur noch brummen.

Jetzt hätt ich Sie fragen wollen, ob Sie mir nicht vielleicht helfen können. Weil ich auf Ihrem Etikett gelesen hab, daß Sie bedrohte Wanderfalken schützen. Mein Hansi ist zwar kein Wanderfalke, sondern nur ein dahergelaufener Kanarienvogel. Er wandert eigentlich recht selten, meistens fliegt er. Ungefähr so in 2 Meter Höhe. Aber er ist auch ein Geschöpf Gottes. Und mir wär es arg, wenn ich den Vogel vor Weihnachten verlieren tät, weil ich ja nur den einen hab. Und grad das Largo von Wienerwald, nein, Moment, das von Hendl mein ich, hat der Hansi an Weihnachten immer so schön gesungen.

Vielleicht können Sie mir da einen Typ geben, wie wir unseren Hansi wieder gemeinsam aufpäppeln können. Da wär ich Ihnen sehr dankbar.

Mit freundlichen Advents-Grüßen

Jürgen Sprenzinger

Geschäftsleitung

Herrn Jürgen Sprenzinger
Friedenstraße 7 a

86179 Augsburg

08.01.1998

Sehr geehrter Herr Sprenzinger,

Ihre Zeilen vom 21.12.1997 haben wir mit Interesse gelesen. Da sieht man, was alles in der Vogelwelt vor sich geht. Schade, das „Largo" von Händel (oder Hendl?), zu Weihnachten gesungen von Hansi, wäre doch sicher wert, einmal als CD herausgebracht zu werden.

Als Tip kann ich Ihnen nur geben, Ihren Hansi gut wieder aufzupäppeln

Die Broschüre über die Wanderfalken, die ich beifüge, ist da sicher nicht sehr hilfreich, aber vielleicht lesenswert.

Vielleicht hiflt es aber auch dem Hansi, wenn sein Herr im Winter warme Füße hat, weil er gute, warme Socken von Falke trägt. Wenn der Herr uns dann seine Schuhgröße mitteilt, können wir ihm diese schönen, warmen Socken zusenden.

Herzliche Grüße

Franz-Otto Falke

J. Sprenzinger
Friedenstraße 7a
86179 Augsburg

Firma
Krauss Maffei
Abteilung Panzer und Zubehör
Krauss-Maffei-Straße 2

80997 München

23. Dezember 1997

Sehr geehrte Damen und Herren!

Ich fahre einen Mazda. Ein wunderbares Auto ist das, weil die Japaner nämlich gute Autos bauen. Mein Mazda liegt auf der Straße wie ein Brett. Manchmal hab ich direkt das Gefühl, mein Mazda ist auf der Straße festgeschweißt. Ja, oft hab ich den Eindruck, mein Mazda ist ein Teil von der Straße oder ein Magnet, der die Straße direkt anzieht. Dieses Auto ist absolut kriegstauglich, weil ich nämlich glaub, daß den nicht mal ein Bombeneinschlag von der Stelle haut. Der Mazda hat eine Straßenlage, daß ich mir schon oft gesagt hab, Mensch, das gibts doch nicht, hab ich mir gesagt.

Und deswegen schreib ich Ihnen jetzt. Weil ich nämlich eine Idee hab. Ich wollt mir einen Panzerturm mit einer Panzerkanone auf das Dach von meinem Mazda hinaufbauen. Ich will das nicht zur Verteidigung, sondern ich brauch das nur zur Abschreckung für die anderen Autofahrer oder für die Fahrradfahrer. Weil ich nämlich festgestellt hab, daß die andern Autofahrer dermaßen rücksichtslos sind, daß es auf keine Kuhhaut nicht hinaufgeht. Auch die Radfahrer sind in letzter Zeit rotzfrech geworden. Ich hab jetzt jahrelang zugeschaut. Aber jetzt geh ich in die Offensive. Ich laß mir das einfach nicht mehr gefallen. Und deswegen brauch ich was zur Abschreckung und hab mir gedacht, ich bau mir eine Panzerkanone aufs Dach von meinem Mazda.

Die Frage ist jetzt bloß, was kostet sowas und wie schnell können Sie so einen Panzerturm mit Kanone liefern. Es muß ja nicht das neueste Modell sein und muß auch nicht funktionieren, sondern soll ja nur eine Atrabbe sein. Wenn Sie irgendwo einen alten Panzer rumstehen haben, dann bau ich mir von dem die Kanone auch selber ab. Ich hab schon Zeit und ein Werkzeug dazu hab ich auch. Ich bin Heimwerker, hab eine Werkstatt im Keller und bin bestens ausgerüstet. Ich hab sogar eine Rohrzange, 4 verschiedene Eisensägen und einen mordsdrum Steckschlüsselsatz mit Ratsche. Den hat mir mein Neffe voriges Jahr zum Osterhasen geschenkt.

Wenn Sie mir freundlich mitteilen täten, was so ein Panzerturm mit Kanone kostet, wär ich Ihnen sehr dankbar. Übrigens macht das nichts, wenn die Kanone zu lang ist, ich säg sie mir auf die passende Länge zu und kante dann die Schnittstelle mit der Flex ab, damit sich niemand dran schneidet. Mein Mazda ist weinrot. Und dieselbe Farbe würd ich auch für das Teil von dem Panzer verwenden. Weil das soll ja auch optisch gut auschauen. Mein Nachbar, der Erwin, ist übrigens Autolackierer. Aber der lackiert auch Panzerteile, dem ist das wurscht.

Ich danke Ihnen im vornhinein.

Mit hochachtungsvollen freundlichen Grüßen

Jürgen Frenzinger

Nachtrag

Keine Antwort – kein Panzerturm – keine Panzerkanone – nie mehr Krauss-Maffei! Ich bestelle in Zukunft doch wieder bei der Firma Kuka. Da bekomme ich wenigstens eine amtliche Reaktion … (Siehe »Sehr geehrter Herr Maggi«!)

Bundeswehr sitzt auf 112 gebrauchten Jagdbombern

Minister sucht dringend Käufer

Bonn (dpa).
Die Bundeswehr hat ein Problem: Der 1979 eingeführte Jagdbomber wird nicht mehr gebraucht. Über 100 Maschinen stehen nutzlos im oberbayerischen Fliegerhorst Fürstenfeldbruck herum. Selbst ihre Verschrottung wird nicht mehr ausgeschlossen.

„112 Alpha-Jets in gutem Zustand preisgünstig abzugeben" - so oder so ähnlich könnte eine Anzeige heißen, gäbe es eine Zeitschrift für gebrauchte Kampfflugzeuge. Händeringend sucht Bundesverteidigungsminister Volker Rühe (CDU) Käufer für die überwiegend einsitzigen Bomber, ist bis jetzt aber noch nicht fündig geworden. „Wir sind in Verhandlungen mit mehreren Partnern", sagt ein Sprecher der Bundeswehr lediglich zu möglichen Interessenten für den Alpha-Jet.

Bis Ende des Jahres hofft die Bonner Hardthöhe Klarheit darüber zu haben, ob und wie viele Alpha-Jets verkauft werden können. Sollten die Verhandlungen nicht zum Erfolg führen, denkt man im Ministerium bereits darüber nach, einzelne Maschinen an Museen abzugeben. Der Sprecher läßt durchblicken, daß sie äußerst günstig zu haben wären.

Sündhaft teuer

Als „äußerste Möglichkeit" sieht die Hardthöhe die vollständige Verschrottung der einst sündhaft teuren Maschinen an. Immerhin fast 2,5 Milliarden Mark gab die Bundeswehr vor fast 20 Jahren für die Anschaffung von 175 Alpha-Jets aus.

Wieviel Geld der Verkauf der Flugzeuge in die leere Staatskasse bringen soll, bleibt Geheimnis der Hardthöhe.

Noch stehen über 100 der verbliebenen insgesamt 112 Alpha-Jets in Fürstenfeldbruck und werden von einem Team von rund zehn Spezialisten gewartet. In Deutschland war der Alpha-Jet fast ausschließlich bei den Jagdbombergeschwadern in Husum, Oldenburg und Fürstenfeldbruck stationiert. Er galt als weltweit bester Strahlflugzeugtrainer seiner Zeit und hatte bei den Armeen einen guten Ruf als wendiger, robuster und flexibel einsetzbarer Jagdbomber.

In diesem Sommer wurde der Alpha-Jet offiziell außer Dienst gestellt. „Typenbereinigung" heißt das Aus für den Bomber im Luftwaffen-Jargon.

Jürgen Sprenzinger
Friedenstraße 7a
86179 Augsburg

An das
Bundesministerium der Verteidigung
Alpha-Jet-Abteilung
Hardthöhe

53125 Bonn

27. Dezember 1997

Sehr geehrte Damen und Herren,

Vorhin hab ich mit einem Bekannten telefoniert. Wir telefonieren immer an Weihnachten rum, weil es da billiger ist und weil wir miteinander im Krieg waren. Und da wünschen wir uns immer frohe Weihnachten und ein gutes neues Jahr und ich frag ihn dann immer, ob er immer noch mit der selben Frau verheiratet ist. Weil mein Bekannter früher ein Kasanova war, wie er noch jung war. Er hat gesagt, daß er immer noch mit der selben Frau verheiratet ist, aber manchmal ist das zum Davonlaufen.

Damals im Krieg wollt ich schon immer zu die Jagdflieger. Aber die haben mich nicht gelassen, weil ich ein Brillenträger bin. Wie ich jetzt mit meinem Bekannten telefoniert hab, hat der mir so nebenbei erzählt, daß Sie Jagdbomber verkaufen täten. So Alpha-Jets. Und die gäb es angeblich in den Farben moosgrün, bonbonpink, babyblau und sonnengelb mit orangefarbenen Muster. Er hätt das in den Aachener Nachrichten gelesen. Das muß allerdings schon länger her sein, so im November rum. Jedenfalls haben die geschrieben, daß der Minister händeringend ganz dringend Käufer sucht, weil angeblich über 100 Flugzeuge nutzlos rumstehen täten.

Ich tät Ihnen gern zwei Stück abkaufen. Ich würd natürlich nicht fliegen damit, weil ich nämlich gar keinen Flugschein nicht hab. Eigentlich brauch ich nur ein so ein Flugzeug. Für meinen Enkel zu Ostern. Bloß zum Spielen. Eigentlich wollt er ja ursprünglich ein Tretauto, aber ich glaub, gegen ein Flugzeug hätt er auch nichts. Das zweite Flugzeug tät ich nur wegen der Ersatzteile brauchen, falls an dem einen was kaputtgeht. Mein Enkel ist jetzt 5 Jahre alt und will immer Pilot werden. Und ich meine, man sollt ein Kind so früh als möglich fördern. Und es ist ja auch schön, daß der mit 5 schon weiß, was er werden will. Ich hab das nicht mal mit 32 gewußt. Erst als meine Frau gesagt hat, sie kann mich nicht mehr verhalten, habe ich Schweißer gelernt.

Vielleicht können Sie mir gnädigst mitteilen, was so ein Jagdbomber kostet. Ohne Bomben. Die sind ja für Kinder nicht so gut geeignet. Wenn Sie mir vielleicht zwei Flugzeuge in der gleichen Farbe verkaufen täten, wär das nicht schlecht. Am liebsten wären mir beide in bonbonpink.

Mein Bekannter hat mir erzählt, daß der Sprecher vom Ministerium gesagt hätt, daß die Flugzeuge äußerst günstig zu haben sein täten. Und deswegen frag ich jetzt bei Ihnen an. Es ist nur eine Sache des Preises und weil jetzt dann auch der Winterschlußverkauf anfangt, könnt es vielleicht noch einen Rabatt extra geben, hab ich mir gedenkt.

Mit hochachtungsvollsten Grüßen

Jürgen Frenzinger

Bundesministerium der Verteidigung
Rü II 4, Az.: 75-85-00/ 813

Bonn, 27.01.1998
Telefon: (02 28) 12– 4986
Telefax: (02 28) 12– 5144

Herrn
Jürgen Sprenzinger

Friedenstraße 7a
86179 Augsburg

Sehr geehrter Herr Sprenzinger,

für Ihr Schreiben vom 27.12.1997, mit dem Sie Ihr Interesse am Kauf von zwei Alpha-Jets bekunden, danke ich Ihnen.

Die Verwendung von ausgedienten Kampfflugzeugen als Kinderspielzeug wäre sicherlich eine einfache, wenn auch von Ihnen wohl nicht erstgemeinte Lösung.
Gleichwohl muß es dabei bleiben, daß Kriegswaffen nicht in private Hände geraten dürfen. Ich nehme an, daß Sie Ihrem Enkel zu Ostern auch mit dem gewünschten Tretauto viel Freude bereiten können.

Mit freundlichen Grüßen

Im Auftrag

Kroll

Jürgen Sprenzinger
Friedenstraße 7a
86179 Augsburg

An die
Kriminalpolizei
Vogeltorplatz 1

86153 Augsburg

30. Dezember 1997

Sehr geehrte Herren Kriminaler!

Hiermit möchte ich Ihnen mitteilen, daß jemand versucht hat, einen Anschlag auf mich zu machen. Keinen körperlichen Anschlag nicht, sondern einen auf meine Aktenordner und auf mein Geld.

Der Übersender hat mir ein Päckchen geschickt mit Trockenbakterien, die Akten und Geld vernichten. Zwar steht unten dorten, daß man das Zeugs nicht mit Geld in Berührung bringen darf, aber er hat sicherlich damit gerechnet, daß ich das nicht lese. Aber ich bin ja nicht blöd.

Das finde ich extrem hintervotzig.

Und deswegen übersende ich Ihnen jetzt das Päckchen, mit der gleichzeitigen Bitte um Überprüfung des Inhaltes desselbigen nebst Einleitung eines amtlichen Vorganges zwecks Bestrafung des Absenders, der noch dazu so blöd war, seine Telefonnummer, seine Faxnummer und wahrscheinlich auch seine Fingerabdrücke auf selbigem Päckchen zu hinterlassen.

Ich bitte gleichzeitig um Polizeischutz, da ich mich in einem so bedrohlichen Maße gefährdet fühle, daß es auf keine Kuhhaut nicht geht.

Mit selbiger Post möchte ich Sie gleichzeitig warnen, weil auch Sie vermutlich Aktenordner im Besitz haben, die für Sie wichtig sind. Bitte entfernen Sie sämtliche Aktenordner vor der Untersuchung des Inhalts von dem Päckchen aus Ihrem Büro. Vorsicht ist besser als Nachsicht, hat mein Vater immer gesagt.

Ich hoffe, Sie können diesem Attentäter das Handwerk legen.

Hochachtungsvollst

Jürgen Sprenzinger

Kriminalpolizeiinspektion 　　　86153 Augsburg, 20.01.98
　　　　Augsburg　　　　　　　Vogeltorplatz 1
K 31-Beratungsstelle zum　　　Tel. 0821/323-1404
Schutz gegen Verbrechen

Jürgen Sprenzinger
Friedenstraße 7 a

86179 Augsburg

Sehr geehrter Herr Sprenzinger,

wir bestätigen den Eingang Ihres Briefes mit Anlage.

Wie daraus ersichtlich war, wurden Ihnen unter dubiosen Umständen angebliche Trockenbakterien übersandt.
Auch der von Ihnen geschilderte Sachverhalt ließ viele Fragen offen und deutete eher auf einen Scherz als auf einen "Anschlag" hin.

Ein kurzes Gespräch im Kollegenkreis brachte sodann die wahren Hintergründe Ihres Schreibens zutage:

"Ja kennst Du denn den Jürgen Sprenzinger nicht? Das ist doch der mit dem Buch: **Sehr geehrter Herr Maggi**".

Nach kurzer Zeit lag Ihr Buch auf dem Schreibtisch und siehe da, auch die Kripo Augsburg ist darin erwähnt.

Ein Telefonat mit der Fa. Alpenland Aktenvernichtung und ein weiteres mit Ihnen klärten den "mysteriösen Fall" vollends auf.

Nichts war es mit den aktenvernichtenden Bakterien! Jedoch wurde Ihre Hoffnung, dem vermeintlichen Attentäter durch die Kriminalpolizei das Handwerk zu legen, in wenigen Minuten Realität.

Für Ihr neues Buch wünschen wir Ihnen viel Erfolg und verbleiben mit freundlichen Grüßen

Tanzer
Kriminalhauptkommissar

Jürgen Sprenzinger
Friedenstraße 7a
86179 Augsburg

Firma Hipp GmbH
z. H. Herrn Hipp
Münchener Straße 58

85276 Pfaffenhofen

30. Dezember 1997

Sehr geehrter Herr Hipp!

Seit ungefähr 3 Monaten bin ich ein Papa. Mein Ableger heißt Sebastian Kneipp Friedrich Wilhelm Ludwig. Sebastian Kneipp deswegen, weil ich mal in der Sebastian-Kneipp-Gasse gewohnt hab, als ich selber noch klein war. Und Friedrich deswegen, weil ich ein großer Verehrer vom Preußenkönig Friedrich dem Großen bin. Und Ludwig heißt er deswegen, weil ich den König Ludwig sehr verehre. Ich war auch schon im Schloß Neuschwanstein. Wir nennen unsern Bubi immer Kneippi.

Meine Frau und ich ernähren unsern Kneippi mit Hipp. Mit diesen Gläschen von Ihnen. Als der Bub auf die Welt gekommen ist, hat er genau 8 Pfund gewogen. Jetzt wiegt er 11 dreiviertel Pfund. Er sieht auch genauso aus. Wie ein 11dreiviertel-Pfünder.

Deswegen schreib ich Ihnen aber überhaupts gar nicht, oder nicht nur deswegen, sondern auch wegen was anderem und weil mir da was blödes passiert ist. Weil gestern nachmittag war meine Frau mit ihrem Freund fort. Im Kino beim James Bond in dem neuen Film von dem, mit dem Titel: Am Morgen stribt man nie oder so ähnlich. Meine Frau hat einen Freund, obwohl ich ihr schon tausendmal gesagt hab, daß es mir lieber wär, sie hätt endlich mal eine anständige Freundin. Aber sie findet keine. Sie ist halt etwas kontaktarm.

Jedenfalls hab ich gestern auf Kneippi aufpassen müssen. Und da hat er nachmittags angefangen, zu grandeln. Und ich hab sofort gewußt, daß Kneippi naß ist. Innerhalb der Windeln. Und ich hab ihn trockengelegt, die alte Pämpers entfernt und eine neue eingelegt. Danach hab ich ihn wieder anständig verschnürt. Aber er hat immer noch gegrandelt. Da hab ich mir gedacht, daß der Bub vielleicht einen Hunger hat. Und ich bin zum Kühlschrank und hab so ein Hipp-Gläschen von Ihnen herausgenommen. Das hab ich dann aufgemacht und hab ihn gefüttert. Und da hab ich gemerkt, daß ich einen riesen Fehler gemacht hab. Weil wie ich das Gläschen so anschau, les ich, daß da draufsteht: Gute-Nacht-Brei. Aber auf meiner Armbanduhr war es erst halb drei nachmittags. Mir ist draufhin sofort der kalte Schweiß ausgebrochen, weil ich mir gedacht hab, das überlebt das Kind nie. Mein Kneippi ist nämlich sofort daraufhin eingeschlafen. Ich hab noch versucht, ihn wachzurütteln, weil er nur noch ganz schwach geatmet hat. Aber alles war umsonst. Der Bub ist erst am anderen Morgen wieder aufgewacht und hat gepennt wie ein Murmelschwein.

Jetzt wollt ich einfach mal bei Ihnen höflichst anfragen, ob das ganze Theater wegen dem Gute-Nacht-Brei war. Weil Sie sollten vielleicht eine Aufschrift auf das Glas drauftun, wo draufsteht: nur ab 6 oder 7 Uhr abends verfüttern, daß man als unschuldiger Vater auch Bescheid weiß.

Ich hoffe, Sie können meine besorgen Gedankengänge begreifen und verbleibe hochachtungsvollst

Jürgen Frenzinger

Nachtrag

Nun warte ich schon geraume Zeit auf Antwort von der Firma Hipp. Doch leider … Zuerst war ich total verunsichert. Doch zwischenzeitlich bekommt Kneippi nur noch den Gute-Nacht-Brei von Hipp. Immer dann, wenn er gerade zufällig wach ist. Der Gute-Nacht-Brei ist so toll, da merkt man eigentlich gar nicht mehr, daß man ein Kind hat. Ich habe mir vorgenommen, Kneippi bis zur Volljährigkeit mit Hipp's Gute-Nacht-Brei zu füttern!

Jürgen Sprenzinger
Friedenstraße 7a
86179 Augsburg

An die
Französiche Botschaft
An der Marienkapelle 1a

53179 Bonn

13. Januar 1998

Sehr geehrter Herr Botschafter!

Dies ist mein letzter Brief. Das sag ich Ihnen gleich. Weil ich nämlich total beleidigt bin. Und bis ich eingeschnappt bin, dauert das zwar lang, aber wenn, dann entgültig! Am 29. August vorigen Jahres hab ich Ihnen geschrieben und Ihnen höflichst mitgeteilt, daß ich extra wegen Ihnen und den geplanten Atomversuchen in meinem Garten einen Teich angelegt hab, damit Sie die gleichen Verhältnisse wie auf dem Mururoa-Atoll vorfinden. Dazu hab hab extra einen Haufen Bratwürste und Sparribbs gekauft, damit wir den gelungenen Versuch anschließend auf meiner Terrasse feiern können. Sogar ein Weizen hab ich bestellt.

Und Sie haben wieder nicht geantwortet. Zumindestens hätten Sie ja absagen können. Ich wär Ihnen da nicht böse gewesen. Aber Ihr Schweigen hat mich sehr erbost. Und das hat politische Konsequenzen. Ich persönlich breche sofort meine sämtlichen Kontakte zu Frankreich ab und habe gleichzeitig ein Embargo verhängt. Ich esse keinen französischen Käse mehr. Wird nicht mehr gekauft. Basta. Auch der französiche Wein ist ab sofort gestrichen. Und das wird Ihre Wirtschaft in die Knie zwingen, das kann ich Ihnen versichern.

Jahrelang hab ich eine Brieffreundin in Paris gehabt. Ich hab auch hier sofort jeden Briefverkehr meinerseits sofort unterbunden. Und jetzt im Frühjahr wollt ich mit meiner Frau eine Busreise nach Paris machen. Fünf Tage für 396.- Mark pro Person. (Halbpension). Aber auch das werde ich umgehend stornieren.

Ich bitte um freundliche Kenntnisnahme!

Hochachtungsvoll

Jürgen Sprenzinger

Jürgen Sprenzinger
Friedenstraße 7a
86179 Augsburg

An das
Amt für Grünordnung
Stadtverwaltung
Maximilianstraße 4

86150 Augsburg

13.01.1998

Sehr geehrte Damen und Herren,

seit dem Jahre 1989 besitzt mein Mausi, ich mein meine Frau, einen Gummibaum. Ich sag zu meiner Frau immer Mausi. Meine Frau sagt immer Mauso zu mir. So können wir uns auseinanderhalten.

Jedenfalls besitzt mein Mausi, was meine Frau ist, seit dem September 1989 einen Gummibaum. Dieses Jahr im September wär der Gummibaum 9 Jahr alt geworden. Aber leider ist er jetzt anfangs Januar in den Gummibaumhimmel eingegangen. Wir sind deswegen alle recht traurig, aber das ist nun mal der Lauf des Lebens. Wir gehen ja auch alle irgendwann mal ein. Und dann sind die eingegangen Gummibäume alle bereits im Jenseits und warten auf uns. Auch unser Gummibaum. Und das tröstet uns dann wieder, weil wir wissen, daß es ein Wiedersehen mit unserem Gummibaum gibt. Im Jenseits.

Nun hätt ich aber eine Frage an Sie zwecks der Bestattung unseres Gummibaums. Ich will unseren Gummibaum nicht einfach in die Tonne werfen. Das bringen wir einfach nicht übers Herz, weil wir unseren Gummibaum sehr geliebt haben. Ich möcht meinen Gummibaum im Garten bestatten. Eine Erdbestattung. Jetzt hab ich aber ein Problem, weil ich nicht weiß, ob ich mich dadurch dem Strafbestand der Umweltverschmutzung schuldig mache. Weil so ein Gummibaum ja Gummi in sich hat. Und Gummi verrottet sehr schlecht. Überhaupts ist Gummi nicht sehr umweltfreundlich und unwahrscheinlich haltbar. Man sieht das das an den Gummiringen, die ich in der Schublade hab. Die liegen schon ein paar Jahre da drinnen und sind noch immer wahnsinnig elaschtisch. Und wenn man bedenkt, wie lange Autoreifen halten, dann kann man sich ungefähr vorstellen, wie haltbar so ein Gummi ist. Wahrscheinlich werden die Menschen in 1000 Jahren noch alte Autoreifen von uns ausgraben. Vorausgesetzt, es kommt kein Atomkrieg oder eine andere globale Katastrofe, wo die ganzen alten Autoreifen verbrennen. Es wär aber auch leicht möglich, daß dadurch ein paar alte Autoreifen in das Weltall hinausgeschleudert werden. Hoffentlich treffen die dann nicht die Raumstation Mir. Die haben eh schon Schwierigkeiten genug. Es geht aber nicht um die globale Katastrofe, sondern um meinen Gummibaum. Ich wollt Sie nicht von Thema ablenken.

Wenn Sie mir also bitte vielleicht mitteilen täten, ob ich meinen Gummibaum im Garten beerdigen kann, wär ich Ihnen sehr dankbar. Das müßt aber schnell gehen, weil die Verwesung bereits eingesetzt hat und der Gummibaum schon seit einer Woche auf der Coutsch aufgebahrt liegt. Der blockiert alles, weil er so starrig ist.

Hochachtungsvoll

Jürgen Sprenzinger

Stadt Augsburg

Amt für Grünordnung
und Naturschutz

Stadt Augsburg, Postfach 111960, 86044 Augsburg	Dienstgebäude	Dr.-Ziegenspeck-Weg 10
		86161 Augsburg
Herrn	Zimmer	16
Jürgen Sprenzinger	Sachbearbeiter(in)	Herr Schnürer
Friedenstraße 7 a	Telefon	(0821) 324 6013
	Telefax	(0821) 324 6050
86179 Augsburg	Ihre Zeichen	
	Unsere Zeichen	670-1/Schn-Br
	Datum	27.01.1998

Unsere Zeichen und Datum
bei Antwort bitte angeben

Zimmerpflanze

Sehr geehrter Herr Sprenzinger,

hiermit bestätigen wir den Eingang Ihres Schreibens vom 13.01.1998 bezüglich des Problems mit Ihrer Zimmerpflanze.

Wir können Ihnen mitteilen, daß Sie Ihre Zimmerpflanze, wie von Ihnen vorgeschlagen, ohne weiteres in Ihrem Garten "entsorgen" können.

Wir hoffen, daß Ihre Zimmerpflanzen auch weiterhin gut gedeihen.

Mit freundlichen Grüßen
Im Auftrag

Schnürer

Sprechzeiten	Telefon-Vermittlung	Stadtsparkasse Augsburg 040 006 (BLZ 720 500 00)
Mo-Mi 7.30-16.30 Uhr	(0821) 324 - 0	Postbank München 7514-800 (BLZ 700 100 80)
Do 7.30-17.30 Uhr		
Fr 7.30-12.00 Uhr		

Jürgen Sprenzinger
Friedenstraße 7a
86179 Augsburg

Firma
Drugofa GmbH
Insektensprayabteilung für fliegende Insekten
Welserstraße 5–7

51149 Köln

13.01.1998

Sehr geehrte Damen und Herren,

am 28. April dieses Jahres hab ich Ihnen einen Brief geschrieben, wo ich Sie gefragt hab, ob Sie mir dieses Piperonylbutoxid, Cyluthrin und Tetramethrin liefern könnten, das in Ihrem Insektenmittel drin ist. Ich wollt mir da selber was zusammenmischen, weil ich das Zeug brauch wie die Luft zum Atmen und danach süchtig bin.

Sie haben draufhin geschrieben, daß Sie das nicht können. Sie haben mir statt dessen eine Fliegenpatsche geschickt. Das hab ich zwar nett gefunden und bedank mich hiermit auch, aber diese Fliegenpatsche war ja anfangs überhaupts kein Ersatz nicht für ein Piperonylbutoxid, Cyluthrin und Tetramethrin.

Jedenfalls hab ich dann folgendes probiert: immer wenn mich die Sucht überkommen hat, dann hab ich Ihre Fliegenpatsche genommen und mir damit eine aufs Hirn gehauen. Und Sie werdens nicht glauben, das hat geholfen. Sofort danach war das Verlangen nach Piperonylbutoxid, Cyluthrin und Tetramethrin wie weggeblasen.

Aber jetzt hab ich ein anderes Problem. Ich hab nämlich festgestellt, daß ich zwischenzeitlich 4 Schläge pro Suchtanfall brauch. Und das funktioniert auch nur mit Ihrer Fliegenpatsche. Ich hab schon verschiedene Fliegenpatschen ausprobiert, aber keine ist so gut wie die Ihre. Nur diese nimmt mir das Verlangen nach Piperonylbutoxid, Cyluthrin und Tetramethrin

Jetzt hab ich einen Verdacht. Ich bin nämlich fast sicher, daß ich zwischenzeitlich nach Ihren Fliegenpatschen süchtig bin. Deswegen wollt ich Sie bitten, mir vielleicht 5 Stück zu schicken, damit ich einen Vorrat hab. Weil die alte machts vermutlich nicht mehr lange. Sie ist ja jeden Tag in Gebrauch. Sie müssen mir die Fliegenpatschen übrigens nicht schenken oder so, sondern ich zahl die auch. Schicken Sie mir einfach eine Rechnung mit. Vielleicht können Sie mir ja auch einen Rabatt geben, weil 5 Stück ja schon ein ganzer Haufen ist.

Mit freundlichen Grüßen

Jürgen Sprenzinger

Nachtrag

15.1. 1998
Noch immer keine Antwort von Drugofa. Bin ganz verzweifelt. Meine Fliegenpatsche beginnt auszufransen. Muß die Zahl der Schläge von vier auf fünf erhöhen, damit ich noch eine Wirkung verspüre ...

16.1.1998
Heute wieder keine Post von Drugofa erhalten. Habe in meiner Not nach Ersatz Ausschau gehalten. Weder Klobürste noch Teppichklopfer wirken. Fliegenpatsche hat zwischenzeitlich großes Loch. Auch ein Versuch, auf Fliegenleimstreifen umzusteigen, hat außer Ärger nichts gebracht. Friseur mußte radikale Kopfrasur machen. Bin hinter den Ohren immer noch klebrig ...

17.1.1998
Immer noch nichts von Drugofa gehört. Sammle in meiner Not die bei jeder Fliegenpatschen-Anwendung abbröselnden Teile derselbigen auf. Bereits orale Einnahme der Fliegenpatschenbrösel probiert. Brachte kurzzeitige Erleicherung. Die Frage ist nur: Wie lange wird diese eine Fliegenpatsche reichen?

18.1.98 (Sonntag)
Bin total verzweifelt, da ich weiß, daß heute Sonntag ist und keine Post von Drugofa kommen kann, weil am Sonntag nie Post kommt. Mich übermannen bereits Selbstmordgedanken. Habe mich in meiner Not als Fliege verkleidet und auf die Straße gestellt, in der Hoffung, es erschlägt mich jemand mit einer Fliegenpatsche ...

19.1.98
Heute nacht fürchterlichen Alptraum gehabt. Geträumt, die Firma Drugofa sei abgebrannt und dazu die gesamte Fliegenpatschenproduktionsabteilung. Bin schweißgebadet aufgewacht. Vormittags wieder keine Post von Drugofa. Fliegenpatsche bröselt weiter ab, der Zerfall ist nicht mehr aufzuhalten ...

20.1.98
Habe bereits 3 Kilo abgenommen. War heute beim Metzger. Der hat gesagt, ich gäbe wunderbare Suppenknochen ab. Schuld daran ist die Firma Drugofa, die mir immer noch keine Fliegenpatschen geschickt hat ...

21.1.98
Die Firma Drugofa hat immer noch nicht geantwortet. Es ist zu spät! Ich merke, wie langsam die Umwandlung zur Fliege einsetzt ... Sssssss

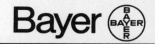

Bayer Vital GmbH & Co. KG
Geschäftsbereich Consumer Care
Wissenschaft

Welserstraße 5-7
D-51149 Köln

Herrn
Jürgen Sprenzinger
Friedenstraße 7a

Ulrike Mangel
Telefon: 02203/568-340
Telefax: 02203/568-373

8679 Augsburg

Köln, 28.01.98

Sehr geehrter Herr Sprenzinger,

herzlichen Glückwunsch! Ich finde es bewundernswert, wie Sie von Ihrer Sucht nach Piperonylbutoxid, Cyfluthrin und Tetramethrin losgekommen sind. Allerdings sehen Sie selbst, daß die Fliegenklatsche auf Dauer auch keine Lösung für Sie ist, denn immerhin mußten Sie die Anzahl der Schläge pro Suchtanfall innerhalb einer doch relativ kurzen Zeit bereits auf 4 steigern. Es ist daher zu befürchten, daß dies über kurz oder lang zu schweren Kopfschmerzen führen wird.

Nun möchte ich auf keinen Fall in den Verdacht geraten, durch die Übersendung von 5 Fliegenklatschen unseren Aspirin®-Umsatz in die Höhe treiben zu wollen und habe deshalb zusammen mit namhaften Experten nach einer Alternative für Sie gesucht. Dabei habe ich eine Lösung gefunden, wie Sie ohne jede Gefahr für Ihre Gesundheit mit Ihrem Problem fertig werden können.

Sobald Sie die ersten Anzeichen eines Anfalls bemerken, sollten Sie sofort ans nächste Fenster eilen, es weit aufreißen und 10 Kniebeugen machen. Die Erfolgsaussichten dieser Methode sind hervorragend und Sie werden sehen, wie gut Ihnen diese Therapie bekommt.

Ich habe keinerlei Bedenken, daß Sie es schaffen werden - schließlich war der erste Schritt der schwerste und den haben Sie mit Bravour gemeistert!

Mit freundlichen Grüßen, auch an Herrn Maggi

Bayer Vital GmbH & Co. KG
Insektensprayabteilung für fliegende Insekten

i.V. M. Mangel

Ulrike Mangel
Referat Med. und Wiss. Information

PhG: Bayer Vital Geschäftsführungs-GmbH
Sitz der Gesellschaft: Leverkusen
Eintragung: Amtsgericht Leverkusen HRA 3937
Geschäftsführung: Arne Zumbaum

Sitz der Gesellschaft: Leverkusen
Eintragung: Amtsgericht Leverkusen HRA 4083

J. Sprenzinger
Friedenstraße 7a
86179 Augsburg

Firma
Falke
Postfach 1560

59525 Lippstadt

17. Januar 1998

Sehr geehrter Herr Falke!

Vielen Dank für Ihren Brief. Das finde ich sehr nett, daß Ihnen auch kleine Vögel am Herzen liegen und nicht nur die großen Brummer wie Wanderfalken.

Ich wollte Ihnen hiermit mitteilen, daß mein Hansi wieder gesund ist. Das ist Ihr Verdienst. Als ich ihm nämlich Ihre Broschüre erhalten hab, hab ich die sofort meinem Hansi gezeigt und vorgelesen. Mein Hansi hat sich ein Beispiel daran genommen. Ich habe ihm nämlich erzählt, daß Wanderfalken ein weitaus schwierigeres Leben haben als Kananrienvögel. Das geht schon bei der Futtersuche los und hört beim Nestbau auf. Daraufhin hat mein Hansi sofort wieder gesungen und ist froh und munter. Ich werd den Verdacht nicht los, mein Hansi ist ein Hypochonder.

Hiermit teile ich Ihnen auch meine Schuhgröße mit, obwohl ich mit der Herausgabe meiner intimen Angelegenheiten eher vorsichtig bin, weil das oft schamlos ausgenutzt wird. Ihnen sage ich es aber, weil Sie ein Tierfreund sind. Ich habe Schuhgröße 42. Aber bitte behalten Sie das für sich, weil ich nicht will, daß jemand meint, ich leb auf großem Fuß.

Mein Hansi hat übrigens Krallengröße 2einhalb.

Ich hoffe, Ihnen hiermit gedient zu haben und wünsche Ihnen für 1998 einen Sockenumsatz, daß es nur so raucht.

Mit freundlichen Grüßen

Jürgen Sprenzinger

Geschäftsleitung

Herrn Jürgen Sprenzinger
Friedenstraße 7 a

86179 Augsburg

20.01.1998

Sehr geehrter Herr Sprenzinger,

auch Ihr letzter Brief vom 17.01.1998 hat uns wieder viel Freude gemacht, weil
1. Hansi wieder gesund ist und
2. Sie wieder so interessant und humorvoll geschrieben haben.

Da wir nun auch Ihre Schuhgröße wissen (Sie leben durchaus nicht auf großem Fuß, da gibt es wesentlich größere!), senden wir Ihnen, wie angekündigt, mit diesem Schreiben die versprochenen warmen Socken. So wird auch Hansis Herrchen wie sein Vogel keine kratzige Stimme (mehr) haben.

Herzliche Grüße

Franz-Otto Falke

Jürgen Sprenzinger
Friedenstraße 7a
86179 Augsburg

An den
Verband des Deutschen Zweiradhandels e.V.(VDZ)
Große-Kurfürsten-Str. 75

33615 Bielefeld

19. Januar 1998

Sehr geehrte Damen und Herren!

Ich bin ein Hobbytaucher. Und immer wenn ich tauche, dann ärgere ich mich, daß ich dabei schwimmen muß, weil mir das eigentlich viel zu langsam geht. Ich habe nun jahrelang überlegt, wie man das Tauchen interessanter gestalten könnte.

Ich bin, wenn ich nicht tauche, begeisterter Fahrradfahrer und sehr talentiert. Ich fahre mit jedem Fahrrad auf Anhieb, ohne daß ich dabei Umsteigeprobleme hätte. Ich habe auch nie Probleme mit dem Sattel, mein Hintern paßt sozusagen auf einen jeden. Ich habe einen Universalhintern.

Voriges Jahr hatte ich nun die Idee, beide Hobbies zu verbinden. Ich habe ein Unterwasserfahrrad erfunden. Dieses Unterwasserfahrrad mit der Kurzbezeichnung UWFR-01 ist für den harten Einsatz im Ozean bzw. im Salzwasser konzipiert. Es besteht aus rostfreiem Edelstahl und hat keinen Hohlrahmen, sondern der Rahmen ist mit Blei ausgegossen, damit der Taucher, der das Fahrrad unter Wasser fährt, keine Auftriebsprobleme hat. Die Reifen sind mit Stacheln besetzt, um dem Fahrrad einen besseren Halt auf dem Meeresgrund zu geben und ein seitliches Ausbrechen bei starker Strömung zu verhindern. Hinten ist das Fahrrad anstatt mit einem Gepäckträger mit einem Harpunenhalter bestückt. Deshalb eignet sich das UWFR-01 unter anderem auch für den Haifischfang. Die Satteltaschen sind so konstruiert, daß man sie problemlos mit zwei Sauerstoff-Flaschen bestücken kann. Die Lichtanlage besteht vorne aus einem 500-Watt-Unterwasser-scheinwerfer, der um 180 Grad geschwenkt werden kann. Dies hat gleichzeitig den Vorteil, daß man mit dem Lichtkegel, (45 Grad) auch ausgedehnte Fischschwärme problemlos ausleuchten kann. Das Rücklicht hinten besteht aus einer Reihe blinkender Leuchtdioden in grüner Farbe, um die gefürchteten Riesenkraken abzuschrecken, die sich gerne von hinten anschleichen. Besonderen Wert habe ich auf eine laute Fahrradklingel gelegt, da manche Fische sehr unvorsichtig sind und oft kreuz und quer vor der Fahrbahn schwimmen. Die Pedale des UWFR-01 sind etwas breiter als normale Fahrradpedale, damit sie auch bequem mit Flossen getreten werden können. Die Gangschaltung besteht aus einer 15-Gang-Kettenschaltung, die den tauchenden Fahrer bzw. den fahrenden Taucher leicht und ohne Anstrengung über jede wie auch immer geartete Meeresbodenformation bringt.

Es würde mich freuen, sollte ich Ihr Interesse geweckt haben. Ich sende Ihnen bei Bedarf gerne ein Bild des UWFR-01 zu. Ein weiteres Modell (UWFR-02) ist übrigens in der Planung. Es unterscheidet sich nicht besonders vom Vorgängermodell, sondern ist lediglich mit einem 5-PS-Motor ausgestattet, der besonders Unterwasser-Senioren bzw. Tauchern ab 60 behilflich sein soll.

Mit freundlichen Grüßen

Jürgen Prenzinger

VDZ
Verband des Deutschen Zweiradhandels e.V.

Herrn
Jürgen Sprenzinger
Friedenstr. 7a

86179 Augsburg

33510 Bielefeld
Postfach 10.10.33

Telefon (0521) 965100
Telefax (0521) 9651020

I/E
20.01.1998

Unterwasserfahrrad

Sehr geehrter Herr Sprenzinger,

wir bedanken uns für Ihr Schreiben vom 19. d. M. Mit Interesse haben wir über Ihr Unterwasserfahrrad gelesen und wären Ihnen dankbar, wenn Sie uns ein Foto Ihrer Erfindung zusenden würden. Vielleicht können wir das Rad einmal in einem unserer Rundschreiben unseren Mitgliedern vorstellen.

Mit freundlichen Grüßen

Verband des Deutschen Zweiradhandels e. V.
- Geschäftsführung -

H.-F. Thoben

Bankkonto:
Bankhaus Hermann Lampe KG
(BLZ 48020151) Kto.-Nr. 138142

Jürgen Sprenzinger
Friedenstr. 7a
86179 Augsburg

Firma
Radolf Nahrungsmittel GmbH
Postfach

78303 Radolfzell

9. Februar 1998

Sehr geehrte Damen und Herren,

vorige Woche hat meine Frau beim Aldi einen Beutel gekauft. Einen von Ihnen, wo draufsteht: Rice Quick, Curry-Reis mit Huhn.

Mir ist das schon gleich spanisch vorgekommen, weil der Beutel viel zu flach war. Ich hab noch mit meiner Frau geschimpft, und gesagt, wie sie sowas überhaupts kaufen kann. Das sieht doch ein Blinder, daß da kein Huhn drin sein kann, weil der Beutel viel zu flach ist. Wenn ein Huhn drin wär, dann wär der Beutel doch wesentlich dicker.

Meine Frau, rechthaberisch wie sie ist, hat gesagt, daß da doch ein Huhn drin ist, weil sonst täte es ja nicht auf dem Beutel draufstehen: Curry-Reis mit Huhn. Sondern dann müßt ja draufstehen: Curry-Reis ohne Huhn, damit man weiß, daß nur ein Curry-Reis drin ist, und zwar ohne Huhn. Weil wenn nämlich Huhn draufsteht, dann muß ein Huhn drin sein. Das ist gesetzlich vorgeschrieben. Ich bin dann richtig wütend geworden, hab den Beutel aufgeschnitten und meiner Frau in den offenen Beutel schauen lassen. Da hat sie's endlich geglaubt. Es war tatsächlich kein Huhn drin, sondern bloß Curry-Reis und ein paar vertrocknete Erbsen. Aber sie hat gemeint, daß man das vielleicht erst kochen müßt, weil dann erst das Huhn zum Vorschein kommen tät. Das ist ein Quatsch, hab ich gesagt, weil wenn kein Huhn nicht in dem Beutel drin ist, dann kann man auch kein Huhn kochen. Das ist doch ein Blödsinn, ein blödsinniger. Kein Mensch kann irgend was kochen, was er gar nicht hat. Es sei denn, er ist ein Hungerkünstler.

Jedenfalls hat meine Frau dann den Inhalt selbigen Beutels gekocht. Aber es ist kein Huhn zum Vorschein gekommen. Wir haben es trotzdem gegessen. Und plötzlich schreit meine Frau: Das schmeckt ja doch irgendwie nach Huhn! Da hab ich es auch gemerkt: es hat irgendwie nach Huhn geschmeckt. Wir haben lange gerätzelt, wie sowas möglich ist und sind dann zu dem Schluß gekommen, daß das Huhn da drin vielleicht unsichtbar ist. Doch dann bin ich Dank meiner Argus-Augen auf des Rätsels Lösung gekommen: ich hab durch Zufall zwei Fleischstückchen von einem Huhn in meinem Teller gefunden. Das eine war 5 Millimeter breit und 6 Millimeter lang, das andere 4 auf 6 Millimeter.

Mir ist schleierhaft, wieso auf dem Beutel draufsteht: Mit Huhn. Dann müßten Sie nämlich draufschreiben: Mit Hühnermikroteilchen. Vielleicht können Sie ja noch die Maße mit angeben, damit man gleich weiß, wie wenig Huhn da drin ist. Ich vermute nämlich stark, daß Sie durch eine Wagonladung Curry-Reis ein Huhn hindurchgeschossen haben. Das macht ja nichts, aber dann sollten Sie das auch draufschreiben auf Ihren Beutel, damit man Bescheid weiß.

Mit freundlichen Grüßen

Jürgen Frenzinger

Radolf Nahrungsmittel GmbH, 78303 Radolfzell, Postfach 1380

Herrn
Jürgen Sprenzinger
Friedenstraße 7a

86179 Augsburg

Radolf Nahrungsmittel GmbH
78315 Radolfzell
Güttinger Straße 23
Telefon 0 77 32 / 807-0
Telefax 0 77 32 / 807-432

Ihr Zeichen	Ihre Nachricht vom	Unser Zeichen	Direktwahl 0 77 32/807...	Radolfzell
		hd	281	16.02.98

Rice Quick „Curry-Reis mit Huhn"

Sehr geehrter Herr Sprenzinger,

vielen Dank für Ihr Schreiben.

Die Sache mit dem Huhn war die:
Zuerst haben wir pro Beutel tatsächlich ein ganzes Huhn genommen, aber es hat immer so fürchterlich geflattert, weil es in der engen Tüte die Flügel nicht richtig ausbreiten konnte. Das Tier hat uns jedesmal sehr leid getan. Also sind wir irgendwann dazu übergegangen, bereits fertige kleingeschnittene Hühnerstückchen zu nehmen und die ganzen Hühner wieder laufen zu lassen. Wir waren alle sehr erleichtert und endlich hatte auch das viele Gegackere ein Ende.

Nun waren aber schon sämtliche Tüten gedruckt und wir haben in unseren dicken Büchern nachgeschlagen, ob wir den Titel „mit Huhn" denn lassen dürfen und siehe da: es ist erlaubt, weil Huhn ja in kleinen Würfeln im Beutel enthalten ist. Bisher hat es unseren Kunden auch recht gut geschmeckt.

Falls Sie noch weitere Fragen zu unseren Produkten haben, dürfen Sie uns jederzeit gerne anschreiben; wir haben Ihren Brief ganz prima gefunden. Er war fast so gut, wie die Briefe in dem Buch, das unsere Firma schon mit Genuß gelesen hat. Es heißt „Sehr geehrter Herr Maggi". Der Autor fällt uns zwar momentan nicht ein, aber wir glauben, der Name war so ähnlich wie Ihrer ...

Herzliche Grüße aus Radolfzell,
Ihre
Radolf Nahrungsmittel GmbH

I. Haidan

i.A. I. Haidan

DR. JEAN G. VILLOT
Geschäftsführer: ~~Sylvester Zweidinger~~ · Registergericht: Singen Nr. HRB 224-R · Sitz: Radolfzell

Knaur

Jürgen Sprenzinger

Sehr geehrter Herr Maggi

*Anarchistisch, witzig, gut –
Der erste Band*

TB-Nr. 73051